CICIR
中国现代国际关系研究院美国研究所

美国大势
MAPPING THE USA
[2017]

时事出版社
北京

图书在版编目（CIP）数据

美国大势 .2017/中国现代国际关系研究院美国研究所著.
—北京：时事出版社，2018.7
ISBN 978-7-5195-0224-9

Ⅰ.①美… Ⅱ.①中… Ⅲ.①美国—研究 Ⅳ.①D771.2

中国版本图书馆 CIP 数据核字（2018）第 104964 号

出 版 发 行：时事出版社
地　　　　址：北京市海淀区万寿寺甲 2 号
邮　　　　编：100081
发 行 热 线：(010) 88547590　88547591
读者服务部：(010) 88547595
传　　　　真：(010) 88547592
电 子 邮 箱：shishichubanshe@sina.com
网　　　　址：www.shishishe.com
印　　　　刷：北京朝阳印刷厂有限责任公司

开本：787×1092　1/16　印张：16.25　字数：274 千字
2018 年 7 月第 1 版　2018 年 7 月第 1 次印刷
定价：98.00 元

（如有印装质量问题，请与本社发行部联系调换）

前 言

时光荏苒，光阴似箭，匆匆又是一年。2017年美国迎来了不平凡的一年——"反建制""非传统"的特朗普总统施政的开局之年，其执政理念、人事变动、内外政策无疑给美国、给全世界都带来了前所未有的震撼，引发各方强烈质疑和批评。

在中国现代国际关系研究院院领导的大力支持和指导下，自2016年起，美国研究所对积累的部分资料进行整理，编写年度《美国大势》一书，而本书已经是连续第三本了。全书以2017年为横截面，与前两年保持一致，分为四编：第一编为五篇"研究报告"，系美国研究所五个研究室各自的集体研究成果，反映了撰稿人对相关方向年度形势的分析和判断。第二编至第四编为资料部分，分别为"大事记""中美关系重要文献""数据资料"。与前两年略有差异的是"大事记"部分由原先的三篇增至五篇，以更好体现与研究报告的对应性。通过四个部分的展现，我们希望本书既能为广大读者提供2017年美国年度战略形势的基本评估，也能成为美国问题的专业研究人员与学习者一个有价值的工具性读物。

本书是美国研究所全体研究人员集体讨论、创作的成果。美国研究所负责人、副所长钱立伟是全书策划编写审稿工作的主要负责人，研究所领导班子陈文鑫、李岩、郭拥军为编委会成员，参加了全书的策划、组稿、审阅等工作。张文宗、余翔、杨文静、李峥、程宏亮作为五个研究室的主任，负责各自研究方向的统稿工作。第一编研究篇，李默（美国政治），余翔、孙立鹏、马雪（美国经济），杨文静、王锦、孙成昊（美国外交），李峥、贾春阳、张磊（美国安全），程宏亮、张文宗（中美关系）分别为各自方向的撰稿人；第二编大事记，张文宗、孟亚波、黄放、李默（美国政治），马雪（美国经济），杨文静、王锦、孙成昊（美国外交），李峥、贾春阳、张磊（美国安全），程宏亮（中美关系）分别为各自方向的编撰人；第三编中美关系重要文献由程宏亮整编；第四编数据资料，张文宗、孟亚波、李默、王锦、孙成昊、张磊（美国政治），孙立鹏（美国经济），王锦、孙成昊（美国外交），张磊（美国安全）分别为各自方向的编撰人。马雪、张磊承担了部分章节的校对工作。

美国研究博大精深，涉美研究专业性书籍可谓汗牛充栋，而本书仅是其中沧海一粟。由于编写周期和专业水平所限，本书错漏与不足之处在所难免，恳请读者批评指正。

最后，感谢时事出版社王基建社长、苏绣芳副社长对本书出版的鼎力支持，感谢王力编辑及出版社其他工作人员在本书编辑过程中的辛勤付出。

中国现代国际关系研究院美国研究所

2018 年 4 月

目 录

第一编 研究报告

美国政治：施政首年加剧国内矛盾 ………………………………… 3
美国经济：亮丽表现难掩潜在风险 ………………………………… 15
美国外交："美国优先"主导战略调整 ……………………………… 28
美国安全：重振军力聚焦大国竞争 ………………………………… 39
中美关系：元首外交引领平稳过渡 ………………………………… 54

第二编 大事记

2017年美国政治大事记 ……………………………………………… 69
2017年美国经济大事记 ……………………………………………… 100
2017年美国外交大事记 ……………………………………………… 118
2017年美国安全大事记 ……………………………………………… 144
2017年中美关系大事记 ……………………………………………… 170

第三编 中美关系重要文献

首轮中美外交安全对话期间达成的有关共识 ……………………… 197
首轮中美全面经济对话成果 ………………………………………… 199
首轮中美执法及网络安全对话成果清单 …………………………… 202
首轮中美社会和人文对话行动计划 ………………………………… 204

第四编　数据资料

美国政治 ·· 215
    2017年美国政府主要内阁成员名录 ·············· 215
    2017年美国国安会主要涉华官员名录 ·············· 216
    2017年美国国务院主要涉华官员名录 ·············· 216
    2017年美国国防部主要涉华官员名录 ·············· 217
    第115届国会（2017年）领导层一览表 ············ 217
    美国50州州长名录 ···································· 220
    美国联邦参议员名录 ································· 221
    美国联邦众议员名录 ································· 225

美国经济 ·· 240
    2017年美国经济主要指标 ·························· 240

美国外交 ·· 243
    2017年特朗普总统出访情况 ······················· 243
    2017年特朗普总统接访情况 ······················· 243
    2018财年美国外交预算数据 ······················· 245
    2018财年美国对外援助情况 ······················· 251

美国安全 ·· 254
    美国国防部2011—2019财年开支表 ·············· 254

第一编 研究报告

美国政治：施政首年加剧国内矛盾

2017年是美国总统特朗普施政开局之年，也是美国政治整体"右转"的一年。第一，共和党时隔多年，同时控制白宫、国会参众两院多数席位和多数州长的位置，从立法权和行政权两个层面掌握住"清算"奥巴马政府、推动保守政治议程的主动权，有心"大展宏图"。第二，特朗普打着"反建制""反精英"等旗号在2016年大选中爆冷当选后，出于实现个人抱负和兑现竞选承诺等考虑，在执政首年以极富争议的方式，力推具有右翼民粹色彩的政策议程，运用总统权力不断"挑起事端"，牵引着美国政治"右转"的节奏和脉动。第三，美国政治"右转"之路崎岖艰难，国内分裂和矛盾加剧。共和党有心成大事，特朗普则好大喜功，以"能为人所不能为"的"实干家"自居，二者的组合颇有"一饮一啄"之势，但遭遇各方重重阻力，束手缚脚，难以施展。从效果看，特朗普推动的政策议程在移民、税收、国土安全、政府开支等方面体现强烈的保守主义色彩，且取得了一定的效果；但这些政策议程无一例外都激化了国内矛盾、加剧了社会分裂，产生副作用或后遗症。美国政治正经历在分裂中"右转"的痛苦过程，这一过程很可能贯穿未来三年甚至更久。

一、反建制议程推动美国政治急速"右转"

特朗普以"反精英政治的圈外人"身份一路鏖战，赢得2016年总统大选，国会两院多数也被共和党把持。经历了奥巴马任期内的"左满舵"后，隐忍八年的共和党人终于迎来了扬眉吐气的机会，府会就推动保守派政治议程默契发力，引领美国政治急速"右转"，成为2017年美国最显眼的政治特征。客观来说，只要共和党控制府会，无论是谁坐在椭圆形办公室里，美国政治都将在2017年迎来"右转"，只是或急或缓、或烈或柔罢了。特朗普在其中所起的作用颇为引人注目，他既是按照共和党议程推动美国政治"右转"的共和党总统，又是在许多议题上一意孤行的"催化剂"。

2017年，共和党控制下的府会协同发力，在多个领域推动保守派议程，几乎涵盖美国政治和社会生活的方方面面，观其大略如下：

竭力废除"奥巴马医改法"但功亏一篑。特朗普竞选期间就不断批评"奥巴马医改法"，1月20日宣誓就职当天即签发相关行政命令，将废除该法作为上任后首项重大立法任务。相关行政令正文首句开宗明义指出，"本届政府致力于废除《平价医疗法案》"。[①] 其后特朗普多番努力，几经周折，联合国会共和党领导层提出替代版法案。但最后在参议院投票时以一票之差胎死腹中，特朗普也因此恨极了投反对票的参议员麦凯恩，对共和党党内缠斗深恶痛绝。医改法案折戟使共和党人意识到事态的严峻性，如此内讧只会让民主党受益，对共和党在2018年中期选举维持两院多数党席位不利。这种危机意识为凝聚党内共识和通过税改法案奠定了基础。

推动大规模减税。税改法案是2017年共和党最大的政绩，因为它是特朗普政府2017年唯一一项以立法形式成功兑现的竞选承诺，《减税与就业法案》是美国数十年来府会共同推动的最大规模减税计划。减税除了是特朗普最重要的竞选承诺外，还是特朗普为美国经济发展缓慢、资本和产业外流等问题找到的解决方案之一。虽然共和党对内对外几经妥协，致使法案因"力度不够、效果存疑"而备受诟病，还有评估称其对经济的短期刺激效果大于长期促进效应，但有利经济发展和拉动就业却是不争的事实。[②] 除刺激经济、稳定选民基本盘等直接效果外，这部法案还给了共和党继续推动其他议程的"政治动能"，指标意义重大。

强化移民管制，对非法移民"零容忍"。特朗普强调"法律和秩序"，在移民问题上体现尤为明显。国会负责立法，而行政当局的职责就是在现有法律框架内维护秩序，但特朗普不满于此，他更希望推动国会立法，改变现有联邦法律体系。在公开场合，特朗普对待非法移民的强硬态度从未

[①] "Executive Order Minimizing the Economic Burden of the Patient Protection and Affordable Care Act Pending Repeal," https://www.whitehouse.gov/the-press-office/2017/01/2/executive-order-minimizing-economic-burden-patient-protection-and-affordable-care–act-pending-repeal（上网时间：2017年10月10日）

[②] "Here's how the newly passed GOP tax bill will impact the economy, businesses, the deficit, and your wallet," http://www.businessinsider.com/trump-gop-tax-reform-bill-impact-economy-business-debt-income–2017–12（上网时间：2017年12月27日）

软化。他在上任的第一个星期内就相继推出"加强边境安全和移民执法"（1月25日）和"旅行禁令"（1月27日）两份关于移民问题的行政命令，后者被外界称为"禁穆令"，意指其针对穆斯林，在美国社会各界引起轩然大波，被联邦法院叫停。① 2017年3月和9月，特朗普分别以行政命令和总统备忘录的形式推出两个版本的"旅行禁令"并授权各部门实施，还先后撤销诸多奥巴马政府时期的移民行政命令，不断收紧移民政策。无论是否像自由派媒体所言意在针对穆斯林，特朗普政府在非法移民问题上的极端强硬态度实属罕见。减少难民接收数量、修建美墨边境墙、加强边境执法和移民遣返执法、取消对"庇护城市"的联邦财政补助、限制和禁止指定国家公民入境等措施向全世界展现强硬的移民态度。收紧移民政策本质上是特朗普为美国经济开出的一剂"药方"。特朗普认为，非法移民涌入会对美国人的就业造成冲击，导致美国公民和合法移民的就业机会减少，不利于经济发展；且合法移民背后的"链式移民"（chain immigration）对美国经济和国家安全构成了更大威胁。美国现行移民体系对美国经济和就业造成的伤害，经过特朗普的大肆宣扬，已引起广泛关注，并获得部分民众认可。其实民主党此前也曾有过类似的表述，民主党参议员舒默、沃伦甚至奥巴马都曾就非法移民和美国经济与就业之间的关联做过论述，主旨与特朗普的主张大同小异。② 未来，特朗普拟与国会联手推动移民改革相关立法，立法重点应会集中在加强边境管制、限制"链式移民"、减少难民接收数量三大领域。两党在移民改革问题上定会展开一番较量，最后结果要么谈判失败移民改革"流产"，要么达成一个类似于减税法案的"治标不治本"的法案，用以安抚选民。未来前景一方面取决于美国社会在事关非法移民的大讨论中，哪一派能够占据上风；另一方面也取决于2018年中期选举的博弈过程。

---

① "US federal judge blocks Donald Trump's 'Muslim ban in Michigan'," http://www.independent.co.uk/news/world/americas/us-federal-judge-victoria-roberts-block-donald-trump-muslim-ban-michigan-green-card-holders-a7561636.html（上网时间：2017年9月31日）

② "Comprehensive Immigration Reform: Mixed Messages from White House," http://www.internationallawoffice.com/Newsletters/Immigration/USA/Fakhoury-Law-Group-PC/Comprehensive-Immigration-Reform-Mixed-Messages-from-White-House（上网时间：2017年12月27日）；"Bernie and Immigration: Reclaiming the Concept of 'Open Borders'," https://www.huffingtonpost.com/nikolas-kozloff/bernie-and-immigration-re_b_8846046.html（上网时间：2017年12月27日）；"SHOCK FLASHBACK: Obama Says Illegal Immigration HURTS 'Blue-Collar Americans', STRAINS Welfare," http://dailycaller.com/2014/11/16/shock-flashback-obama-says-illegal-immigration-hurts-blue-collar-americans-strains-welfare-video/（上网时间：2017年12月27日）

退出气候变化《巴黎协定》，加强化石能源开采。上任第四天，特朗普连发两份关于修建油气管线的总统备忘录。一是有关建设达科他输油管线，虽然只有一页，但表明了其对化石能源产业的重视。① 二是关于建设"拱心石 XL"输油管线，其文首段便言明，"服务于国家利益"的跨境输油管线才能获批。② 特朗普重视化石能源开采，既可促进就业，又能提升美国能源独立，确保美国国家安全，可谓一箭双雕。至于在环境保护和气候变化等问题上，特朗普既不相信全球变暖的科学论断，也对美国为减缓气候变化而做出的"牺牲"不以为意，其首要考虑是油气能源能为美国创造多少就业岗位、带来多少经济实惠、笼络多少基层选民，为自己创造多少政绩。2017 年 6 月，特朗普宣布美国退出《巴黎协定》，美国两党和民众对此各执一词，特朗普政府加强化石能源开采、放松各项管制客观上确实有利于加强美国能源安全和能源独立，也为美国创造就业和稳定经济有所裨益。只不过，虽然当前美国不相信全球变暖理论的政治人物依旧大有人在，但特朗普关于放开化石能源管制、加强化石能源开采的一系列举措所伴生的环境污染问题和对气候变化的催化作用恐怕也非"莫须有"之辞。特朗普与奥巴马很大的一点不同在于，特朗普关注眼下多于关心未来，对气候变化问题不够重视，这不但引发国际舆论一片批评，客观上也会在未来引起连锁反应并影响美国的发展轨迹。

"纠偏"社会政策。两党从各自角度出发，都认为对方的社会政策偏激、不可理喻，自认所持的政策合理、符合国家利益。特朗普也不例外，上任后在社会政策方面对奥巴马时期进行"纠偏"。奥巴马在任八年，民主党政府社会政策越走越"左"，颇有些矫枉过正之嫌，特朗普并未在同性婚姻、持枪权、教育等社会议题上推行过于保守的政策，至少与他的前任相比确实如此。例如：2016 年奥巴马政府推出的"如厕令"，允许部分高校学生按照"心理性别"选择卫生间和更衣室，轰动一时。虽然该令

---

① "Presidential Memorandum Regarding Construction of the Dakota Access Pipeline," https://www.whitehouse.gov/the-press-office/2017/01/24/presidential-memorandum-regarding-construction-dakota-access-pipeline（上网时间：2017 年 10 月 10 日）

② "Presidential Memorandum Regarding Construction of the Keystone XL Pipeline," https://www.whitehouse.gov/the-press-office/2017/01/24/presidential-memorandum-regarding-construction-keystone-xl-pipeline（上网时间：2017 年 10 月 10 日）

范围仅限于受联邦政府财政支持的公立高中及高校,但仍引发极大社会反响,① 受到共和党和保守派势力、部分自由派人士和少数族裔的猛烈抨击,其中尤以文化传统中"男女有别"观念较强的亚裔移民为甚。实际上,"如厕令"的争议焦点并不在于"性别平等",而在于推行该令后,如何避免那些正在如厕或更衣的女性学生可能受到的来自"自认为女性的居心叵测的男性学生"的侵害,归根到底属于公共安全问题。美国自建国以来,社会氛围总体上不断自由化,但权益的实现不能以牺牲公共安全为代价,这一点尚是社会共识。民主党"左转"过猛,对问题核心拿捏不够准确,偷换概念、触及公共安全领域的红线,才引起如此大的反响。特朗普上台后,废除"如厕令",还颁布多项严格执法的行政令,涉及缉毒、维护食品安全、保障女性与儿童权益、打击跨境犯罪、打击针对执法人员的犯罪等方面,做派强硬。民主党和自由派势力对此的批评多以"特朗普打着维护国家和公共安全的旗号大搞种族主义和排外主义"为立足点。但以特朗普的角度来看,恢复"法律与秩序"恰是总统职责所在。

推动贸易保护政策。特朗普认为,美国在全球化体系内的获益较其他国家少得多,认为美国应得到更多。他坚信,美国应构建有利于自身的双边贸易体系,替代现有的多边贸易体系,这样能使美国经济受益更多。除了在国际上退出《跨太平洋伙伴关系协定》(TPP)、重谈《北美自由贸易协定》(NAFTA)之外,在国内政策方面,特朗普也以"美国优先"为方针推行了一系列贸易保护政策。如 4 月 18 日,特朗普签署"买美国货、雇美国人"行政命令,以"促进美国经济增长和维护美国国家安全"为出发点,要求在涉及联邦采购等情况下优先购买相关美国产品、雇佣美国员工。② 这份行政令的贸易保护主义倾向显露无疑。其后,特朗普推出限制关键矿物进出口、管制关键国防安全产业、加强反倾销和反补贴调查、践行"美国优先"离岸能源战略、强化制造业和国防工业基础等一系列工业政策,以及保护美国消费者和小企业等群体的行政指令。

联邦最高法院客观上助推特朗普施政。前联邦最高法院大法官斯卡利

---

① "Barack Obama's transgender bathroom guidelines challenged by more than a dozen states," http://www.independent.co.uk/news/world/americas/barack-obama-transgender-bathroom-guidelines-states-challenge-texas-alabama-virginia-georgia-a7187336.html(上网时间:2017 年 6 月 15 日)

② "Presidential Executive Order on Buy American and Hire American," https://www.whitehouse.gov/the-press-office/2017/04/18/prisidential-executive-order-buy-american-and-hire-american(上网时间:2017 年 10 月 10 日)

亚2016年去世后，共和党占多数席位的参议院一直拖延确认奥巴马提名的大法官人选。特朗普一上任就提名戈萨奇接替斯卡利亚的席位，戈萨奇涉险过关从而保证了最高法院保守派大法官能够以5∶4维持多数。特朗普施政虽无法肯定能得到最高法院"背书"，但至少能在一些具体议题上确保最高法院"不捣乱"。以移民问题为例，特朗普上任后，加快收紧移民政策脚步，先后颁布三版"旅行禁令"。最高法院就第二版和第三版"禁令"都做出过相关裁决。在裁决第二版"禁令"时，最高院未署主笔人姓名的意见书允许"禁令"部分条款实施，而由黑人大法官托马斯等三人联名撰写的"少数派意见"则认为应允许"禁令"条款全部生效。[①]在该判决中，最高法院无一人对"禁令"全盘否定，与下级联邦法院形成鲜明对比。在最高法院支持第三版"禁令"生效的判决中，判决书由托马斯大法官主笔，对"禁令"予以强烈支持。最高法院在同性婚姻、控枪等议题上尚未有新的表态，但在移民问题上，最高法院敏锐地捕捉到了美国现有移民体系的隐忧，并选择交由行政部门依照宪法和法律赋予的权力去解决这一问题。这种"不捣乱""不掺和"的态度客观上有利于特朗普政府放开手脚。但联邦地方法院和上诉法院的法官们，尤其是自由派的法官们，受自身意识形态和法律观念的影响，未来仍将对特朗普施政效率和效果产生一定的影响。

二、国内分裂和矛盾有增无减

特朗普执政首年，国内分裂和矛盾有增无减。特朗普虽非这些矛盾和分裂的主要制造者，但无疑扮演了"显示器"和"放大器"的角色。他被政治精英和自由派势力扣上种族主义、反移民、反气候变化、反全球化、反自由贸易等诸顶"政治不正确"的帽子，居然还能爆冷当选总统，说明美国社会在这些问题上的矛盾已然激化到相当严重的程度。过去，敢于以类似特朗普的"非主流"立场竞选总统的人少之又少，民众的矛盾情绪无法宣泄，在"两边都不喜欢"的情况下，只能"劣中选优"。特朗普的横空出世给了部分民众宣泄的机会，给了他们不同以往的"另类"选择，加上特朗普很大程度上成功煽动选民的不满情绪，利用了美国政治

[①] "16-1436 Trump v. International Refugee Assistance Project (06/26/2017)," https://www.supremecourt.gov/opinions/16pdf/16-1436_l6hc.pdf（上网时间：2017年7月31日）

和社会内在的固有矛盾，并以此赢得大选。

特朗普在普选票落后286万张的情况下，选举人票却比希拉里多74张，这说明美国的分裂不仅存在于不同阶层和不同族裔，更存在于不同州和地区。① 特朗普当选后，也呼吁过团结，但他自己也心知肚明那只是徒劳。在美国选举政治制约下，两党极力巩固选民基本盘、扩大票仓，推行既定政策，履行竞选承诺。特朗普施政内容皆是其竞选时的承诺，这无疑将选举阶段选民的对立情绪延续到了他执政之后，这也是他执政过程中美国政治进一步极化、社会矛盾加剧的直接原因。而根本原因在于，美国社会的矛盾和对立已达临界点，无法再以"不理不睬"的方式予以冷处理。

两党斗争延续极化态势。民主党和共和党恶斗不止，争斗愈演愈烈，民主党"逢特必反"，是2017年美国政治的一大特点。特朗普"绑架"共和党，与民主党和自由派针锋相对，党争对特朗普执政十分不利。特朗普将奥巴马在任时取得的种种"成就"视为错误，坚持要"纠偏"，在医改、移民等问题上尤为明显，引起两党矛盾升级。在特朗普力推的每项议题上，民主党和自由派人士都极尽阻挠，制造舆论，给特朗普"扣帽子"、"贴标签"，对特朗普宣扬的政策利好视而不见，转而关注和批评特朗普本身。2017年11月特朗普访问日本期间，因喂鱼时将鱼食一股脑倒进鱼池，惹得美国媒体群起攻之，关注点明显偏离了正常的政治交往范畴。② 美国政治生态中两党角力是常态，但特朗普的行事风格和政策规划无疑加剧了两党间的矛盾，使两党极化愈演愈烈。美国两党缠斗恰似一人之两臂"左右互搏"，无法一致对外，徒耗国家气力。

两党内斗难以凝聚党内共识。2017年的美国政党政治，不但两党极化态势明显，两党各自内部的碎片化趋势亦十分突出。共和党内部，以副总统彭斯和众议院议长瑞安等为代表的主流建制派仍保有较大的政治话语权，在国会和保守派势力内部影响极大；以首席战略师班农等人为主的白宫班子则是在2016年大选中崛起的新贵，被称为"另类右翼"，在共和党中独树一帜，给了特朗普极大的政治资本，其规模和影响均不容小觑。特朗普在2016年总统选举初选中，不但以"圈外人"身份和"反建制"

---

① "Presidential Election Results: Donald J. Trump Wins," https://www.nytimes.com/elections/results/president（上网时间：2017年4月7日）

② "Anti-Trump media makes up fake story about overfeeding fish at Japanese koi pond," http://www.foxnews.com/entertainment/2017/11/06/anti-trump-media-makes-up-fake-story-about-overfeeding-fish-at-japanese-koi-pond.html（上网时间：2017年12月27日）

立场，一人扫平16位主要总统参选人，还将著名外科医生本·卡森和时任新泽西州州长克里斯·克里斯蒂招至麾下效力，说明共和党内部分裂程度已到了值得所有人重视的程度。特朗普上任后，其并未完全被共和党建制派同化，而是在不断的妥协与斗争中寻找平衡。特朗普从上任第一周鲁莽颁布"旅行禁令"平地掀波澜，到不顾班农的建议、对身陷性骚扰丑闻的亚拉巴马州参议员参选人罗伊·摩尔持保留态度，再到将班农踢出白宫并与共和党建制派在减税法案上取得共识，特朗普一步一步地学习如何在政治上有原则地妥协、有所保留地斗争。共和党内两股力量的角力在某种程度上削弱了党内向心力，对特朗普的执政构成阻碍。如2017年7月参议院就共和党版本的医改法案投票时，刚刚做完脑部手术的麦凯恩带病到场投下关键的一张反对票，造成该法案以一票之差胎死腹中，对特朗普打击很大。民主党方面，虽因反对特朗普的共同目标而维系表面团结，但2016年总统选举时，民主党党内初选阶段桑德斯对希拉里构成的强大挑战，加剧民主党内部裂痕，很多自由派选民对希拉里这样的"豪车自由派"[①]愤懑不平。左翼力量和温和派之间的矛盾十分突出，只是因缺乏导火索而尚未爆发。两党内部的矛盾和裂痕增加了双方达成政治共识的难度，尤其在争议较大的问题上，双方都难以准确塑造自身的统一立场，使上层政治产生合力的成本上升，给美国各项政策议程稳步推进增添了许多阻力，"稳中求进"成为镜花水月。

族群矛盾持续激化。有观点认为，奥巴马的八年是美国种族问题淡化的八年。但事实表明，奥巴马作为美国历史上首位黑人总统，其弥合族群冲突的象征意义远大于取得的具体成就。如果美国的族群关系在奥巴马任内真的有所改善或好转，特朗普就不必打着相关旗号招摇过市，还被扣上"反移民"和"种族主义者"的帽子。正是奥巴马执政时期美国国内政治不断"左转"，对少数族裔的重视不断增加，事实上可能造成了美国整个社会层面处处优待少数族裔，从而不少人认为构成对白人的"逆向歧视"，即使在不同少数族裔之间也存在类似问题，引起族群矛盾不减反增。族群矛盾由早期的"白人自认占优，少数族群弱势"变为"双方均认为遭受不公待遇"的阶段。相当比例的白人认为自身受到不公正待遇，认为少数族群在实际生活中受到过多优待，尤其将工作机会减少、薪资待

---

① "This Is Where the Term 'Limousine Liberal' Comes From," http://time.com/4322883/limousine-liberal-history-excerpt/（上网时间：2017年4月1日）

遇降低归咎于非法移民大量涌入等。特朗普乘此势当选后，并未致力弥合族群冲突，而是利用矛盾，牢牢抓住其基本盘的诉求，推行包括收紧移民在内的一系列"美国优先"政策。2017年8月，弗吉尼亚州夏洛茨维尔爆发大规模骚乱，族群矛盾在其中扮演了不可或缺的角色。特朗普从未装作要弥合族群矛盾，而是给出了处理矛盾的建议——弥合族群矛盾的最好方法就是放弃追求族群间的绝对平衡。特朗普的族群政策十分简单，即追求"当下的正义"，而不是追求"应当的正义"，以恢复法律和秩序达成最基本的社会共识。这与奥巴马执政的八年间大相径庭，少数族群深感落差之大，族群矛盾愈发激化。

政府权威和社会向心力弱化。前述各项矛盾所引起的直接结果是，政府权威和社会向心力不断弱化，美国社会难以合力一处，而是在不断的内耗与内斗中消磨自身实力。由于在定义国家利益、全球化、国际秩序和制定国内政策等方面，两党之间、两党内部、各族群和群体间存在不同的意见和看法，各方在争取自身利益最大化的同时都不愿让步，也不愿"顾全大局"，造成美国各方面政策零散分裂、自相矛盾，给美国国内政治增添了许多障碍。社会各群体和部门间的矛盾难以调和所造成的社会向心力弱化有以下三个体现。一是主流媒体与总统势同水火。美国主流媒体大多偏自由化，它们与特朗普关系不睦由来已久。特朗普将它们称作"假新闻"，缘由则是特朗普认为这些所谓"假新闻"在报道时信谣传谣、无中生有、诋毁总统，给总统权威带来不好影响。二是特朗普"推特治国"凸显个性特色。出于对主流媒体的不信任，特朗普选择"与选民直接沟通"，渠道之一就是通过推特。不同于其前任奥巴马团队以"@POTUS（美国总统）"账号发布"官话推文"，特朗普以"@realDonaldTrump（真实特朗普）"账号、以个人名义发布私人推文直接与民众对话，被称为"推特治国"，这很大程度上反映出特朗普对上传下达和民意沟通的机制不信任。这恰恰凸显特朗普对"建制派"的怀疑和不屑，特朗普的胜选说明部分美国民众对"建制派"也抱有类似的不满情绪。三是政府内部各部门向心力不够。总统身为行政首长，对体制内各部门的怀疑和批评无益于政府凝聚向心力，也不利政策上传下达和贯彻执行。特朗普上任以来与情报部门的关系一直很僵，也与许多地方和部门关系不睦。有关特朗普与阁员们不合的传闻也早就甚嚣尘上，政府内部泄密事件不断却始终毫无头绪，凯利担任白宫办公厅主任之前白宫内斗的程度堪比"宫斗剧"，阁僚与总统总是各持己见，令外界对特朗普团队的团结程度十分担忧。

三、美国政治乱象频出的原因及前景

1. 特朗普以"反建制"斗士自居,对精英政治不满、与政治精英不睦,但未来执政过程中会适时向政治精英妥协。美国的政治体制下,"建制派"和"反建制"的矛盾已非新鲜事,特朗普是被时势造出来的"英雄",当然懂得利用时势,而非一味蛮干,适时也会妥协。执政初期,由于与"建制派"关系不睦,导致政府人事调整频繁,班子搭建严重滞后。究其原因,一是特朗普缺乏从政经验、与"建制派"不和,手中既无人可用,参议院又拖延提名确认时间,导致政府岗位大量空缺。虽然22名内阁和内阁级官员已全部就位,但大量中高层岗位空缺,参议院通过提名的时间普遍超过此前七届政府。特朗普执政的头十个月内,联邦政府600多个关键岗位中,近半数没有提名,约1/3虽有提名但参议院迟迟不予确认。二是由于缺乏从政经验,特朗普不断调整人事以优化团队效能。前白宫办公厅主任普里伯斯、前白宫新闻发言人斯派塞以及班农等13名重要官员及顾问请辞;前联邦调查局局长科米等3人被解雇;国土安全部长凯利(转任白宫办公厅主任)和副国家安全顾问麦克法兰(被提名为驻新加坡大使)等4人发生岗位变动。2017年下半年尤其是年底,特朗普部分出于追求政绩、增加政治资本的考虑,明显对"建制派"妥协程度加大。在税改方面,由于共和党"建制派"态度强硬,特朗普曾发推文称,"只要国会通过,我一定签署",而其最终签署的《减税与就业法案》比他自己最初提出的内容有大幅缩水,这就是妥协的结果。未来在移民、医改、预算等方面,特朗普或会做出更多妥协。

2. 特朗普政府议程"右转"过猛,引起自由派强烈反弹,涉俄罗斯问题调查仍将持续深入。在移民问题和医改问题上矛盾尤其明显。特朗普不断收紧移民政策,与奥巴马政府移民政策背道而驰,引起民主党和自由派的强烈不满和反击。由于特朗普被贴上"种族主义"等负面标签、与共和党"建制派"始终若即若离、采取竞选式集会等方式推动保守议程,导致民主党和自由派除了对特朗普的政策立场进行"就事论事"的攻击之外,还热衷对特朗普本人进行批评和编排。"通俄门"调查就是民主党和自由派对付特朗普的一把"利剑"。美国情报机构和国内主流舆论普遍认定俄罗斯干预2016年美国大选,国会、联邦调查局、特别检察官穆勒等多方深挖特朗普及其亲信"通俄"问题。特朗普家人和竞选团队成员

在特朗普就任前和俄罗斯进行非官方接触的材料不断被曝光,前国安顾问弗林被迫离职并认罪,库什纳、小特朗普被国会质询,前竞选顾问乔治·帕帕多普洛斯、马纳福特及其副手里克·盖茨被起诉,导致白宫长期"被乌云笼罩"。① 多名民主党议员推动弹劾,部分媒体推波助澜,使弹劾议题保持热度。②

3. 特朗普当政助长极右势力,两者仍会互相利用。特朗普竞选时得到"3K党"等国内极右群体的大力支持。极右势力历来为两党主流所不齿,难登大雅之堂。特朗普上台后,这部分人以"功臣"自居,肆意妄为,激化了国内矛盾。如夏洛茨维尔骚乱中,"3K党"头目曾隔空向特朗普喊话"别忘了是我们把你拱上总统宝座"。极右势力的活跃加剧了美国政治的"左""右"矛盾,是美国社会不稳定的一大因素。极右分子天真地以为特朗普上台后会成为他们的首席代理人,而特朗普为了实现更大蓝图,不得不屈服于延续了上百年的"华盛顿规矩",有所取舍。特朗普虽然在竞选期间依靠极右势力"打天下",但执政后"治天下"却不能完全依仗他们。

从特朗普的执政纲领和"美国优先"的逻辑叙述上看,很难将特朗普定性为极右分子,故特朗普很难与极右势力长期维持亲密关系。极右势力对特朗普失望、不满,双方嫌隙日增。然而,极右势力对特朗普就算有再多不满、再多失望,在没有更好的选择前,特朗普仍是他们"差强人意"的唯一寄托,特朗普若参加2020年总统选举,极右势力仍将是其坚定支持者。

4. 党争仍将是常态,反特朗普联盟的形成仍需时日。党争历来是美国政坛常态,乃是由美国选举制度及宪政体系决定的。民主党和共和党之间的争斗仍会贯穿2018年,民主党会继续将特朗普作为打击共和党的

---

① "Russia: The 'cloud' over the Trump White House," http://www.bbc.com/news/world-us-canada-38966846(上网时间:2017年10月11日)

② 民主党弹劾特朗普的努力贯穿2017年全年。1月,特朗普甫一就职,《华盛顿邮报》即称有人欲以其涉嫌利用职位之便攫取商业利益对其发起弹劾;"现在就弹劾特朗普"网站上线。2月,民主党众议员杰罗尔德·纳德勒提议特朗普政府移交所有与俄罗斯有关和与潜在利益冲突有关的文件;"弹劾特朗普领导"政治行动委员会成立。3月,联邦众议员玛克辛·沃特斯发推文称已就"通俄门"事件"做好弹劾准备"。5月,民主党联邦众议员艾尔·格林提出弹劾倡议;共和党联邦众议员贾斯廷·阿迈什和卡洛斯·科贝鲁亦提出应就妨碍司法对特朗普提出弹劾。7月,民主党联邦众议员布拉德·舍尔曼提出弹劾议案,指控特朗普妨碍司法。8月,夏洛茨维尔骚乱后,特朗普发表争议性言论,联邦众议员史蒂夫·科恩表态支持弹劾;民调显示近半数登记选民支持弹劾。

"突破口"之一，围绕特朗普本人及其亲信言行的各种调查都将持续。其一，"通俄门"等调查明显对特朗普和共和党不利。鉴于"兹事体大"，相关调查不会轻易盖棺定论，或成为特朗普长期困扰。未来不排除相关调查延烧到特朗普本人身上并引发"政坛地震"的可能。其二，关于特朗普涉嫌"干预司法"的指责不绝于耳，民主党议员还以此为由发起过弹劾，可行性虽低，但已在舆论上对特朗普造成较恶劣的影响。其三，各方对特朗普处理总统职务与个人和家族经济利益间冲突的质疑始终不断，不排除未来就此曝出"猛料"并升级为重大政治事件的可能。民主党人心知肚明，想凭几段录音和几条证词将特朗普弹劾下马是不可能的，他们的目的在于"把水搅浑"，让特朗普的执政环境持续恶化，削弱特朗普和共和党的执政基础，为角逐2020年总统大选造势。由此，民主党和反特朗普势力会将各项调查和披露特朗普负面消息作为打击特朗普的重要手段，即便证据不足以发起弹劾，至少也能在舆论上持续打击特朗普，丑化特朗普的形象。在国会，民主党与共和党仍将势同水火，跨党派合作将更加困难，共和党推动任何议程都将受到民主党及其控制的自由派媒体的强烈抵制。

5. 2018年中期选举是各方角力主战场，对2020年大选具有重要影响。从对全美政治版图和美国政治走向的影响强弱来看，2018年中期选举的重要性不亚于2020年大选。中期选举是2018年两党角力的擂台，民主党意在拿下两院多数，为2020年大选铺路；共和党的直接目标则是维持两院多数，不让民主党"咸鱼翻身"。2018年中期选举可能的结果无非有两种：一种是共和党维持住两院多数席位，另一种则是共和党无法同时维持两院多数席位，或同时丢掉两院多数席位。若是第一种结果，共和党将继续同时控制府会，有助于特朗普在2020年连选连任；若是第二种结果，特朗普将提前成为"跛脚鸭"，恐难再有任何重大立法成就，甚至连"合法合理"的行政行为也将受到国会民主党人的百般阻挠，为2020年大选带来更大不确定性。可以说，特朗普究竟能引导美国政治走多远，一多半取决于共和党人在2018年中期选举中的表现。

美国经济：亮丽表现难掩潜在风险

特朗普执政以来，推出了一系列扭转美国经济、贸易结构的经济措施，短期内有助于提振企业和民众对经济的信心，但由于措施本身存在政策风险，在美联储收紧货币政策的大趋势下，美国经济能否继续延续当前亮丽态势有待观察。

一、经济形势

美国经济2017年内保持强劲增长，实现连续8年扩张。主要表现在以下几个方面：

第一，经济保持增长态势。美国经济全年增长2.3%，四个季度增速分别为1.2%、3.1%、3.2%和2.6%。[1] 美国GDP总量从2016年第四季度的18.9万亿美元，增长到2017年第四季度的19.74万亿美元。[2]

第二，劳动力市场继续向好。失业率从2016年12月4.7%降至2017年12月4.1%。2017年1—12月，共创造255.08万个工作岗位。劳动参与率2017年12月62.9%，在近十二月中小幅上升。薪资水平涨至1973年以来最高水平。[3]

第三，三大股指迭创历史新高。标普500指数、纳斯达克指数和道－琼斯指数、2017年12月29日分别为2673.61点、6903.39点和24719.22点，较2017年1月1日分别上涨394.61点、1289.18点、4398.8点，涨幅分别为17.3%、22.9%和21.65%。

---

[1] https：//www.bea.gov/iTable/iTable.cfm? reqid=19&step=2#reqid=19&step=3&isuri=1&1921=survey&1903=1（上网时间：2018年1月30日）

[2] https：//www.bea.gov/iTable/iTable.cfm? reqid=19&step=2#reqid=19&step=3&isuri=1&1921=survey&1903=5（上网时间：2018年1月30日）

[3] https：//www.bls.gov/news.release/empsit.t12.htm（上网时间：2018年1月10日）

特朗普将美国经济增长之功归为其成功的经济政策，但事实上政策实施有滞后性，即使特朗普经济政策非常"对症"，其有效性短期内也无法显现。

目前看，推动经济向好的主要推动力是两大因素：一是美国经济自身已进入扩张周期；二是在受金融危机长期压制后，消费、私人投资等终于开始释放，点燃美国经济内生性增长动力。特朗普经济政策对美国经济的积极作用主要是提振了企业和民众对未来经济前景的乐观预期，使其认为特朗普政府推出更多刺激政策，美国经济定会有更好表现。

二、特朗普政府的经济政策

特朗普上台后，针对美国国内长期投资不足、产能利用率低、需求不旺、对外贸易失衡等问题，将经济减负和扭转贸易结构作为解决上述问题的"牛鼻子"，推出了一系列改革举措。回顾特朗普执政首年，把刺激经济、增加就业作为其最重要政策议程之一，共推出与经济政策相关的行政令15个、总统备忘录10个，欲让美国经济重拾强劲增长动力。

在国内经济政策方面，特朗普成功推动了税改。特朗普执政首年，把推动税改作为最重要的经济议程。2017年4月25日，白宫发布税改计划，正式开启税改进程。9月27日，特朗普政府公布自20世纪80年代以来最大规模的税改方案。主要对象是联邦层面的个人所得税和公司所得税。内容主要包括：减税，流程简化和漏洞修复。[①] 此后，历经府会、两党多轮磋商和谈判，11月16日，美国众议院以227：205票通过《减税与就业法案》。12月2日，美国参议院以51：49票通过该法案。12月24日，特朗普正式签署该法案，成功推动了美国历史上近30多年来最大规模的税改。

此次税改的主要内容包括：在个人所得税方面，虽然仍保持7档税率，但将其降低至10%、12%、22%、24%、32%、35%和37%；取消个人免税额，将标准扣除额翻倍，界定州和地方税收抵扣1万美元上限，提高个人替代性最低税收（AMT）门槛（个人年收入50万美元、家庭年收入100万美元），提高儿童税收抵扣额至2000美元（个人收入20万以

---

① http://thehill.com/homenews/senate/349085-pessimism-abounds-on-trump-tax-reform-effort
（上网时间：2018年2月12日）

上，家庭收入40万美元以上不能减免），保留遗产税但将豁免额翻倍。在企业税方面，将企业税税率从35%削减至21%；"税收透明型"企业前31.5万美元的收入，可享受20%的免税额；取消企业替代性最低税收。在国际税收方面，美国从"全球征税体系"转变成"本土征税体系"，对当前企业以现金及等价物汇回的利润一次征收15.5%的税率，对留存收益征收8%的税率。①

特朗普急欲重振国内能源业。自竞选以来，特朗普把重振传统能源部门，作为创造"蓝领"就业、刺激经济增长的重要手段。一方面，废除不必要的规则约束。2017年8月4日，美国国务院向联合国正式递交文书，表达退出气候变化《巴黎协定》意愿。② 此外，特朗普政府还废除了奥巴马的"清洁能源计划"，签署了允许扩大海上油气钻探的行政令；撤销限制煤炭开采的"河流保护规则"，允许美国出口煤炭，让因环保问题停产的煤炭企业恢复生产，放松天然气出口许可和批准程序；通过这些措施，减少不必要的政府监管和约束，释放能源产业活力。另一方面，激发能源部门活力。1月24日，特朗普签署"关于拱心石管道XL建设备忘录"，推进相关输油管道项目，加速能源基础设施建设。③ 3月28日，特朗普签署《促进能源独立与经济增长行政令》，④ 旨在重振传统能源行业，提升对经济增长的拉动作用。12月20日，特朗普再签《确保关键矿产安全与可靠供给行政令》，⑤ 加大对关键矿产的本国供应，确保国家安全。

特朗普还积极推动"去监管化"。一方面，放松金融监管。2017年2月3日，特朗普签署《美国金融体系监管核心原则行政令》，⑥ 并责成美国财政部牵头研究《多德—弗兰克金融法案》对金融企业造成的不必要负担，拿出全面改革美国资本市场的蓝图报告。6月，美国财政部发布

---

① Tax foundation, "Preliminary Details and Analysis of the Tax Cuts and Jobs Act", Special report, Dec 2017, pp. 3 – 5.
② 美国国务院网站：https://www.state.gov/r/pa/prs/ps/2017/08/273050.html，（上网时间：2017年11月5日）
③ 白宫网站：https://www.whitehouse.gov/presidential-actions/presidential-memorandum-regarding-construction-keystone-xl-pipeline/（上网时间：2017年12月5日）
④ 白宫网站：https://www.whitehouse.gov/presidential-actions/presidential-executive-order-promoting-energy-independence-economic-growth/（上网时间：2017年12月5日）
⑤ 白宫网站：https://www.whitehouse.gov/presidential-actions/presidential-executive-order-federal-strategy-ensure-secure-reliable-supplies-critical-minerals/（上网时间：2017年12月5日）
⑥ 白宫网站：https://www.whitehouse.gov/presidential-actions/presidential-executive-order-core-principles-regulating-united-states-financial-system/（上网时间：2017年12月5日）

《银行业与信贷联盟：创造经济机会的金融体系》报告,① 建议减轻不必要监管、提高效率,放宽银行压力测试门槛,加强市场流动性,吸引海外资本在美国银行体系投资、削弱监管机构权力,遏制调查与执法过程中的权力滥用等,进行全面的金融监管改革。另一方面,着力提高行政监管效率。1月24日,特朗普签署《关于美国管道建设备忘录》要求商务部简化对制造业的许可程序；1月30日,又签署《减少监管和控制监管成本行政令》,要求政府每新增一条监管措施必须废除两条旧措施；② 2月25日,特朗普签署行政令,要求各政府机构在60天内设立"监管改革特别小组",并任命特别小组"执行官",负责领导小组工作,拿出减少监管具体方案,为经济松绑。

2017年,在基建计划没有被纳入府会磋商议程情况下,特朗普通过行政令或备忘录的方式,极力推动相关基础设施建设项目。1月24日,特朗普签署《加速基建优先项目环境审批许可行政令》《关于美国管道建设备忘录》,③ 加速落实具体基建项目,大幅简化相关审批流程。在没有推出完整基建计划背景下,特朗普政策象征意义大于实质意义,但宣示了其推动美国基建的决心。

在产业政策方面,特朗普签署了多份行政令和备忘录,旨在全面提升美国制造业竞争能力。4月18日,特朗普签署《购美国货、雇美国人》行政令,要求各政府部门依据1933年的《购买美国货法》,在采购和财政拨付过程中,最大程度使用美国产品,④ 力阻外国企业和产品进入,保护本国市场。7月22日,特朗普签署《评估和增强美国制造业、国防工业基础和供给链弹性的行政令》,⑤ 意在全面评估美国制造业产能、国防工业基础和供给链弹性,提升美国产业竞争力,增强国防"硬实力"。此外,特朗普还建立贸易和制造业政策办公室,相继举办"基础设施周"

---

① Steven Mnuchin, A Financial System That Creates Economic Opportunities Banks and Credit Unions", June 2017, pp. 3 – 18.
② 白宫网站：https://www.whitehouse.gov/presidential-actions/presidential-executive-order-reducing-regulation-controlling-regulatory-costs/（上网时间：2017年12月10日）
③ 白宫网站：https://www.whitehouse.gov/presidential-actions/executive-order-expediting-environmental-reviews-approvals-high-priority-infrastructure-projects/（上网时间：2017年12月5日）
④ 白宫网站：https://www.whitehouse.gov/presidential-actions/presidential-executive-order-buy-american-hire-american/（上网时间：2017年12月10日）
⑤ 白宫网站：https://www.whitehouse.gov/presidential-actions/presidential-executive-order-assessing-strengthening-manufacturing-defense-industrial-base-supply-chain-resiliency-united-states/（上网时间：2017年12月10日）

"开发劳动力周""美国制造周"等活动。

特朗普执政后,在"美国优先"原则指导下,对外经贸政策上进行大幅调整。3月1日,美国贸易代表办公室网站发布《2017贸易政策议程及2016年度报告:美国总统贸易协定规划》,① 全面阐述新政府贸易政策立场。报告认为,以往多边和区域贸易"不公平",让美国经济利益受损。美国贸易政策将转向"双边",推行"维护美国国家主权"的贸易政策、严格执行国内贸易法、打开他国市场、力争达成"新的、更好的"贸易协议,进而使贸易更加自由、更加公平。

回顾2017年,特朗普对外经贸政策主要变化:

一是拒绝履行传统责任。1月,特朗普宣布退出《跨太平洋伙伴关系协定》(TPP),将贸易谈判重点转向双边。6月,宣布退出《巴黎协定》。10月,宣布退出联合国教科文组织(UNESCO),并拒绝补交拖欠会费。拒绝为世界银行增资,要求其检查资产负债表,特别是向中国发放贷款的状况。

二是从"多边"回归"双边"。从重谈《北美自由贸易协定》(NAFTA)看,8月16-20日,美国、加拿大、墨西哥在华盛顿举行NAFTA首轮重新谈判,三国同意继续加快谈判,升级NAFTA有关规则,建立21世纪的贸易标准。截至2017年12月底,三国又举行了4轮谈判,三国完成竞争章节谈判,并在数字贸易、良好监管实践、特定部门附录等问题上取得积极进展。从《美韩自由贸易协定》升级谈判看,7月12日,美国贸易代表莱特希泽正式致信韩国,要求开启特别会议,重新评估该协定。韩国以本国谈判代表尚未到位为由拖延。8月22日,双方在首尔举行第一轮特别会议,美国要求启动协定的升级修订谈判,减少贸易赤字,实现平衡、公平的双边贸易。10月5日,美韩在华盛顿结束第二轮"美韩自由贸易协定联合委员会特别会议",双方达成一致,同意尽快正式开启协定升级谈判。此外,4月美日正式开启首轮双边高级经济磋商对话,10月进行第二轮对话。特朗普还多次表示希望与英国启动双边自由贸易谈判。

三是强化贸易执法,封闭美国国内市场。特朗普颁布《加强对违反贸易关税法案的"双反"执法》《要求提交巨额贸易赤字综合报告》《应对贸易协定的违反与滥用》行政令和《关于美国贸易代表办公室(USTR)的总统备忘录》,指示相关部门对包括中国在内的其他国家采取的任

---

① USTR, 2017 Trade Policy Agenda and 2016 Annual Report, https://ustr.gov/sites/default/files/files/reports/2017/AnnualReport/AnnualReport2017.pdf(上网时间:2017年11月30日)

何伤害美国公平贸易知识产权、创新和技术发展的不合理、歧视性法律、政策和实践进行调查。

四是对华经贸积极布局。在与中国建立四个全新对话机制，达成"百日计划"的同时，美国不忘对华经贸"留后手"。特朗普相继签署"钢铁进口及威胁国家安全"备忘录、"铝进口及威胁国家安全"备忘录，"关于美国贸易代表办公室的总统备忘录"，对华展开"232"、"301"调查。10月30日，美国商务部发布《中国非市场经济地位备忘录》并明确指出，中国不满足美国内法"六条标准"中的任何一个，仍是非市场经济地位国家。[①] 美国将继续采取"第三方比价"做法，对华加征反倾销税。

三、政策风险

总体看，特朗普的经济政策带有非常强的政府刺激特点，一旦全面实施，短期内应该能对美国经济产生一些"立竿见影"的拉动作用。如为企业减税，能够短期提振企业的投资意愿。放松《多德—弗兰克金融法案》的监管要求，将减轻金融业合规经营的约束，鼓励银行和金融公司增加放贷。而特朗普要求加强贸易执法，打击不公平国际贸易行为，重新审核已经谈成的对外自由贸易谈判协定，实质上是在为外国产品和企业进入美国国内市场构建更高的进入壁垒，排挤外国产品和企业，为美国本土企业和"美国制造"产品腾出更多市场空间。

但上述政策也存在较大的风险，其负面作用会日益凸显。

特朗普税改的负面影响主要集中在以下几个方面。第一，刺激作用或弱于预期。特朗普政府推动税改，号称是"美国经济另一轮增长的重要动力"，但真正的刺激作用并不显著。税收基金会预计，未来10年，新税改将拉动美国经济年均增长0.29%。[②] 税收政策中心（TPC）预计，2018年新税改将促进美国GDP增长0.8%，但对2027－2037年的长期影响微乎其微。[③] 这会影响市场积极预期，加剧经济不确定性风险。第二，加

[①] Department of commerce, "Memorandum: China's Status as a Non-Market Economy", Oct. 26, 2017, pp. 4 – 7, https://enforcement.trade.gov/download/prc-nme-status/prc-nme-review-final – 103017. pdf（上网时间：2017年11月30日）.

[②] Tax Foundation, "Preliminary Details and Analysis of the Tax Cuts and Jobs Act", Dec. 2017, p. 1.

[③] Benjamin Page, "Macroeconomic Analysis of the Tax Cuts and Jobs ACT", December 20, 2017, p. 1.

剧贫富两极分化。TPC 统计，美国最富有的 20% 人群因税改获益最大，占美国减税带来经济利益的 65.8%。同时，对于减税给企业带来的额外好处，企业更愿回购股票让股东获益，而不是雇佣工人或提升薪资。美林银行调查显示，65% 的受访企业要削减债务，46% 企业会回购股票，仅 35% 的企业会考虑资本支出。因此，贫富差距的进一步拉大将让普通民众对经济复苏更加"无感"。尤其是，国会民主党议员持反对立场的一个主要原因就是，特朗普税改让富人获益，对税改颇为不满也将加大两党分歧和政治对立。

美国的债务负担或因特朗普的政策进一步加剧。截至 2017 年 12 月 31 日，美国联邦政府债务总额已达 20.49 万亿美元，其中公共债务已达 14.81 万亿美元。虽然，美国官方宣称税改让联邦赤字未来 10 年仅增长 1.5 万亿美元，但前景不容乐观。据美国税收政策中心统计，税改将导致未来 10 年美国联邦收入减少 2.4 万亿美元，其中因削减企业所得税、废除遗产和赠与税，联邦收入将分别损失 2.6 万亿美元和 2400 亿美元，改革个人所得税将增加联邦收入 4700 亿美元。因此，特朗普减税很难实现"财政中性"，"拉弗曲线"存在失灵风险，必将进一步加剧美国业已严峻的债务形势。而债务不断高企，将增加政府利息支付成本，挤占关键的国防支出、医疗等社会保障支出。

去监管化将令金融风险再次增加。金融危机以来，美联储与财政部等政府部门紧密合作，加强金融监管，对大银行进行压力测试，保障金融体系安全。但特朗普上台后维护华尔街等金融机构利益，主张放松金融监管。8 月，美联储主席耶伦在怀俄明州杰克逊霍尔的央行会议演讲中警告称："不要忘了金融危机的教训，美联储对大银行进行压力测试等加强金融监管的政策是为了让金融体系更安全。"① 许多美国经济学家认为，特朗普的做法正在为下一轮危机埋下隐患。

股市泡沫可能难以持续，有破裂风险。特朗普执政后，十分重视股市繁荣，通过一系列政策的出台或预期释放，促使市场积极情绪蔓延，股市屡创新高。在特朗普多次标榜股市奇迹的同时，市场也蕴含着回调风险。国际货币基金组织（IMF）指出，美国当前经济面临的主要风险之一是股票市场价格过高引发的回调风险，"财富紧缩效应"将拖累美国经济增长。②

---

① https://www.nytimes.com/interactive/2017/11/02/business/economy/janet% C2% ADyellen% C2% ADfed% C2% ADlegacy.html（上网时间：2018 年 1 月 30 日）

② IMF, "United States: Staff Report for the 2017 Article IV Consultation", July 7, 2017, p.8.

据汤森—路透数据显示，2017年美国标普500市盈率达18.5倍，创2002年以来新高。耶鲁大学经济学教授罗伯特·席勒警告称："今天的美国股市与历史上13次股市崩盘的前夜高度相似。"

贸易政策陷入经济学悖论。特朗普强调，要实现"美国利益优先"贸易，反全球化与保护主义色彩渐浓。但是，这一做法导致了国际收支"悖论"。一方面，特朗普扩大基建规模和减税措施必然增加政府债务规模。在债务高企、国内储蓄率很低的背景下，美国政府发行的大量债券需要国外买家持有。大量国际资本的流入导致美国资本性账户大量顺差，这需要经常性账户的大量逆差，进而维持国际收支平衡。另一方面，特朗普誓言实现贸易平衡，经常性项目平衡导致无法弥补资本账户顺差。因此，两者相互矛盾，产生潜在经济风险。若特朗普采取贸易优先政策，无法获得大量资本流入。一种可能是：联邦债务融资将不得不更多依靠国内投资者，导致"挤出效应"，影响私人投资，进而拖累经济增长。同时，使债券价格走低、利率高企，融资成本飙升。另一种可能是：继续依靠美联储大量持有国债，这将令美联储资产负债表进一步膨胀，与美联储货币政策正常化方向相悖，亦导致通胀过热。可见，未来该如何协调"美国利益优先"的贸易政策和扩张性的财政政策，给特朗普提出严重挑战。

四、美联储有望保持货币政策收紧基调

除了特朗普政府经济政策上的变化外，2017年美联储货币政策也出现了一些新的变化和调整。世界都在观察，美联储的未来货币政策走向能否冲掉特朗普经济政策的风险，保证美国经济继续保持向好态势。

2017年美联储明显加快了加息政策的步伐。3月，美联储启动年内首次加息，也是金融危机后第三次加息。与前两次加息不同，美联储不再长时间观望和踌躇，首次连续两个季度加息。耶伦强调称，除非经济前景出现实质性恶化，否则收紧货币政策的过程不会像2015年、2016年那么慢。[1] 6月、12月美联储又各加息25个基点，至1.25%–1.5%的水平。[2]与2015年、2016年多次下调政策预期、暂缓加息步伐不同，2017年美联

---

[1] Chair Janet L. Yellen, The Goals of Monetary Policy and How We Pursue Them, January 18, 2017, https://www.federalreserve.gov/newsevents/speech/yellen20170118a.htm（上网时间：2018年1月30日）

[2] The Fed, https://www.federalreserve.gov/monetarypolicy/openmarket.htm（上网时间：2018年1月30日）

储维持立场不变,如政策预期一年加息3次。

美联储在加息同时正式启动了缩减资产负债表计划。金融危机期间及之后,美联储大量买入抵押支持债券(MBS)和国债资产,将资产负债表规模从9830亿美元扩大到4.2万亿美元。以此推动部分投资者进入高风险资产领域,提振股票、公司债券和房地产,使数百万美国人能再融资,减少房产止赎的数量并腾出现金用于开支,从而让美国经济走出金融危机阴影。2014年11月,美联储不再扩大债券持有规模,仅对已到期的资产进行再投资,一直维持资产负债表规模不变。这种非常规刺激措施的创始人伯南克称,若美国经济复苏步伐保持稳定,美联储将退出或缩减刺激政策。2017年10月13日,美联储拉开缩减资产负债表序幕。首先开始减少购买抵押支持债券,于10月31日开始减少购买美国国债,以回收流动性。[1] 其缩减资产负债表方式的特点在于:一是被动式。美联储将采取被动缩表方式,让部分债券到期,不再续买。相比出售资产,停止对到期债券回笼资金再投资,是以更缓和的方式将资产负债表缩水。二是渐进式。美联储每月缩减60亿美元国债、40亿美元抵押支持债券。缩表规模每季度增加一次,最终最高限额将达到每月缩减300亿美元国债、200亿美元抵押支持债券。[2] 纽约联邦储备银行行长威廉·达德利称,美联储将用十年时间将资产负债表规模稳定在2.4万亿至3.5万亿美元区间。[3] 三是可预测性。此前美联储利用前瞻性指引,不断向世界"坦露心声",并在6月议息会议透露缩表意向。奥巴马时期担任白宫经济顾问委员会主席的奥斯坦·古尔斯比表示,"耶伦以一种令人印象深刻的方式让市场达成共识,市场没有出现恐慌,没人喝倒彩。"

促使美联储下决心加快收紧市场流动性的主要原因有:

一是防范去监管化后带来的金融泡沫。美国财政部已公布数十项金融监管机构放松监管的具体建议,预计特朗普提名的几位金融监管机构负责人任命得到参议院确认后,美国金融监管规则将实现变革。12月5日,美国参议院财政委员会通过放松区域性银行监管提案,此前两党对此已达

---

[1] The Fed, https://www.federalreserve.gov/releases/h41/current/h41.htm(上网时间:2018年1月30日)

[2] The Fed, Recent balance sheet trends, https://www.federalreserve.gov/monetarypolicy/bst_recenttrends.htm(上网时间:2018年1月30日)

[3] William C. Dudley, The U.S. Economic Outlook and the Implications for Monetary Policy, https://www.newyorkfed.org/newsevents/speeches/2017/dud170907(上网时间:2018年1月30日)

成共识。该提案大幅减少需接受美联储严格监管的银行数量，标志着两党议员进一步大规模放松金融监管法规。此举虽有利于美国企业获得贷款，助力特朗普实现激发美国经济活力的目标，也引发对金融危机卷土重来的担忧。2017年美国金融市场高位运行，股市迭创新高，仅11月国会推动税改过程中，美国标普500指数、道-琼斯股票指数、纳斯达克指数涨幅已达2.8%、3.8%、2.2%，刷新历史记录。耶伦承认美国资产估值高，尤其是比特币是高度投机性资产。威廉·杜德利认为，银行监管机构必须坚决维护金融监管规定，防范未来发生金融危机，应对金融监管"倒退"保持警惕。

二是防止特朗普加大经济刺激造成经济过热。上台以来，特朗普推进立法屡屡受挫，"通俄门"持续发酵，亟需聚焦经济议题，增加政绩。白宫持续推出"基础设施周"释放基建意向、"开发劳动力周"力促就业。特朗普表示，美国基建将"以火箭般的速度"进行，将10年的审批周期缩短至2年，开放私人资本和技术准入，加大乡村地区资金投入，投资非传统基建领域等；力推学徒制，解决目前劳动市场面临就业岗位和潜在员工工作技能不匹配问题，提高劳动参与率。白宫不仅与国会通力合作推进税改，并在2017年12月宣布计划2018年推进大规模基建，将以2000亿美元美联邦基金刺激州、地方和私营部门8000亿美元投资。2017年下半年随着其经济政策不断明晰，投资者由观望转向积极，牛市行情启动。其政策也获得民意认可，美国广播公司民调显示，47%美国人支持特朗普大多数政策；40%美国人认为美国正朝着正确方向前进，高于2016年12月33%和7月份18%；73%美国人把预期改善归功于特朗普政策；60%美国人称自己对国家的未来抱有希望和感到乐观。市场对政府经济政策再次期待，或引发通胀快速上涨。耶伦称，要提前防范，以避免被迫快速加息的风险。事实上，特朗普政府财政刺激政策为美联储退出宽松货币政策提供条件。大部分美联储官员在预测经济时都考虑了特朗普政府财政刺激的前景，认为税改通过鼓励资本筹集和新商业投资提振生产率，在未来几年将温和提升美国经济，美国股市上涨一定程度体现了税改前景。[1]

三是美联储现任领导层希望尽快锁定未来货币政策走向。美联储主席

---

[1] The Fed, Minutes of the Federal Open Market Committee December 12-13, 2017, https://www.federalreserve.gov/monetarypolicy/files/fomcminutes20171213.pdf (上网时间：2018年1月30日)

耶伦是由奥巴马提名，其任期即将在2018年2月结束。多数情况下，总统在提名候选人时会将意识形态和"价值观"作为重要考量因素，倾向于提名与本党政策相近的专业人士。为让美联储货币政策对自己有利，特朗普已表示耶伦任期结束将不再提名其连任，提名立场相对温和的鲍威尔作为下任美联储主席。特朗普还将有机会提名美联储理事会7名成员中的5人（包括美联储主席和副主席）。若特朗普未来任命更多"亲白宫"的官员担任美联储理事，可借此影响美联储货币政策，继续为其营造宽松的政策环境。耶伦已在2017年2月国会证词中显示出鹰派态度，表明她将在仅有不到一年的任期中积极作为，推动货币政策正常化，塑造继任者的政策方向。若美联储现在就能对加息步伐和缩减资产负债表方案达成一致，在执行上没有异议，则新领导层更难对此做出改变。此外，共和党人对美联储在危机时期的实验性救助举措非常不满，认为美联储为支持住房市场而购买抵押支持债券的做法属于财政政策范畴，美联储是在"越俎代庖"。美联储持有大规模资产已成政治负担，缩减资产负债表有助于安抚共和党。

未来，美联储有望继续保持当前的加息和缩表政策。据2017年12月议息会议17位美联储专家最新预测，2018年、2019年、2020年联邦基金利率中位数为2.1%、2.7%、3.1%，即2018和2019年每年加息三次，2020年加息两次，每次加息25个基点。① 同时，逐步扩大缩减资产负债表规模。美联储按计划于2018年1月把月度缩减规模从100亿美元增加到200亿美元。② 但是，从美联储货币政策趋势来看，为提高货币政策效率，美联储已采用多种手段的"组合拳"。但加息仍是其主要货币政策手段，2018年仍可能加快上调利率。因为美联储此轮加息步伐要慢于以往周期，两年内仅加息5次，明显少于上一轮两年紧缩周期中加息17次。华尔街经济学家预计，若2018年美国通胀抬头，美联储加息速度可能加快。与此同时，美联储也不会完全放弃量宽政策。一方面，美联储难以将

---

① The Fed, Economic projections of Federal Reserve Board members and Federal Reserve Bank presidents under their individual assessments of projected appropriate monetary policy, December 2017, https://www.federalreserve.gov/monetarypolicy/files/fomcprojtabl20171213.pdf（上网时间：2018年1月30日）

② The Fed, Minutes of the Federal Open Market Committee December 12-13, 2017, https://www.federalreserve.gov/monetarypolicy/files/fomcminutes20171213.pdf（上网时间：2018年1月30日）

资产负债削减至金融危机前 9830 亿水平。另一方面，耶伦称仍会珍惜量化宽松这一宝贵货币政策工具，买卖资产可双向调节市场流动性，确保货币政策多样化。

上述货币政策方向将对全球金融市场产生重大影响：

一是加大新兴市场乃至欧洲部分经济体的下行风险。如果美联储选择较快加息并同时配合缩减资产负债表，将加速推高美国长期利率。随着利率上升、美元升值，新兴国家资金被美国吸收，经济基础条件脆弱的国家将遭遇股市下跌、债券下跌和货币贬值"三重打击"，面临金融危机风险。新兴国家企业的 4.5 万亿美元计价的债务负担加重，加大债务危机风险。意大利大型银行面临资本短缺、流动性欠缺问题，正接受公共援助，若新兴国家债务危机蔓延，则欧洲也有再次爆发金融危机的风险。

二是各国货币政策受束缚。2016 年世界经济增长疲软，很多国家央行下调利率水平，朝放松货币政策方向推进。由于美国经济明显好于其他发达经济体，美联储将加快加息步伐，很多央行将被迫调整战略，以防止货币贬值和通货膨胀。

三是对中国挑战和机遇并存。美国利率上升推动的美元升值将促使资本流出新兴市场，加重其债务负担。因美元走强将导致中国外汇储备中的非美元资产贬值，加之经济放缓和资本外流，预计未来中国外汇储备可能继续下降。但是，新兴市场债务负担加重，也将为中国推动人民币国际化和"一带一路"提供机遇。

美联储加快收紧货币政策，势必会影响到美国经济增长前景。从短期看其影响有限。一方面，美联储与市场沟通表达更加及时、精确，有效释放预期，着力避免 2013 年讨论削减购买新债券的计划时引发的市场恐慌。另一方面，欧日等主要央行仍在买进资产。在美联储收紧政策之初，抵押贷款利率所受影响不大。《华尔街日报》认为，市场或等到欧洲央行开始缩减购债时才会对情况做出反应。从长期看仍存风险。目前美联储持有 1.7 万亿美元抵押支持债券，约占市场规模的 29%，持有约 2.4 万亿美元的美国国债，占市场规模的 17%。因此，美联储缩表对市场影响不容小觑。《华尔街日报》称，若缩表成功，美联储将悄然为一次超常规货币政策试验画上句号，并为其他效仿美联储、祭出超级宽松政策大旗的央行提供借鉴。一旦踏错，会打乱经济增长的步伐，破坏目前得来不易全球主要经济体同步扩张局面。"债王"比尔·格罗斯认为，由于全球经济增长面临"新常态"和"长期停滞"，投资者们已抛弃传统的实体经济投资，转而寄希望于"钱生钱"。在经济杠杆高企的情况下,若美联储收紧货币政策的力度过火,美元、黄金等资产可能大幅波动。

此外,警惕金融市场突然收紧。近两年美联储渐进式的加息步伐,令"吃了定心丸"的市场投资者愈发胆大,承担更多风险。因此加息并没有如预期般逐步收紧银根、阻止泡沫形成。美联储启动加息以来,美国股市几乎不间断地攀升,长期美国债券收益率长时间内基本保持不变。高盛公司数据显示,现在美国金融环境甚至比2015年美联储开始加息前还要宽松。市场或重演2004－2007年间的"格林斯潘谜题",即市场对加息反应不灵敏,直到金融危机爆发前夜流动性急剧收缩,引爆始终处在高位的全球资产价格泡沫。

美国外交："美国优先"主导战略调整

特朗普上台以来，其外交体现出五大鲜明特点：一是以"美国优先"为主线，谋求美国安全与经济利益的绝对优势；二是"逢奥必反"，以反对奥巴马外交遗产与既定政策为取向，"修正"其对美国国家利益的"损害"，甚至达到"为反而反"的地步；三是奉行"以实力求和平"的强硬、进取型外交，谋求美国战略优势；四是提出"有原则现实主义"外交原则，谋求现实利益与"共同价值观"相结合；五是受美国精英与建制派制约，特朗普外交亦体现出一定延续性。从具体的战略与政策实施看，以上特点相互交织，既体现出鲜明的特朗普个人特色，也呈现出美国外交自身的惯性逻辑。其结果对美国外交本身及国际社会均产生一定冲击与影响。

一、五大特点

作为反建制派代言人，特朗普在竞选过程中一度在外交领域表现出很强的反传统特征，挑战美国长期奉行的外交原则与基础。比如，他否定盟国、自由贸易以及美国长期主导的"自由民主国际秩序"，轻视联合国等国际机制，主张盟国必须支付"保护费"，否则美国应撤军。他抨击奥巴马政府签订的《跨太平洋伙伴关系协定》（TPP）与气候变化《巴黎协定》，声称一旦当选即宣布退出上述协定。他认为美国在全球化进程中是"吃亏者"，应重塑国际贸易格局与多边、双边贸易协定，以实现"公平、平衡"贸易，为美国人创造更多就业。出于其反传统、极端自负的个性，他在对俄、对朝政策方面也释放出不同信号，包括与俄罗斯改善关系、共同反恐、与朝鲜领导人金正恩直接对话等等。另一方面，其对外交的无知以及简单、直接的性格动摇了美国长期以来构建的外交体系，制造了不少外交危机，也引发国际社会对其政策不确定性的担忧。但综合来看，随着其外交团队的完善、个人学习曲线的发展，特别是美国精英与舆论的制约，其外交政策亦体现出一定延续性。在此过程中，特朗普及其主要外交阁员也对美国外交政策进行过专门阐述，形成了特朗普特色的一套外交理念。

其一，以"美国优先"为主线。特朗普上台第一天即在白宫网站发布"美国优先外交政策"政纲，提出维护美国本土安全，防止恐怖分子袭击美国本土，并将打击"伊斯兰国"列为首要安全目标。其次是积极推动"有利于美国人民"的经济外交。① 为贯彻其指令，2017年2月底美国国防部提交《打击"伊斯兰国"》战略报告，制定全面打击"伊斯兰国"战略；为实现本土安全目标，特朗普颁布禁止部分穆斯林入境及严格打击非法移民的政令，并开展多项外交配合行动。如在美国召开全球反恐大会，特朗普本人多次与欧洲及中东领导人通话，要求加大反恐合作力度。经济方面，特朗普宣布退出《跨太平洋伙伴关系协定》后，把与相关国家重谈双边贸易协定列为迫切计划，以实现"贸易服务于美国经济增长和工作回归"的目标。在美国对外关系中，改善贸易不平衡、促别国赴美投资等成为重要议题。为此，他推迟《跨大西洋贸易和投资伙伴关系协定》（TTIP）后续谈判，要求重谈《北美自由贸易协定》（NAFTA），与日本建立"高级经济磋商对话机制"，促韩国重谈自贸协定，与英国谋签自由贸易协定，并将恢复平衡、创造就业作为美国对外双边关系的重要目标。特朗普为赢得经济利益，甚至不惜牺牲美国盟友关系。如他多次强调北约欧洲盟友应承担"防务责任"，满足防务支出达到各自GDP 2%的标准，造成美欧关系紧张；他还因"萨德"入韩的费用问题批评韩国，使美韩同盟关系受到挑战；他敦促墨西哥为美墨边界建墙支付费用，甚至造成两国外交纠纷。

其二，贯穿"逢奥必反"动机。即谋求清算奥巴马外交遗产与思想路线，塑造"我能玩得转"的外交硬汉形象，以巩固执政地位、迎合国内选民。奥巴马外交被美国学界标识为"实用进步主义"，是一种以进步主义为基调，以实用主义与现实主义为手段的外交路线与倾向。奥巴马8年执政留下了美古关系改善、《伊核协议》《巴黎协定》《跨太平洋伙伴关系协定》等系列外交遗产，体现出其试图通过与敌手和解、引领21世纪国际规则等重塑美国领导权的意图。这与奉行美国利益优先的特朗普的外交价值观可谓南辕北辙。不仅如此，铲除奥巴马遗产可进一步凸显特朗普

---

① 白宫网站：http://www.whitehouse.gov/america-first-foreign-policy（上网时间：2017年12月5日）

"革命者""变革者"形象，对于其在第一年巩固执政基础有利。具体看，他在上任第一天即宣布退出《跨太平洋伙伴关系协定》，6月宣布退出《巴黎协定》，9月威胁退出《伊核协议》等，均与视国际多边合作为重要外交支柱的奥巴马政府形成鲜明对照。特朗普还表示极力反对"破坏地区稳定、压迫古巴人民的"的古巴政权，在古巴"根本性地改革其体制"之前，美国不会解除对古巴制裁。此外，特朗普政府还宣布美国"亚太再平衡"已死、对朝"战略忍耐"终结，显示其与奥巴马既定路线的不同。在中东政策上，特朗普重盟友、反伊朗，积极修补奥巴马时期严重受损的与以色列、沙特、埃及等国的关系，强调"不以意识形态划线"，并将矛头直指伊朗，通过多轮对伊新制裁凝聚盟友、满足美国国内强硬派需要。

其三，以强硬进取型外交博取美国战略优势。尽管特朗普有反建制、反传统的倾向，但仅凭意气用事、缺乏战略依靠也难以持久。从特朗普政府以军人、白人、商人为主调，聚合了温和重商派、军事鹰派以及南方宗教保守派并得到共和党主流派认可的特点看，他必须代表共和党强硬派的外交主张。这也符合其一贯的外交理念。如在竞选中，特朗普就表示外交政策要以强大实力为后盾，主张美国"必须维持世界最强大军力，奖赏与我们合作的国家，惩罚不合作的国家"。他还信奉，"当别国知道我们在必要时会使用武力，我们就会被尊重"。由此他大幅提高美国军费预算，在国会通过的《2018财年国防授权法案》中，国防支出总额达7000亿美元，增幅相较2017财年超13%。[①] 在特朗普看来，美国通过强大军力可实现外交目标，得到他国的尊重和认可。其在没有任何预警的情况下突然轰炸叙利亚政府军基地、对阿富汗投放威力巨大的"炸弹之母"，并强化对朝鲜各种军事威慑和口头威胁，均旨在展示美国"军力第一"的威力。此外，其强调和倚重盟友体系，如重申对北约集体承诺，修补中东盟友关系，夯实与日韩同盟，开拓与越南、印度等新型伙伴关系，增大对台湾军事支持等，均是重军事、强实力思想的延伸。在外交风格上，特朗普也体现出明显的强硬格调，如为迫使墨西哥埋单"修墙"而取消墨西哥总统访问，为"难民安置"问题而怒摔澳大利亚总理电话，在对朝问题上更是与金正恩互"怼"，并加大对朝军事威胁。

---

① 参见 H. R. 2810：National Defense Authorization Act for Fiscal Year 2018, https://www.govtrack.us/congress/bills/115/hr2810/text（上网时间：2017年12月1日）

其四，以"有原则现实主义"为主要原则。特朗普在沙特演讲中首次提出基于共同价值观与共同利益的"有原则现实主义"（Principled Realism）概念，称美国追求和平、安全与繁荣，不强加生活方式给别国，谋求与别国合作促进安全。此后，在8月的"阿富汗新战略"讲话及9月的联大讲话中，特朗普再次阐释了这一概念，称"我们希望和平与友谊，而非冲突与争执；我们追求好的结果，不被意识形态束缚"，"有原则的现实主义植根于共同的目标，利益和价值观。"[①] 所谓"有原则"，即维护特朗普眼中的"共同目标、利益与价值观"，即主权、安全、繁荣，而"现实主义"则指可采取灵活手法、不受僵化意识形态约束实现上述目标。综合而言，"有原则现实主义"包含三层意思：一是将安全置于首位，强调发挥主权国家确保国家安全的义务。其所定义的首要安全任务是反对极端恐怖主义威胁，也包括别国主权不受侵犯，如乌克兰与南海问题。二是可采取灵活手段实现目标，防止受困于僵化意识形态。特朗普奉行实用主义原则，主张为实现目标应不拘泥某种偏见，而应统合外交、经济、军事等工具实现目标。三是不再追求"推广民主"及改变别国生活方式，而是与盟友及合作伙伴共同努力保护共同利益，敦促别国承担更多责任。特朗普特别指出，阿富汗新战略决定美军将继续留在阿富汗反恐，同时令印、巴、阿更多承担义务，并谋求与塔利班对话；在古巴政策上，其禁止美国与古巴军方发展关系的同时，并未阻止美国人赴古巴旅游和做生意，就是这一原则的具体体现。

其五，外交政策体现出一定继承性。不管是有意还是被迫，任何一届美国政府受制于精英阶层与制度约束，在外交政策上均不得不体现出一定继承性，这对于想冲破牢笼、标新立异的特朗普也是一样。尽管特朗普改变了奥巴马政府对外政策的优先次序，将美国的绝对安全与经济利益作为第一优先，降低对全球治理的重视，但其外交的主要议题并未根本改变，仍包括反恐、应对大国关系、维系盟友体系、解决"流氓国家"等议题。

[①] 白宫网站："Joint Statement Between the Kingdom of Saudi Arabia and the United States of America, May 23, 2017, https://www.whitehouse.gov/briefings-statements/joint-statement-kingdom-saudi-arabia-united-states-america/"; "Remarks by President Trump on the Strategy in Afghanistan and South Asia", August 21, 2017, https://www.whitehouse.gov/briefings-statements/remarks-president-trump-strategy-afghanistan-south-asia/; "President Trump Addresses the 72nd United Nations General Assembly", September 20, 2017, https://www.whitehouse.gov/articles/president-trump-addresses-72nd-united-nations-general-assembly/（上网时间：2018年1月5日）

在反恐方面采用了更加积极的战场策略，将更多主动权赋予军方首脑，在战术上更为灵活；在应对大国关系方面，尽管特朗普曾寄望于改善与俄罗斯关系以"共同反恐"，但最终受迫于国内反弹而不得不延续对俄敌视政策，对俄实施系列新制裁并互撤外交官，使关系陷于低谷。在地缘政治方面，欧洲、中东、亚太三大板块仍是重点，尽管具体政策与侧重点有所微调。如：对欧洲，降低欧盟作用，强化北约机制；对亚太，倚重日韩澳盟友，加大对华施压，积极拉拢印度、构筑"印太秩序"；对中东，提升与盟友关系，加大对伊朗全面遏制，试图调和巴以冲突。在维护美国全球盟友体系和世界主导权方面，特朗普也继承了美国一贯政策，高度重视同盟作用，尽管也强调盟友的"责任分担"；在世界事务上重提美国发挥"领导作用"，并展现出强势风格。

二、战略与政策趋向

具体看，特朗普对外战略与政策主要体现出如下趋向。

1. 以五大战略为主攻方向。特朗普上台后，先后出台"打击'伊斯兰国'战略"、对朝"极限施压"战略、"阿富汗新战略"、"伊朗新战略"及"印太战略"，体现出反恐、中东、印太是其关注重点，分别代表着美国本土安全与地缘优势双重考虑。特朗普就职时曾承诺，会"与文明世界合作，让极端伊斯兰恐怖组织从地球上完全消失"。[①]"打击'伊斯兰国'战略"与"阿富汗新战略"，均旨在实现这一目标。其特点是，赋予国防部长马蒂斯更大权力，自行决定军队层级与战区调动，以取得战场胜利为目标。在阿富汗以"基于时间表"转向"视情况而定"策略，美国未来增兵规模及军队是否直接参战将由马蒂斯决定。其次，美国不再聚焦"国家重建"，而是转向"稳定局势"，并由地区国家承担更多责任。特朗普希望借军事方面的简政放权获得反恐战场胜利，并减轻美国在地区治理上的负担，以服务美国安全与经济优先为目标。同时，特朗普也将反恐作为撬动地区地缘格局的战略工具，加强与中东、南亚盟友伙伴合作，遏制伊朗、制约巴基斯坦，扶植印度。

---

① 白宫网站："Remarks by President Trump in Joint Address to Congress", February 28, 2017, U. S. Capitol Washington, D. C., https://www.whitehouse.gov/the-press-office/2017/02/28/remarks-president-trump-joint-address-congress（上网时间：2017 年 12 月 5 日）

2017年以来,朝鲜多次进行导弹试射,9月进行第六次核试验,11月底发射"可打击美国本土全境"的"火星-15"洲际导弹。随着朝鲜核导能力不断逼近美国"红线",特朗普对朝鲜采取了军事威慑、经济制裁、外交断绝等"极限施压战略",力图通过将施压手段最大化迫使朝鲜"回到谈判桌"上。在美国敦促下,有超过20个国家与地区宣布限制或中断与朝鲜外交与贸易关系;联合国先后通过2375、2397号制裁决议,对朝鲜煤炭、铁、铅、纺织品和海产品实施出口禁令,限制合资企业运营,禁止别国雇佣朝鲜海外劳工,美日韩欧盟还均对朝实施单方面制裁。在此过程中,特朗普与金正恩相互威胁加码,使美国对朝动武可能性上升,但美国主流仍坚持以施压迫使其让步为思路、不轻易"为谈而谈"。

伊朗问题涉及中东地缘政治、美国盟友及核问题等多重含义,特朗普政府高度重视。特朗普在竞选期间曾多次抨击"伊核"协议,上台后对伊朗立场强硬,其目的在于凝聚盟友,凸显"反奥"色彩,并通过深度介入逊尼派、什叶派冲突而增强地缘影响力。但伊核问题也涉及美国安全,因而特朗普政府并未宣布退出。10月特朗普出台对伊新战略,包括全面应对伊朗威胁,而非仅针对核问题;伊朗"违反协议精神",美国"不认可"其履行协议;打压伊斯兰革命卫队。美国将与地区伙伴合作,全面打击伊朗地区活动,制裁其资助"恐怖主义"及发展导弹计划,并封堵伊朗所有核武器通道,表明特朗普政府将在核安全与地缘优势之间寻求平衡。

以"印太战略"替代"亚太再平衡"。特朗普政府宣布"亚太再平衡"已死,但对如何经营亚太并未提出相应方略。特朗普"阿富汗新战略"的提出以及此后国务卿蒂勒森有关印度政策讲话中,提升印度作用并将其作为"印太秩序"核心的思路凸显而出。此后特朗普访问亚太五国中正式提出"印太"概念。综合其表述,其内涵体现为:军事上以朝核及海上安全合作为中心,经济上以"互惠、公平"双边贸易为中心,辅之以军售、能源、反恐等议题,旨在打造基于规则的"自由、开放与繁荣的印太秩序"。① 尽管特朗普刻意与奥巴马相区别,但除了其在经济

---

① 白宫网站:"Remarks by President Trump on His Trip to Asia", http://www.whitehouse.gov/the-press-office/2017/11/15/remarks-president-trump; "Remarks by President Trump at U.S. - ASEAN Summit", http://www.whitehouse.gov/the-press-office/2017/11/13/remarks-president-triump-5th-us-asean-summit; "Remarks on "Defining Our Relationship with India for the Next Century", http://www.state.gov/secretary/remarks/2017/10/274913.htm(上网时间:2017年12月6日)

上退出《跨太平洋伙伴关系协定》外，在盟友体系、多边机制及与地区关系上则更多体现出继承性。用"印太"代替"亚太"，表明美国将视野投放到更大的地缘政治范畴，旨在统筹太平洋与印度洋，"推回"中国的"一带一路"与"战略西进"步伐，以海上优势重塑美国地区主导权。

2. 大国关系在调整中保持一定延续性。对俄罗斯继承了奥巴马政府遏制为主、接触为辅政策。特朗普上台初期有意改善对俄关系，但遭国内、国际双重博弈限制。一方面，美国内政治生态逐渐在美俄关系中发挥主导性作用，甚至一定程度上绑架特朗普的对俄政策。国会从调查和立法两方面钳制特朗普政府，主动塑造美国对俄政策。其中，多数民主党议员将"通俄门"视为攻击、限制、削弱特朗普的绝佳武器，而一些共和党内的"倒特派"也参与其中。随着相关"证据"不断被披露，"通俄"火焰逐渐烧向塞申斯、库什纳、小特朗普等总统的"身边人"，迫使特朗普团队无法贸然改善对俄关系。2017年7月，国会参众两院通过对总统解除对俄制裁的权力进行限制的新法案，进一步挤压其对俄缓和的空间与能力。特朗普本人在波兰演讲中亦罕见抨击俄罗斯，敦促其停止在乌克兰和其他地区破坏稳定的行为，停止支持叙利亚、伊朗等敌对政权，在"对付共同敌人和维护文明的斗争中"俄罗斯必须"加入负责任国家一边"。[①] 另一方面，美国也并未停止挤压俄罗斯战略空间，在反恐、乌克兰及地区安全秩序方面的矛盾始终难以消弭。如，尽管两国在反恐上有共同利益并开展部分合作，但在对叙利亚恐怖分子的定义及对阿萨德的去留问题上仍有差异，合作只算权宜之计。随着"伊斯兰国"走向溃败，双方的利益分歧与战略对抗可能再次凸显。但总体而言，美俄仍维持了斗而不破的关系，如特朗普在接受采访时称，美俄终将建立融洽的友好关系，这将利于世界和平。[②] 特朗普本人也两次与普京会晤，双方外交更是保持常态化接触。

与欧洲结构性分歧增大，但努力弥合。特朗普奉行的"美国优先"与欧洲一体化进程背道而驰，强调北约盟友分担责任削弱了盟友关系，双方在全球化、气变、难民等诸多问题上分歧重重。为弥补欧洲对美国信

---

① 白宫网站：Remarks by President Trump to the People of Poland, July 6, 2017, https://www.whitehouse.gov/the-press-office/2017/07/06/remarks-president-trump-people-poland-july-6-2017（上网时间：2017年12月6日）

② 参见"US & Russia will 'work out fine': Trump promises 'lasting peace'", http://www.rt.com/usa/384633-trump-russia-lasting-peace（上网时间：2017年12月5日）

心,特朗普三度访欧、多次接访欧洲国家领导人,力图传递团结西方信号。但与奥巴马相比,其对欧政策呈现新特点。一是对欧洲一体化采取"模糊战术"。英国"脱欧"后,特朗普对英国格外"照顾",就推动签署双边贸易协定达成一致,引发欧盟强烈不满。二是采取"稳英""重法""压德"思路。继续强调美英"特殊关系",通过加强美法安全合作提升两国关系。由于与默克尔在全球治理、自由贸易上分歧较大,美国不把德国当作"首要盟友",并重点在经贸领域"敲打"德国。三是施压北约平衡安全责任。尽管特朗普及美国内阁高官多次承诺重视北约,亦支持北约在东部防线部署军事力量,但仍多次强调盟友应多承担防务费用换取美国安全承诺,并强调北约重点为反恐,增大双方裂痕。

3. 统筹中东、亚太两大地缘区域。中东作为世界能源重心、亚太作为"未来世界经济与政治中心"一向为美国所重视。奥巴马曾试图从中东脱身而增大对亚太投入,特朗普则中东、亚太并重,并以更大范围的地缘概念"印太"将二者统筹起来,以实现美国"利益优先"与掌控世界目标。一是夯实盟友伙伴体系。其首访定在中东的沙特、以色列,以修补关系,安抚盟友,并积极改善与土耳其、埃及关系,以反恐为抓手凝聚盟友。在亚太则高度重视日、韩、澳等盟友关系,互动频仍,11月特朗普出访日、韩,再次夯实盟友关系。此外,提升与越南"全面伙伴关系"、与印度的"战略伙伴关系",强化与两国的防务安全合作,不忽略泰国、马来西亚、印尼、菲律宾。二是抓主要问题牵动地区格局。在中东搞反恐、遏伊朗,在亚太搞朝核,重南海,以问题为导向实现地区战略目标。特朗普还延续奥巴马政府重视地区多边机制的做法,蒂勒森年内两次与东盟外长集体会晤,特朗普本人参加东盟峰会及亚太经合组织峰会。继续重视海合会在稳定中东方面的作用,强化反恐维稳、协调地区国家关系等目标。三是以双边贸易谈判为工具,利用美国战略优势实现"公平、互惠"经济目标。特朗普政府将中国、日本、越南、韩国、马来西亚、印度、泰国、中国台湾、印尼等亚太国家与地区列为与美国有最大贸易逆差的16个名单,[①] 促使其对美国开放市场、更多赴美投资,并打造非歧视性、高标准贸易规则。与沙特签署价值1100亿美元军售协议,与中东国家谋签

---

① "Trump demands solution to US trade deficits with China and others", *Financial Times*, April 1, 2017, https://www.ft.com/content/50e48272-15c3-11e7-80f4-13e067d5072c(上网时间:2018年1月5日)

自贸协定，鼓励其购买美国军火。

4. 大幅调整拉美、非洲政策。特朗普从美国安全与经济优先考虑出发，对拉美聚焦本土安全、重塑贸易协定；出于其"反奥"及"有原则现实主义"思路，对古巴、委内瑞拉则采取施压为主政策。具体看，一是力推在关墨边境"修墙"，力图阻挡拉美"毒品和非法移民"。二是大力驱赶拉美"非法移民"，威胁取消奥巴马政府批准的"儿童移民缓遣计划"（DACA）。三是重谈《北美自由贸易协定》（NAFTA），对墨、加态度强硬，在"原产地规则"、"日落条款"及劳工标准等核心议题上坚决不让步。四是力推美国"制造业回归"，施压在拉美投资的美国企业回国投资。五是加大对委内瑞拉经济制裁，对古巴政策"倒退"。2017年美国共发起六轮对委内瑞拉高官的金融和政治制裁，威胁"不排除对委采取军事行动"，使美委关系降至历史冰点。此外，宣布严格执行对古巴"经济制裁和贸易封锁"，以驻古外交官遭"声波攻击"为由，撤走大批外交官并暂停向古巴公民发放签证。对非洲则大幅削减发展援助，侧重安全投入。特朗普政府在提交的2018财年预算中，将对非洲整体援助削减13%，对非洲多个地区合作国的援助资金遭大幅削减，[①] 并收紧《非洲增长与机遇法》下给予非洲的贸易优惠条件，减少气候变化资金支持。另一方面，却加大对非洲军售力度，如向肯尼亚出售武装直升机，批准尼日利亚6亿美元军售合同。4月，美国邀请42个非洲国家国防部长在美非洲司令部总部德国斯图加特召开安全峰会，加大协调美非反恐行动，联合打击"伊斯兰国"、"基地"组织在北非据点及西非"博科圣地"和索马里"青年党"等极端组织，将暴恐势力消灭在非洲本土。

5. 对全球治理的立场全面倒退。特朗普公开否定多边机制，宣称将对那些"不能显著推进美国外交利益的国际组织"削减或终止援助。目前美国拖欠联合国会费已达8.96亿美元。2017年10月美国以"存在针对以色列的偏见"为由退出联合国教科文组织，其长期拖欠的约5亿美元会费也无力追回。美国还对联合国人权理事会发出"要么改革，要么退出"的威胁，并大幅削减对外援助力度，对联合国2030年可持续发展议程框架下的发展援助较上年同期下降四成以上。此外，美国对中东、南亚、非洲等乱局除反恐外缺乏系统性的地区发展议程，其注重本土安全优先的理念也导致限制和排斥国际难民的消极政策。在气候变化领域，特朗

---

① 包括对安哥拉削减35.3%，对吉布提削减54.5%，对埃塞俄比亚削减34.3%。

普公然退出《巴黎协定》重创国际气候变化进程。在全球多边经贸安排上，特朗普主张争取达成"更有利于美的交易"，严重破坏世界贸易体系开放性。除退出《跨太平洋伙伴关系协定》、重谈《北美自由贸易协定》，美国还试图推动就世贸组织相关规则重新谈判，美国财长姆努钦在G20汉堡峰会上称，不排除未来就全球多边贸易协议重开谈判的可能。

三、影响与评价

如上综述，特朗普外交既有其"美国优先"为主线而使美国外交呈现出的新特征与阶段性特点，也有受制于制度因素而体现出的继承性，对美国外交与国际社会造成双重影响。

综合特朗普外交所呈现出的五大特点，是以追求安全、经济与战略利益为目标，采用实用、灵活、强硬原则实现目标的一整套做法。从其目标设定上看，与冷战后历届总统既有相同之处，亦有差异。安全、经济与战略利益是过去总统均重视的，但特朗普相区别的是降低了价值观的作用，或是选择性地使用人权牌，人权本身不再作为核心目标。如他强调不输出意识形态，跳过人权问题强化与沙特、土耳其、埃及等威权国家关系，对菲律宾领导人杜特尔特也不再固着于人权指责，而对古巴、委内瑞拉、缅甸等国却举起人权大棒，这一方面是刻意与奥巴马的"伸手外交"相区别，另一方面也满足了美国国内人权强硬派的需要。

其次，尽管安全、经济、战略利益是特朗普政府对外政策三大目标，在具体侧重点上也有不同。奥巴马政府将极端恐怖主义、中俄等不确定性大国挑战，以及核扩散、气候变化、网络攻击、跨国疾病等并列为最重要的国家安全挑战，而特朗普则降低气候变化等全球治理问题的重要性，将美国的本土安全作为最重要的安全目标。由此反恐与朝核先后成为特朗普政府首要安全目标。经济方面，利用美国实力杠杆迫使别国改变对美国"不公"的贸易状况，重订对美国有利的贸易条件成为特朗普政府主要目标。而奥巴马政府则是从更长远的全球贸易规则方面着手，但实质上二者均是要实现贸易平衡目标，只是特朗普的手法更加直接、强硬且倾向于通过双边谈判的方式解决问题。此外，奥巴马的国家安全战略将安全、经济、价值观与国际秩序并列为四大持久性的国家利益，而特朗普则主要聚焦前二者，较少考虑价值观与国际机制的作用。

特朗普以"美国优先"为主线的战略与政策调整对美国外交与国际

社会产生全方位的冲击与影响。一是削弱美国软实力与国际威望。特朗普以反建制主义冲击美国外交既定格局，动辄置国际多边协议于不顾而恣意退出，主张以双边协议替代多边协议，引发国际社会对全球滑向贸易保护主义的担忧，特别是美国出于国内政治原因随意退出国际多边协议，导致美国国家形象受损，也刺激了全球民粹主义与本土主义。二是冲击美国一贯主导的"自由民主世界秩序"。二战后特别是冷战结束以来，美国始终以"自由世界领袖"自居，积极推动以全球化与自由贸易、国际机制、民主与自由为支柱的世界秩序。但特朗普"美国优先"否认全球化与多边机制，轻视民主化与人权，强调"主权优先"，使如上秩序遭遇挫折。欧盟对美国走向尤为担心，日、澳等亚太盟友在呼吁美国发挥世界领导作用的同时，积极续推"《跨太平洋伙伴关系协定》11国"进程，高调维护"航行自由"等国际"规范"，俨然成为西方秩序的守护者。同时，埃及、土耳其、沙特、菲律宾等"威权"领导人则备受特朗普本人青睐，关系改善明显，也使美国外交中的人权"正义性"受到挑战。三是全球治理受损。特朗普忽视气候变化、跨国疾病、区域治理等问题，以美国经济与安全利益驱动全球政治，削弱美国全球治理领导权，也放缓全球治理进展。尽管特朗普在很大程度上旨在兑现其竞选诺言，但从实际效果看，其对美国家利益的狭隘诠释反而伤及其执政地位，遭到美国主流精英的一致反对，公众支持率始终在38%—40%之间徘徊。

尽管特朗普在大国关系、盟友体系、区域重点上维持了一定继承性，但其美国优先已深入美国外交各个面向，其重军事、轻外交，重实利、轻发展，重分担、轻责任的思想路径，虽然短期内产生一定效果，如在强化盟友体系的同时增大盟友责任分担，各国也主动迎合美国发展"公平互惠"贸易，但由于美国过于聚焦自身利益而忽视别国利益，降低对外援助与发展责任，对"后伊斯兰国"时代的中东、南亚缺乏治理路线图，使美国长期战略利益受损。尽管其抛出五大战略，但缺乏实质性的系统设计，也缺乏长远的综合治理方案，使这些战略除取得短期效果外难以持久发展。其过于炫耀武力但又无心恋战的攻心战术也会被对手识破，从而使效果打折。未来，如特朗普难以在"美国优先"与美国"世界领导地位"之间找到有效平衡，其结果只能与"美国再次伟大"的初衷渐行渐远。

美国安全：重振军力聚焦大国竞争

特朗普对"硬实力"的偏好是其与前任奥巴马的最大差异之一。上任后，特朗普逐步贯彻其强军理念，将扭转美国军事预算下降趋势、增加美军战斗力、提升军事手段在美国对外战略中的作用、赋予军方更大自主权作为强军的主要标准和目标。美军也开始寻求在更多前沿领域体现存在和做出行动。美军对"伊斯兰国"打击取得重大胜利是特朗普执政首年最值得一书的政绩之一。

一、"强军计划"引领特朗普重振美国军力

"强军"成为特朗普"美国优先"执政理念的重要组成部分，其目的在于提升军事在美国对外战略中的作用，通过重建美军军力，震慑对手，维持军事优势和霸权地位。在竞选期间，特朗普就誓言一旦当选总统将要求国会全面停止国防预算减支机制，增加国防开支及先进战机和军舰采购，扩大陆海空军和海军陆战队规模，大幅增强美国军事力量至"绝对没有人能够给美国制造麻烦的程度"，要通过"无可置疑的军事实力"阻止冲突。执政首年，特朗普把"让美军再次强大"作为推行"美国优先"政策的重要基础。

在人事方面，特朗普政府组建"专业型"国家安全团队。商人出身的特朗普政治根基薄弱，其竞选团队也缺乏防务问题专家，在当选总统后，特朗普团队倾向选择与奥巴马政府军事安全政策相左、具有长期服役经历与治军经验的退役或现役美军高官担任政府军事部门要职，马蒂斯、麦克马斯特与凯利分别就任国防部长、总统国家安全事务助理、白宫办公厅主任。9月，美国参议院口头表决通过邓福德连任美军参谋长联席会议主席。马蒂斯、邓福德、麦克马斯特、凯利等组成的"技术型"国安团队对特朗普政府军事安全政策的制定与实施发挥重要作用。

在制定和实施"强军计划"方面,大幅提高军费开支成为强军重点。1月20日特朗普就任总统当天,白宫公布《使我们的军队再次强大》的声明,宣称将重建美军,使美军处于最高级别战备状态;将终结国防预算减支计划,向国会提交新的预算案,规划重建美军的计划,发展最先进的导弹防御系统;在美国网络司令部领导下,优先发展网络防御能力。1月,特朗普签发"重建美军"的总统行政令,他强调,"今天我将签署对武装力量进行伟大重建的总统令——将为我国军人提供新飞机、新舰艇、新资源和新工具。"为大幅提高国防预算以强化美国军事力量,特朗普政府不惜削减非军事部门的开支。3月,白宫发布《美国优先:让美国再次伟大的预算蓝图》的预算大纲,计划增加国防开支540亿美元,重点是增加对陆军与海军陆战队的军费支出和提高战斗机出动率上的支出,增加军舰数量和采购F-35战斗机数量,同时大幅削减国务院、农业部等19个非军事部门的开支。[①] 12月,特朗普签署经国会参众两院高票通过的《2018财年国防授权法案》(NDAA),2018财年国防预算总额为6920亿美元,其中基础国防预算为6260亿美元,主要用于装备采购、部队训练和维护以及人员开支等,660亿美元为海外应急行动拨款,用于美军在海外的作战任务。6920亿美元的国防预算总额不仅超过了特朗普政府于5月向国会提交的6680亿美元的国防预算,6260亿美元的基础预算也大幅超过了2011年《预算控制法》规定的5490亿美元的基础预算开支上限。NDAA提出355艘海军造舰计划,斥资262亿美元建造"弗吉尼亚"级核潜艇等14艘作战舰艇,101美元采购90架F-35、24架F/A-18E/F等先进战机,22亿美元用于对陆军和海军陆战队进行现代化,15亿美元采购和研发导弹,美军兵力规模将增加2万人,为7年来首次扩编,并为军人加薪2.4%;为落实"第三次抵消战略",确保美军事技术优势,NDAA大幅加大对新技术研发的投入,加强美军网络威慑能力,并对太空作战进行整合。[②] 特朗普表示,NDAA将显著提升美军现代化水平,提供所需战斗装备,加速提升美军力。参议院军事委员会主席麦凯恩称,"该法案系国会渴望重建美军军事力量的标志,将为重建美军提供足够的资源与政策

[①] The White House, "America First: A Budget Blueprint to Make America Great Again", March 16, 2017, https://www.whitehouse.gov/sites/whitehouse.gov/files/omb/budget/fy2018/2018_blueprint.pdf. (上网时间:2018年2月5日)

[②] "特朗普签7000亿美元国防法案 美国巨额军费怎么花",新华网,http://www.xinhuanet.com/mil/2017-12/26/c_129775525.htm. (上网时间:2018年2月6日)

支持"。①

12月18日，特朗普政府发表任内首份《国家安全战略》（NSS），该报告反映了特朗普政府对美国面临的国际环境与挑战的认识及应对思路。报告认为，当今世界已进入大国竞争的时代，必须承认强大的军事和经济实力及政治竞争力在世界上的重要作用。尽管美军实力仍然是世界最强，但对手国家不断推进常规军备和核武器的现代化，美国的优势正在缩小。军力是影响力竞争的关键，美军作为美决心和承诺的象征，是美国在任何危及其利益的冲突中获胜的保障，美国将通过以实力求和平、重建美军，使美军保持卓越地位、阻击敌人、战即能胜，确保世界各地区不被一国主宰。在应对思路上，报告指出，美国将实现军事力量的全面现代化，这要求美军加强国防工业基础、提升战备水平和军备采购质量、精简军内机构、扩充军力、有效应对网络及电磁攻击、提升空间领域的竞争力、构建多层次的导弹防御体系等。②

与奥巴马政府提出"无核武器世界"构想、降低核武器在美国国家安全战略中的作用不同，特朗普政府高度重视核武器在大国竞争、威慑对手等方面的作用，不断加强核力量建设。《国家安全战略》指出，过去70年，核武器一直在美国国家安全战略中扮演至关重要的角色，是保障和平与稳定、威慑侵略的基础。核威慑不能防止所有冲突，但对防止核攻击、非核战略攻击和大规模传统入侵至关重要。冷战结束后，美国减少了在核力量领域的投入，降低了核武器在国家安全战略中的作用，美国三位一体的核武库已经陈旧，敌对核国家核力量方面却突飞猛进。《国家安全战略》强调，为确保美国核力量和基础设施能够应对未来数十年的国家安全威胁，美国须对现有核武器和基础设施进行现代化，确保可靠的核威慑与核打击能力，保持一支能够威慑对手、保护盟友安全及一旦威慑失败能够实现目标的核力量。③ 特朗普政府向国会提交的2018财年预算申请中，要求国会拨款约190亿美元用于核领域建设，着力推进核威慑能力、导弹

---

① The White House, "Support For President Trump's Signing Of The National Defense Authorization Act（NDAA）", December 12, 2017, https://www.whitehouse.gov/briefings-statements/support-for-president-trumps-signing-of-the-national-defense-authorization-act-ndaa/（上网时间：2018年2月6日）

② The White House, "National Security Strategy of the United States of America", December 18, 2017, https://www.whitehouse.gov/wp-content/uploads/2017/12/NSS-Final-12-18-2017-0905-2.pdf（上网时间：2018年2月9日）

③ 同上。

防御系统以及核升级计划。10月,美国国会预算办公室发布《美国核力量成本管理方式：2017—2046》报告,估计在未来30年间美核力量计划将耗资1.2万亿美元,其中超过8000亿美元用于核力量运营和维护,3990亿美元用于现代化,包括采购新"哥伦比亚"级核潜艇、B-21战略轰炸机、新一代洲际弹道导弹等。①

2011年美国国会通过《预算控制法案》后,奥巴马政府着力控制军费并减少军事支出和军事订单,美国多家军工巨头出现了人才流失、生产能力萎缩、科研能力下降等问题。在特朗普竞选期间,美国步枪协会给予其大力支持,特朗普当选总统次日,洛克希德·马丁、雷神、通用动力等军工巨头的股票普遍上涨5%—7%。特朗普政府推出的"强军计划"与振兴制造业的主张有助于美国军力的恢复与发展,其加大军购与对外军售力度与军工巨头的需求不谋而合。为应对伊朗和朝鲜问题,特朗普也将军售作为美国加强与中东、东亚盟友军事关系的一张"王牌"。5月20日,特朗普访问沙特期间与沙特国王萨勒曼签了价值高达1100亿美元的军售协议,这是美国历史上数额最大的单笔军火交易。两国还达成在今后10年总价值3500亿美元的美国对沙特的军售协议。② 6月14日,美国与卡塔尔两国国防部长签署协议,美国向卡塔尔出售72架、价值120亿美元的F-15战斗机。6月29日,美国国务院发言人证实,特朗普已批准其上任后首个对台军售方案,总价值约14.2亿美元,包括早期预警雷达的技术指导、反雷达导弹、鱼雷等7个项目。③ 9月5日,特朗普发推特表示,同意日韩从美国购买更高精尖武器。10月,美国国务院宣布,批准向沙特出售总价值150亿美元的"萨德"导弹防御系统。美国国务院表示,此举目的是加强沙特导弹防御体系,反对伊朗继

---

① U. S Congressional Budget Office, "Approaches for Managing the Costs of U. S. Nuclear Forces, 2017 to 2046", October 31, 2017, https：//www.cbo.gov/system/files/115th-congress-2017-2018/reports/53211-nuclearforces.pdf (上网时间：2018年2月8日)

② "The Trump administration's tally of $350 billion-plus in deals with Saudi Arabia", *The Washington Post*, June 8, 2017, https：//www.washingtonpost.com/news/fact-checker/wp/2017/06/08/the-trump-administrations-tally-of-350-billion-plus-in-deals-with-saudi-arabia/?utm_term=.e3abfb520889 (上网时间：2018年2月4日)

③ "State Department approves $1.4B arms sale to Taiwan", CBS, June 29, 2017, https：//www.cbsnews.com/news/arms-deal-taiwan-state-department-trump-administration/ (上网时间：2018年2月3日)

续进行弹道导弹开发。①

与特朗普政府"强军计划"同步，美国新式军备部署显著加快，在关键地缘地带的军事活动更为频繁。其中针对朝核危机的军事演习已带有战争准备色彩，加剧了地区局势紧张。7月，美国海军新一代"福特"级核动力航母首舰"杰拉尔德·福特"号正式列编服役，其近130亿美元的造价成为迄今造价最高的航母。P-8A反潜巡逻机、F-35战斗机、F-22战斗机、E-2D预警机、"朱姆沃尔特"驱逐舰、"萨德"反导系统、"全球鹰"无人机、陆基"宙斯盾"反导系统等一大批美军先进装备相继部署至印太地区。6月3日，美国国防部长马蒂斯在新加坡香格里拉对话会上表示，目前，美国60%的海军舰艇、55%的陆军部队和约2/3的海军陆战队军人已部署到美军太平洋总部辖区，60%的海外战术航空兵也将很快部署至此。② 12月18日发表的《国家安全战略》指出，印太、欧洲和中东成为美国调整、加大军事部署的重点地区。

在朝鲜多次进行核导试验、半岛局势趋紧背景下，为加强对朝施压，美国加强在东亚地区军事部署和试验，美韩大规模联合军演模拟对朝军事打击。5月，美军首次进行洲际弹道导弹拦截试验并取得成功。7月，美军在阿拉斯加成功进行"萨德"反导系统试验。8月，美军在夏威夷附近成功进行一次导弹拦截试验。3—4月，美韩相继进行"秃鹫"（Foal Eagle）与"关键决断"（Key Resolve）联合军演，美国陆海空三军和联合特种部队及"卡尔·文森"号核动力航母、F-35B隐形战机等先进军备参演，演练内容包括对朝发起先发制人打击、破坏朝军方指挥部等。8月，美韩举行"乙支自由卫士"（Ulchi Freedom Guardian）年度联合军演。9月，"萨德"反导系统正式在韩国完成部署。11月，美国"罗纳德·里根"号、"尼米兹"号、"西奥多·罗斯福"号三艘航母与韩国海军在朝鲜半岛东部海域进行联合军演，这是时隔10年来美国再次同时派出三艘航母参与军演。美军多次派遣B-1B轰炸机与F-15、F-16、F-35等战机组成编队飞越朝鲜半岛，多次与日韩战机开展模拟对朝打击的空中军

---

① "U. S. approves possible $15 billion sale of THAAD missiles to Saudi Arabia", Reuters, October 7, 2017, https://www.reuters.com/article/us-usa-saudi-missiles/u-s-approves-possible-15-billion-sale-of-thaad-missiles-to-saudi-arabia-idUSKBN1CB2IN（上网时间：2018年2月4日）

② U. S. Department of Defense, "Remarks by Secretary Mattis at Shangri-La Dialogue", June 3, 2017, https://www.defense.gov/News/Transcripts/Transcript-View/Article/1201780/remarks-by-secretary-mattis-at-shangri-la-dialogue/（上网时间：2018年2月9日）

演。此外，7月10—17日，美日印在孟加拉湾举行规模空前的"马拉巴尔-2017"（Malabar）联合军演，三国首次均派出航母/准航母参演，军演的重点是进行反潜训练。

在欧洲，2月起，约2400辆（件）美国坦克、战车等装备进入欧洲，近4500名美军也被部署到东欧和波罗的海沿岸国家。3月，挪威与美国在对外军售框架下签署购买5架P-8A"波塞冬"反潜机的政府间协议。4月，美军F-35A隐形战机抵达英国莱肯希思皇家空军基地，标志着美军第五代战机首次在欧洲进行训练部署。11月，美国国防部发消息称，将向波兰出售价值5亿美元的空对空导弹和火箭炮系统。

在中东，特朗普政府除了下令美军加强对极端组织空袭力度外，还对叙利亚政府实施有限军事打击。4月，美国部署于地中海的两艘驱逐舰向叙政府军控制的霍姆斯一个空军基地发射59枚"战斧"巡航导弹，美国政府称此举系对叙政府在4日对平民实施化武袭击并造成数百人伤亡的报复和警告。这是2011年叙利亚危机爆发以来，美国首次打击叙政府军。6月，美国海军F/A-18战机击落叙政府军一架苏-22战机，这是美军自1999年至今首次击落载人战斗机。

尽管特朗普政府推行"强军计划"、加强军事部署，但2017年美军在频繁的军事调动中也暴露问题，美军事故频发侧面证明美军训练强度加大、任务繁重。例如，6月、8月，美国海军"菲茨杰拉德"号驱逐舰、"约翰·S.麦凯恩"号驱逐舰发生两起撞船事故，美军驱逐舰受损严重，共造成17名美军船员死亡，8名船员受伤。第七舰队司令约瑟夫·奥库安（Joseph Aucoin）等多名指挥官受到撤职等处分。11月，美海军公布这两起军舰撞船事故调查结果，认定事故原因是不遵守海军操作章程、人为处置失当、船员严重失职。① 美国海军作战部长约翰·理查森（John M. Richardson）表示，第七舰队在日本周边海域任务量急剧增加、舰队为应对西太平洋日趋严峻的安全挑战而负担过重、维持舰艇安全航行的能力降低是这两起事故的发生背景。②

---

① "America's Navy, Navy Releases Collision Report for USS Fitzgerald and USS John S McCain Collisions", November 1, 2017, http://www.navy.mil/submit/display.asp?story_id=103130（上网时间：2018年2月11日）

② "Navy's top officer on recent fatal collisions: I feel responsible for this", CNN, November 2, 2017, https://edition.cnn.com/2017/11/02/politics/us-navy-john-richardson-mccain-fitzgerald-collisions/index.html（上网时间：2018年2月11日）

二、意图夺回"新边疆"优势

从其执政首年情况看,特朗普政府总体上继承了奥巴马政府对于网络、太空、深海、电子、前沿科技等领域安全认知和政策框架,并提出了一些更激进、更有挑战性的目标。从美国政府和军方的表述看,"新边疆"已经成为"大国竞争"的前沿,是决定着大国博弈最终结果的战略制高点,这种认知与肯尼迪政府时期提出的"新边疆"概念有近似之处。

特朗普政府的首份《国家安全战略》体现出美国对"新边疆"的新战略认知。报告中,美国政府多次强调了"新边疆"的战略意义。与奥巴马时期不同,特朗普政府不仅关注"新边疆"里新的安全风险点,也更加重视美国在"新边疆"的"竞争优势"。这种改变的背后原因是特朗普政府将"大国竞争"而不是恐怖组织等非国家行为体作为美国当前及今后一段时期最大的战略安全风险。除了传统的常规战争、反恐和核之外,报告强调美国将增强在太空和网络空间的行动能力,美国在陆地、海洋、太空和网络领域面临着前所未有的能力竞争。美国的对手能够在不诉诸核攻击的情况下对美国发动战略攻击。报告特别提出了"国家安全创新基地"的新概念,将美国的国家实验室、学者、知识产权和高科技企业作为美国国家安全的重要基础,需要通过内部和外部手段保障其不受到外部威胁。[①]"新边疆"的诸多领域被融入到国家安全战略的"四大支柱"之中,成为美国国家安全的有机组成部分。

美国战略界认为美国在"新边疆"的优势在迅速缩小。美国作为互联网、太空领域的先行者,在上述"新边疆"中长期占有优势地位。苏联、日本曾经挑战美国军事和经济霸权,但也未能动摇美国在这些领域的优势。与之相对,近年来中国在科技领域的迅猛发展引起了美国方面的担忧。美国媒体和学者认为,中国对于美国"新边疆"的挑战是全面、系统、多层次的,主要体现在以下方面:其一,中国采取举国体制促进前沿科技的研发和应用。美方的主要担忧在于中国所采取的"以市场换技术"模式,即要求进入中国市场的外国企业在中国设立研发基地、向中方合作

---

① The White House, "National Security Strategy of the United States of America", December 18, 2017, https://www.whitehouse.gov/wp-content/uploads/2017/12/NSS-Final-12-18-2017-0905.pdf.(上网时间:2018年2月1日)

伙伴转移技术。美方依然认为中国采取包括"商业间谍"和"网络间谍"的方式获取美方技术。美国信息科技与创新基金会称,中国的"创新重商主义"对美国高新产业构成巨大威胁,要求美方采取制裁、外交抗议、谈判、技术防御等方式加以应对。① 其二,中国在人工智能、5G、先进制造业等核心领域的发展程度已经与美国并驾齐驱。美国欧亚集团认为,在人工智能领域,中国在多个方面对美国有比较优势,例如,中国有规模巨大且缺少限制的个人数据资源、不断增长的人工智能工程师、最有进取性的企业以及政府在政策和财政上的全方位支持,这使得中国人工智能企业很可能实现对美国的赶超。② 《国家安全战略》报告指出,美国的竞争者运用人工智能和其他信息技术能够从美国个人及商业数据中挖掘出重要情报。其三,中国积极将先进技术应用于国家安全和军事领域,试图将技术优势转换为军事优势。美国《国会山报》网站称,中国共产党十九大报告提出了建立"科技强国""网络强国"和"太空强国",其中特别强调了中国首次发射的"量子通信卫星",该技术将主要运用于中国军事通信,并将在未来战争中让中国占据安全通信的优势。③

为了在这场"新边疆"的"大国竞争"中不落于下风,2017 年内,美国政府和军方在太空、网络、深海、电子领域进一步加强投入。

在太空领域,特朗普试图复兴美国的领先地位。特朗普将太空领域视为体现美国综合国力和战略决心的重要标志。上任后,特朗普即提出"重返月球"及"登陆火星"的目标,强化美国政府及军方的太空战略规划设计,提升美国航空航天局(NASA)运行效率。2017 年 3 月,副总统彭斯在美国航空航天局约翰逊航天中心发表演讲,提出将重组已中断 20 年的"国家太空委员会",该委员会的职责在于提出更有进取、开拓性的太空任务,对总统提供太空领域的政策建议,协调政府部门间政策。6 月,特朗普正式签署行政令重建"国家太空委员会",委员会由彭斯担任主席,成员包括国务卿、国防部长、商务部长、交通部长、国土安全部

---

① "Stopping China's Mercantilism: A Doctrine of Constructive, Alliance-Backed Confrontation", March 16, 2017, https://itif.org/publications/2017/03/16/stopping-chinas-mercantilism-doctrine-constructive-alliance-backed(上网时间:2018 年 2 月 3 日)。

② "China embraces AI: A Close Look and A Long View", https://www.eurasiagroup.net/files/upload/China_Embraces_AI.pdf(上网时间:2018 年 2 月 2 日)。

③ "Emerging technology could make China the world's next innovation superpower", http://thehill.com/opinion/technology/358802-emerging-technology-could-make-china-the-worlds-next-innovation-superpower(上网时间:2018 年 2 月 4 日)。

长、航天局长、国家情报总监、总统国家安全事务助理、白宫行政管理和预算局长、参谋长联席会议主席等。12月，特朗普签署"国家太空委员会"提出的首份太空政策指令，宣布美国宇航员将重返月球并最终前往火星。美国军方也启动相关改革项目，项目由国防部常务副部长沙纳汉负责。美国国会曾酝酿通过法案建立独立的"太空军"，将该兵种从空军中分列，但这遭到军方的反对。在最终通过的《2018财年国防授权法案》中，军方和国会采取了折中的办法，即新任命一名空军航空司令部副司令（三星将军）并在华盛顿常驻，负责向总统、国会通报太空部队作训情况，并支援在科罗拉多州的美军空军航空司令部工作。此外，空军继续推进太空防御的机制化建设，4月，美国战略司令部将"联合应急太空行动中心"改名为"国家太空防御中心"，突出了该中心的导弹防御职责。[①]除此之外，美国国家航天局和美国军方显著增强了与"太空探索技术公司"（Space X）和"蓝色起源"等商业太空公司的合作，而不仅依靠传统军火商。

网络领域，特朗普延续了奥巴马任内推动美国网军建设的路径。5月，特朗普签署首份网络安全行政令，要求在联邦政府网络、关键基础设施网络、民众网络三方面加强安全措施。行政令基本延续了奥巴马任内的网络安全政策框架，在涉军方面，行政令要求国防部优先对内部网络开展安全评估，提升应对自动化网络攻击的能力，协助其他部门提供网络威慑的战略选项。[②] 8月，特朗普签署行政令，正式宣布将美军网络司令部升级为美军第十个联合作战司令部，地位与美国中央司令部等主要作战司令部持平。特朗普在声明中称，该决定既是为了简化美军网络行动的程序，也确保重要网络行动获得足够资金支持。升级网络司令部标志着美国网络部队的成军步伐显著加快。11月，美国国防部宣布陆军和海军负责建设的网络任务部队已经提前一年具备完全作战能力，两军分别负责41支和40支部队，占第一批133支网络部队的2/3。美军原计划在2018年完成

[①] "Space operations center gets new name, USSTRATCOM begins expanded multinational space effort", http://www.stratcom.mil/Media/News/News-Article-View/Article/1141112/space-operations-center-gets-new-name-usstratcom-begins-expanded-multinational/（上网时间：2018年2月5日）

[②] The White House, "Presidential Executive Order on Strengthening the Cybersecurity of Federal Networks and Critical Infrastructure", https://www.whitehouse.gov/presidential-actions/presidential-executive-order-strengthening-cybersecurity-federal-networks-critical-infrastructure/（上网时间：2018年2月6日）

全部网络任务部队的实战准备工作。与此同时，美军网络武器的威力以另类方式全面凸显。黑客组织利用美国国家安全局（NSA）泄露的网络武器库编写破坏力强大的勒索病毒"想哭"，在全球造成一场波及面巨大的网络安全灾难。"维基解密"也曝光与中央情报局相关的网络武器库，包括"哭泣天使"（Weeping Angel）、"樱花炸弹"（Cherry Bomb）等数量众多的各类网络攻击工具。

在深海、电子和前沿科技领域，美国政府和军方寻求打造针对主要潜在对手的战场"杀手锏"。针对中国、俄罗斯核潜艇的远洋活动，美国军方开始研发新型深海装备，以应对可能出现的反潜战。美军在水下战场的主要发展方向是开发低成本、覆盖面大的无人侦察、行动单位，实现对关键海域的感知。9月，美国海军水下无人潜航器分队扩编为水下无人潜航器第一中队，计划未来6年不断扩编，最终达到45艘无人水下潜航器的规模。10月，美国海军分别与波音公司、洛克希德马丁公司签署"虎鲸（Orca）"超大型水下无人潜航器的设计阶段合同，这是启动研发工作的关键一步。美国海军要求该型潜艇航程超过2000海里，可布雷、电子侦察、攻击潜艇及充当诱饵。美海军将选定一种方案制造5艘原型机，计划于2020年交付海试。12月，美国国防高级研究计划局（DARPA）发布"海上物联网"项目，寻求建立成本为500美元以内的智能海上浮标，所搭载的传感器可用于记录位置、运动、温度、风速、盐度、湿度、太阳光强度等信息，并被用来检测、跟踪、分类水面舰艇和潜艇。

针对俄罗斯在乌克兰、叙利亚战场运用更具破坏力的电子战，美国军方酝酿增强电子战攻防技术。9月，美国国防部发布新版"电子战战略"，要求增强防御性和进攻性先进电子战技术投资。该战略提出多项新式装备研发目标：研发成本较低的电磁武器用来摧毁、拦截或干扰来袭导弹、无人机或飞机；升级F-15战机的电子战装备，延长其使用期；研发下一代海军干扰机；研发通用性的陆军电子战装备和便携式电子干扰器。美国空军将实现穿透型制空、穿透型电子战作为优先试验目标，该试验将测试美军能否在战场突围对手电子和防空系统，对其展开电子战和电子干扰。

美国军方也已经开始利用人工智能、大数据等方式探索新型作战手段，以实现建立非对称优势。国防部前副部长沃克在一场约翰·霍普金斯大学的人工智能会议上表示，人工智能及机器人和人—机交互的快速发展将会改变战争的性质。据美国媒体透露，国防部正在研发"算法战"，利用人工智能争夺未来战争优势。该战术将采用大数据技术代替人工数据处理，为作战人员提供更及时的数据响应建议，在网络战和导弹防御作战中减少人为判断失误。洛克希德·马丁公司和美国空军研究实验室提出了一种新的战机优势理论——"信息优势"和"信息机动性"。该理论认为比敌人更快速获得有用信息以及更快速利用信息将成为战场上的新优势，因此，类似于F-35这样的多用途、电子系统先进但速度和敏捷性一般的战机可利用信息战取得战场优势。

三、反恐内外齐发，力求斩获

特朗普在竞选期间多次批评奥巴马的反恐政策，认为奥巴马政府在反恐问题上"不作为"。特朗普就职当天，白宫网站便公布了新政府的六大施政目标，在"美国优先外交政策"部分，明确将"击败'伊斯兰国'和其他极端伊斯兰恐怖组织"列为美国的"最优先目标"，宣称美国将为此在必要时采取更进取性的军事行动。① 随后，特朗普多次发布备忘录、行政令，并就反恐议题加强外交协调和努力，全面加强本土反恐防护和海外反恐力度。

在本土安全方面，特朗普政府全面加强入境安全审查、收紧移民和难民政策、推进边境墙建设，力求将恐怖分子及嫌犯挡在国门之外。1月27日，上任仅仅一周时间，特朗普便发布行政令《阻止外国恐怖分子进入美国的国家保护计划》。但因该行政令涉嫌歧视穆斯林和伊斯兰国家，因此又被称为"禁穆令"，不仅被联邦法官叫停，还在美国国内及国际社会外引起巨大争议，特别是在伊斯兰国家引起大范围的抗议活动。此后，特朗普3月6日推出新版行政令，对第一版作了修正（包括在限制名单中删除伊拉克），但主要内容与第一版基本相同。因此，第二版"禁穆令"再次被联邦法官叫停。9月，特朗普推出第三版"禁穆令"，全面禁止朝鲜和叙利亚公民进入美国，并对利比亚、乍得、索马里、伊朗、也门和委内瑞拉公民入境进行限制。虽然面临诸多非议，但美国最高法院12月判定该"禁令"生效，特朗普在"禁穆令"问题上赢得了胜利。

特朗普视非法移民为美国面临的最严重问题之一，曾宣称反对任何让非法移民成为美国公民的途径。为打击非法移民，1月25日，特朗普签

---

① The White House, "America First Foreign Policy", January 20, 2017, https://www.whitehouse.gov/america-first-foreign-policy（上网时间：2018年2月2日）

署《加强边境安全及移民执法》和《加强美国境内公共安全》两个行政令,国土安全部则随之发布两份备忘录,全面加强对非法移民的打击和遣返力度。不仅如此,特朗普政府发布的2017财年预算修正案专门新增15亿美元用于在美墨边境修建边境墙,2018财年预算案纲要则为国土安全部增加28亿美元经费,为联邦调查局增加2.49亿美元用于反恐、反情报和执法。凡此,表明特朗普要打造一个固若金汤的本土安全体系,以将恐怖分子阻挡在美国边界之外。

在海外反恐方面,特朗普政府多管齐下,全面加强在中东、北非、南亚等地的反恐行动力度,以实现其"击败'伊斯兰国'和其他极端伊斯兰恐怖组织"的"最优先目标"。

首先,出台打击"伊斯兰国"计划,以彻底击败"伊斯兰国"。1月28日,特朗普签署名为《击败伊拉克和叙利亚境内的"伊斯兰国"计划》的备忘录。备忘录称,美国不会包容"伊斯兰国"或与其谈判,将加强美国领导的反"伊斯兰国"联盟,并把公共外交、信息战、网络战等作为打击"伊斯兰国"的非战场手段;要求美国国防部在30天内提交一份打击叙利亚和伊拉克境内极端组织"伊斯兰国"的计划。[①] 2月27日,美国国防部长马蒂斯向白宫递交了一份旨在迅速打败"伊斯兰国"的行动计划。美国国防部发言人戴维斯称,该计划是一个"战略框架",是一个广泛的、全球性的计划,不会限于军事,也不会限于伊拉克和叙利亚。在此背景下,美国不断向叙利亚和伊拉克增派兵力、调派重型装备。据美国国防部2017年12月初的统计,美国部署在伊拉克境内的美军已达5200人,部署在叙利亚境内的美军则有约2000人。[②]

其次,加强对中东、北非、南亚等地恐怖组织或极端组织的军事行动力度。特朗普上台后,不仅继续对叙利亚、伊拉克境内的"伊斯兰国"及"基地"组织目标实施打击,还加大了对叙、伊之外"伊斯兰国"、"基地"组织、索马里"青年党"等恐怖组织和极端组织的打击力度。以阿富汗为例,特朗普不仅改变了奥巴马后期的撤军计划,反而推出新的阿

---

① The White House, "Presidential Memorandum Plan to Defeat the Islamic State of Iraq and Syria", January 28, 2017, https://www.whitehouse.gov/presidential-actions/presidential-memorandum-plan-defeat-islamic-state-iraq-syria/ (上网时间:2018年2月2日)

② Jim Garamone, "Pentagon Announces Troop Levels in Iraq, Syria", December 6, 2017, https://www.defense.gov/News/Article/Article/1390079/pentagon-announces-troop-levels-in-iraq-syria/ (上网时间:2018年2月3日)

富汗战略，并向阿富汗增兵3000人，同时扩大驻阿富汗美军的任务和活动范围。据美国媒体2017年12月底透露，美国2018年将再次向阿富汗增兵，规模约6000人。①

第三，扩大对国防部和军方一线指挥官的授权。在1月29日美国"海豹"突击队对也门境内"基地"组织目标实施突袭后，美国媒体透露，美国国防部和军方领导人欲草拟一份供特朗普参考的方案，包括在打击"基地"组织和"伊斯兰国"行动时，给一线指挥官更多授权，或放松对可能危及平民的行动的限制。② 此后，美国媒体不断放出消息称，特朗普将给国防部更大选择自由，可自行决定向叙利亚、伊拉克、阿富汗等地派遣军队的数量。6月，马蒂斯表示，特朗普已正式授权其决定驻阿富汗美军的数量，此前已授权其决定美军在叙利亚和伊拉克的数量。③

第四，加强与盟友、伙伴及相关国家的反恐协调和合作，以扩大反恐阵线。特朗普信奉"美国优先"，其执政团队也多番强调要增强盟友和伙伴国在反恐中的作用。因此，特朗普上台后，打破美国总统首访选择加拿大或墨西哥的惯例，历史性地选择沙特作为首访对象，同程访问以色列、巴勒斯坦、梵蒂冈、意大利，并出席北约峰会和七国集团峰会。美国国防部长马蒂斯、国务卿蒂勒森、总统国家安全事务助理麦克马斯特等也纷纷访问中东、阿富汗、巴基斯坦等，加强与地区盟友和伙伴的反恐磋商。与此同时，美国还加大对以库尔德人为主的"叙利亚民主联军"的支持力度，向其提供反坦克导弹、装甲车等重装备。此外，虽然美俄关系因乌克兰危机、"通俄门"事件影响陷入低谷，但美俄双方均有意加强在中东反恐问题上的协调，两国军方高层2017年度多次举行会晤，就叙利亚局势等进行讨论。

就成效而言，特朗普政府2017年的反恐努力还是取得了不错的成绩，但美国面临的反恐形势依然不容乐观。就本土安全而言，虽然遭受很多非

---

① Corey Dickstein, "2 Fort Carson brigades tapped for Afghanistan deployment", December 21, 2017, https://www.stripes.com/news/2-fort-carson-brigades-tapped-for-afghanistan-deployment-1.503474（上网时间：2018年2月3日）

② Eric Schmitt, "U.S. Commando Killed in Yemen in Trump's First Counterterrorism Operation", January 29, 2017, https://www.nytimes.com/2017/01/29/world/middleeast/american-commando-killed-in-yemen-in-trumps-first-counterterror-operation.html?_r=0（上网时间：2018年2月5日）

③ Jim Garamone, "President Gives Mattis Authority to Set U.S. Troop Strength in Afghanistan", June 14, 2017, https://www.defense.gov/News/Article/Article/1214576/president-gives-mattis-authority-to-set-us-troop-strength-in-afghanistan/（上网时间：2018年2月6日）

议和阻力，但特朗普的"禁穆令"最终得到了美国最高法院的认可，其强化移民审查、打击非法移民的努力也取得了明显进展。但美国本土远远没有达到固如金汤的程度。联邦调查局局长克里斯托弗·雷（Christopher Wray）2017年9月在参议院作证时称，联邦调查局当前正在进行的本土涉恐调查案约有1000起，与"伊斯兰国"有关的调查案数量与之差不多；美国面临的国内恐怖主义威胁非常严重，是我们最优先的议题。[1]

在海外反恐方面，美国打击"伊斯兰国"的进程取得了明显进展，"伊斯兰国"建立的实体"哈里发国"被铲除，"伊斯兰国"残余分子四处逃窜。美国国防部2018年1月1日发布消息称，反"伊斯兰国"联盟2017年取得了最重大的进展，"解放了摩苏尔、哈维加、加伊姆、泰勒阿费尔、拉卡（'伊斯兰国'宣称的首都）、塔布卡等核心城镇"，全年总计夺回了伊、叙境内一度被"伊斯兰国"占据的超过6.15万平方千米的土地，这意味着一度被"伊斯兰国"占据的98%的土地得到"解放"。[2] 然而，"伊斯兰国"的武装人员并未随着拉卡的解放而丧失殆尽，大量残余分子化整为零、四处逃散，有的走上回流之路，对国际社会的威胁依然巨大。同时，"伊斯兰国"所信奉的极端主义意识形态也没有消亡，在中东部分地区甚至美欧等地少数穆斯林群体中仍有一定市场。因此，马蒂斯2017年12月底公开表示，与"伊斯兰国"的战斗并没有结束，虽然该组织被击败，但其残余分子仍在试图通过某种方式、在某些地区进行重组。[3]

展望未来，虽然特朗普在其新版《国家安全战略》报告、《国防战略》报告概要中多番强调"大国竞争在回归"，宣称"国家间战略竞争，而不是反恐，是当前美国国家安全的首要关切"，但鉴于美国面临的内外反恐形势，反恐仍将是特朗普政府的重要任务。新版《国防战略》报告概要亦将"防止恐怖分子策划或支持针对美国本土和公民、盟友和伙伴

---

[1] Charlotte Cuthbertson, "Homegrown Terror a Top Threat to US, Say Agency Chiefs", October 12, 2017, https://m.theepochtimes.com/homegrown-terror-a-top-threat-to-us-say-agency-chiefs_2327129.html（上网时间：2018年2月6日）

[2] "Defeat-ISIS Coalition Reflects on 2017, Looks Forward to 2018", January 1, 2018, https://www.defense.gov/News/Article/Article/1406615/defeat-isis-coalition-reflects-on-2017-looks-forward-to-2018/（上网时间：2018年2月6日）

[3] Jim Garamone, "Mattis Says Operations Against ISIS Will Change in 2018", December 29, 2017, https://www.defense.gov/News/Article/Article/1406064/mattis-says-operations-against-isis-will-change-in-2018/（上网时间：2018年2月6日）

的外部行动"作为国防部 11 大目标之一。① 特朗普在 2018 年 1 月底的《国情咨文》中也宣称要改革移民体系，修建边境墙，并要继续打击"伊斯兰国"，直至其彻底失败。② 由此可知，虽然美国要进行国防战略转向，但反恐仍将是美国不得不做的"功课"。其中，本土安全仍将是特朗普未来反恐的重中之重，为此特朗普政府将继续推进其移民体系改革，推进边境墙建设，并加强重点针对伊斯兰国家公民的入境安全审查。在海外反恐方面，鉴于"伊斯兰国"的实体"哈里发"已被铲除，美国在中东的反恐行动重点将转向清剿残余、巩固反恐成果，在阿富汗、北非的反恐行动则会继续进行，甚至可能会加大力度，以求再次有所斩获。

---

① Department of Defense, "Summary of the 2018 National Defense Strategy of the United States of America", January 19, 2018, p. 4, https://www.defense.gov/Portals/1/Documents/pubs/2018 - National-Defense-Strategy-Summary.pdf（上网时间：2018 年 2 月 6 日）

② The White House, "President Donald J. Trump's State of the Union Address", January 30, 2018, https://www.whitehouse.gov/briefings-statements/president-donald-j-trumps-state-union-address/（上网时间：2018 年 2 月 6 日）

中美关系：元首外交引领平稳过渡

2017年，中美关系因特朗普政府上台开始面临新的环境，因为特朗普在2016年大选期间及胜选后针对中国的一些出格言行，一度让世界普遍担忧中美关系或迎来变数，尤其是中美贸易战似乎难以避免。然而，特朗普履职后，一方面中国主动作为，积极与其团队沟通并塑造其对华政策，另一方面特朗普政府急于在其关切的朝核等问题上获得中方务实配合，使其与中国交往时采取相对务实的态度。随着习近平主席4月访美以及特朗普11月对中国进行国事访问，中美关系实现"高开高走"，外界原先担心的场景并未出现。在此过程中，中美元首外交充分发挥了战略引领作用，使双方团队明确了工作目标、建立了对话机制、努力管控分歧、展开务实合作，成为中美关系平稳过渡并有所发展的主要动力。但展望未来，由于美国对华舆论氛围持续恶化、特朗普核心经济团队成员在对华贸易问题上根深蒂固的偏见，以及2018年中期选举临近等多重因素影响，中美关系仍面临一些不确定性。

一、"反建制"总统增加中美关系的不确定性

众所周知，特朗普在竞选期间及当选后，曾就涉华议题上有过一系列出格言行，其核心团队成员也普遍对中国持强硬态度。这些都导致外界担忧其上任后会使本已十分复杂的中美关系面临更多挑战，跟以往相比将面临更多不确定性。

一是特朗普反复强调要就双边贸易关系"惩罚"中国，把美国发展中遇到的问题症结归咎于中国。特朗普多次扬言会在上台百日内把中国确定为"汇率操纵国"，对中国输美产品征收高达45%的关税。他在就职演说中称美国面临的内外问题是全球化和"不公平"贸易的消极结果，提出"美国优先"执政理念，上台后签署了一系列具有明显贸易保护主义

色彩的总统行政令。由于中国是美国对外贸易逆差最主要来源国，外界据此普遍认为其相关政策主要目标都是针对中国。

其政府一些涉华言行和政策一定程度上佐证了这种判断。如在特朗普就职后的首次新闻发布会上，白宫发言人称中国企业和人员能较容易地进入美国市场，但抱怨美国企业和个人在中国无法享受同等待遇，声称将为此重新评估美中贸易关系，因为这不是一种能使双方同时获益的"双行道关系"。① 特朗普政府公布的六大施政重点中，提出要让美国商务部确定外国的不当贸易行为，并动用所有联邦政府工具和手段去改变这种状况。② 特朗普在国会发表的首次演讲中，公然称自中国加入世界贸易组织以来，已经导致6万家美国工厂倒闭。③ 2月2日，美国商务部宣布对从中国进口的不锈钢产品征收63.86%—76.64%的反倾销税。特朗普政府虽然一再声称重视中国市场，但其对中美贸易关系的尖锐调门和采取的一些举措，还是引发外界对中美关系走向的担忧。

二是特朗普政府要员普遍对华持强硬态度，这也使战略界人士普遍认为中美战略竞争将更趋激烈。如国务卿蒂勒森在国会为其举行的提名听证会上，称中国设立东海防空识别区是"非法"行为，美国不仅应该要求中国停止（南海）岛礁建设，而且不应允许中国靠近这些岛礁。④ 该言论即使在美国也引发轩然大波，担忧特朗普政府的政策如果如其所言极可能会引发中美冲突。国防部长马蒂斯在提名听证会上，称由于中国、俄罗斯以及国际恐怖主义活动，二战后建立的全球力量平衡格局正遭受前所未有的威胁，其上任后将通过增强美军实力等方式去应对上述挑战。⑤ 马蒂斯上任后的首次亚洲行中，在日本公开表态重申《美日安保条约》适用于

---

① "White House briefing by Sean Spicer-full transcript"，http：//www.cbsnews.com/news/sean-spicer-press-conference-transcript-jan-23-2017/（上网时间：2017年1月25日）

② http：//www.whitehouse.gov/america-first-energy（上网时间：2017年1月23日）

③ "Remarks by President Trump in Joint Address to Congress"，Issued on：February 28，2017，http：//www.whitehouse.gov/beiefings-statements/remarks-president-trump-joint-address-congress/（上网时间：2018年2月1日）

④ "Secretary of State Designate Rex Tillerson Senate Confirmation Hearing Opening Statement"，January 11，2017，https：//www.foreign.senate.gov/download/tillerson-testimony-011117（上网时间：2017年1月20日）

⑤ https：//www.armed-services.senate.gov/hearings/17-01-12-confirmation-hearing_-mattis（上网时间：2017年1月13日）

钓鱼岛。① 中央情报局局长蓬佩奥也在其提名听证会上，批评中国正积极对外扩展经济和军事影响力，并在南海和网络空间制造紧张关系。②

特朗普的经贸团队核心成员也就中美贸易关系持强硬态度。如商务部长罗斯在其提名听证会上，称中国是世界上保护主义最严重的国家，指责中国向世界"倾销"大量钢铁和铝产品，但美国未就此采取有效措施。③ 此外，特朗普还提名并任命了一批主张就贸易议题对华强硬的官员，如白宫贸易委员会主任纳瓦罗和贸易代表莱特希泽等等。2月2日，特朗普政府上台不足半月，美国商务部就宣布对从中国进口的部分钢铁产品征收反倾销税和反补贴税，为在经贸领域对华示强迈出实质性步伐。因此，特朗普政府在经贸领域对华强硬成为外界观察未来中美关系走向的一个风向标。④

三是特朗普与台湾地区领导人通电话，公然挑战"一个中国"原则这一中美关系的政治基础。特朗普利用胜选后但未上台的过渡期，在亲台势力推动下于2016年12月2日贸然与台湾地区领导人通电话，成为中美建交以来首位有此动作的美国在任或候任总统，公然挑战作为中美关系政治基础的"一个中国"政策，向"台独"势力传递了极其错误的信号。中国政府为此向奥巴马政府及候任的特朗普团队严正交涉。这种出格举动引发中美战略界普遍担忧，除美国战略界对此行为予以猛批外，⑤ 奥巴马总统也亲自警告特朗普在台湾问题上有所动作时须提前想清楚会因此面临何种后果。⑥

---

① "Strength of Alliance Highlights Meeting Between Mattis, Japan's Prime Minister", https：//www. defense. gov/News/Article/Article/1070346/strength-of-alliance-highlights-meeting-between-mattis-japans-prime-minister/（上网时间：2017年2月7日）

② https：//www. intelligence. senate. gov/hearings/open-hearing-nomination-mike-pompeo-be-director-central-intelligence-agency-cia（上网时间：2017年2月18日）

③ http：//www. commerce. senate. gov/public/index. cfm/2017/1/nomination-hearing-wilbur-ross（上网时间：2017年1月20日）

④ "U. S. - China challenges：Time for China to step up", Jeffrey A. Bader, January 12, 2017, https：//www. brookings. edu/research/u-s-china-challenges-time-for-china-to-step-up/（上网时间：2017年12月28日）

⑤ 如前"美国在台协会"理事主席、布鲁金斯学会高级研究员卜睿哲（Richard C. Bush）就"一个中国"政策给特朗普曾写过一封公开信。https：//www. brookings. edu/blog/order-from-chaos/2016/12/13/an-open-letter-to-donald-trump-on-the-one-china-policy/（上网时间：2017年2月10日）

⑥ "Full transcript：President Obama's final end-of-year press conference", https：//www. politico. com/story/2016/12/obama-press-conference-transcript -232763（上网时间：2016年12月28日）

总之，特朗普团队的涉华言论和主张，一度引发中美"冲突"难以避免的印象，不确定由此成为国际社会预测中美关系 2017 年走向的关键词。即使将要离任的奥巴马政府对此也深感忧虑，如时任国务卿克里在离任前的演讲中，公开呼吁特朗普政府未来要在朝鲜、气候变化及世界发展等议题上与中国合作。①

二、元首外交充分发挥战略引领作用

面对特朗普团队的言行，中国一方面在台湾问题上明确表态不拿原则做交易，要求美方不要挑战"一个中国"原则，不要违背中美三个联合公报，不要挑战中美关系的政治基础。另一方面，积极与特朗普团队接触，以期尽快建立稳定的工作关系，塑造其对华政策。美国方面，特朗普政府为尽快与中国开展合作，开始设法消弭此前言行的负面影响，邀请习近平主席尽快访美以实现两国元首会晤，为改善中美关系迈出实质性步伐。在此基础上，中美建立起顺畅的沟通管道，元首外交开始充分发挥战略引领作用。习近平主席和特朗普总统利用通信、通电话、互访、多边场合会晤等多种形式保持密切交流和沟通，使中美关系实现平稳过渡。纵观全年，中美互动与合作主要表现在以下几个方面：

一是中国向美方强调"一个中国"原则作为双边政治关系基础的不可动摇性，两国为改善双边关系都释放出积极信号。"特蔡通话"事件后，中国与奥巴马政府及候任的特朗普团队进行了严厉交涉，美国战略界和奥巴马政府也对特朗普团队进行了批评。这些都使特朗普认识到台湾问题在中美关系中的敏感性和重要性，继而向中方表明其政府会继续坚持"一个中国"原则，为此在履职后开始采取补救措施。2 月 2 日，特朗普的女儿伊万卡出席了中国驻美使馆举行的新春招待会，对外传递出重视及希望发展中美关系的信号。中国表示相信特朗普团队对如何与中国打交道可能需要一个了解和熟悉的过程，相信随着时间推移，只要中美恪守有关承诺，维护好两国关系的政治基础，中美关系就能较快渡过磨合期，走上

---

① "Remarks at the U. S. Institute of Peace's Passing the Baton 2017: America's Role in the World", https://www.state.gov/secretary/remarks/2017/01/266778.htm（上网时间：2017 年 1 月 15 日）

更好的发展道路,对美方信号给予积极回应。①

2月8日,特朗普本人先是在农历元宵节前致信习近平主席,向中国人民致以节日祝贺,后又于10日致电习近平主席,表达了要推动中美关系"达到历史新高度"的意愿,承诺其政府将继续奉行"一个中国"原则;两国元首一致认为保持高层沟通对双边关系极度重要,同意就共同关心的问题及时交换意见,加强各领域交流合作,并期待早日会晤。② 此后,两国元首及高官展开频繁互动,迅速建立起稳定的工作关系,并就尽快实现两国元首互访问题展开密集磋商。

二是元首外交充分发挥了对双边关系的战略引领作用。中美为尽快实现两国元首会晤,都展现出一定的灵活性和创造性,特别是打破外交常规做法,迅速商定了在2017年内实现两国元首互访的计划。首先,应特朗普总统邀请,习近平主席访问美国并与特朗普在佛罗里达州海湖庄园实现首次会晤。为给此次会晤创造良好氛围,特朗普政府采取积极举措消除此前涉华言论负面影响,如宣布无意把中国列为"汇率操纵国",一定程度上打消了外界对中美将爆发贸易战的疑虑,派蒂勒森国务卿等官员访华,就两国元首会晤事宜与中方沟通。蒂勒森还正面回应了中方提出的中美应构建"不冲突、不对抗、相互尊重、合作共赢"的双边关系的倡议,③ 称中美应为未来50年双边关系发展确定方向,④ 表达了希望与中方发展良好关系的愿望。

经过双方的精心准备,习近平主席4月6—7日访美,与特朗普总统成功地举行了"海湖庄园会"。这虽然不是一次国事访问,但是美方给予全程高规格接待。蒂勒森国务卿亲赴机场迎接习近平主席夫妇,特朗普总统一家祖孙三代与其核心团队成员悉数参加接待与会谈活动。两国元首进行了长时间沟通和交流。习近平主席向美方强调,中美有一千条理由把双边关系搞好,没有一条理由把中美关系搞坏。特朗普则表示,双方应就重要问题保持沟通和协调,可以共同办成一些大事。双方同意扩大互利合

---

① "王毅谈中美关系:渡过磨合期,走上更好发展道路",http://www.fmprc.gov.cn/web/wjbzhd/t1436554.shtml(上网时间:2017年2月8日)

② "习近平同美国总统特朗普通电话",http://news.xinhuanet.com/politics/2017-02/10/c_1120444690.htm(上网时间:2017年2月10日)

③ "Remarks with Chinese Foreign Minister Wang Yi at a press availability",https://www.state.gov/secretary/remarks/2017/03/268518.htm(上网时间:2017年3月20日)

④ "习近平会见美国国务卿蒂勒森",http://www.fmprc.gov.cn/web/zyxw/t1446876.shtml(上网时间:2017年3月20日)

作，管控分歧，并就建立新的对华机制达成共识。特朗普还接受了年内对中国国事访问的邀请。双方围绕双边关系、共同关心的热点问题深入交换了意见。通过此访，两国元首增进了相互了解和信任，确认了中美关系发展方向和原则，规划了双边合作优先领域和机制。如双方决定加强对国际地区事务沟通和协调，并在两国间新建立外交安全对话、全面经济对话、执法及网络安全对话、社会和人文对话等4个高级别对话机制。此次访问达到了相互结识、增进了解、建立互信、凝聚共识的预期目的，确保了中美关系的平稳过渡，实现了新时期中美关系的良好开局。[1]

其次，两国元首利用多边国际峰会场合积极接触。7月8日，习近平主席与特朗普总统利用在德国汉堡参加二十国集团（G20）峰会之机实现了年内第二次会晤，就中美关系和共同关心的朝鲜半岛局势等重大问题交换了看法，同意保持高层密切交往，增进双方战略互信，决定陆续启动四个双边对话机制，以增进相互了解并推进务实合作。[2]

最后，特朗普在11月8—10日成功对中国进行了国事访问，由此成为中国在十九大闭幕后接待的首位外国元首。通过此访，中美一致认为，两国在维护世界和平、稳定、繁荣方面拥有广泛的共同利益和重要责任，同意进一步发挥元首外交对中美关系的战略引领，加强高层及各界别交往，拓展合作并管控分歧，加强两国人民间的相互了解和友谊，合作应对重大国际、地区问题和全球性挑战，就两国在政治、经济、安全和执法、两军、人文、地区和国际热点等领域展开合作达成共识。特朗普重申了美方将继续奉行"一个中国"政策。[3] 此次访问的最大亮点之一是中美双方签署的商业合同和双向投资协议涉及总金额超过2535亿美元，不仅创下了中美经贸关系的历史记录，同时在世界贸易史上也极为罕见。

除直接会晤外，习近平主席和特朗普总统还以几乎每月一次通电话或通信的频率保持着频繁高效的沟通，及时就双方关切问题交流看法，管控分歧。至此，元首外交通过发挥战略引领作用确保了中美关系沿着正确方向前进。

---

[1] "王毅谈习近平主席访问芬兰并赴美国举行中美元首会晤"，http://www.fmprc.gov.cn/web/zyxw/t145230.shtml（上网时间：2017年4月9日）

[2] "习近平会见美国总统特朗普"，http://www.fmprc.gov.cn/web/zyxw/t1476455.shtml（上网时间：2017年7月10日）

[3] "中美元首会晤达成多方面重要共识同意共同努力推动两国关系取得更大发展"，http://www.fmprc.gov/web/zyxw/t1509111.shtml（上网时间：2017年11月11日）

三是两国团队利用四个双边高级别对话机制建立起稳定的工作关系。中美元首会晤重要成果之一，就是两国吸取以往成功做法和经验，在小布什和奥巴马任内确立的成熟双边对话机制基础上，新建立了外交安全对话、全面经济对话、执法与网络安全对话、社会和人文对话四大机制。双方商定在特朗普总统年内对华国事访问前完成四人机制对话工作，以实际行动落实两国元首共识，尽快在两国工作层面建立起稳定的关系。

为此，6月21日，举行了首轮外交与安全对话，双方就两军关系、朝核问题、联合国维和、反恐及加强公共卫生和全球卫生安全等领域开展合作达成广泛共识。7月19日，举行了首轮全面经济对话，围绕服务业和服务贸易有关议题进行了专题探讨；同意加强合作，管控分歧，为缩小贸易逆差进行建设性合作；重点就钢铁、铝、高技术产品贸易等问题进行深入交流；同意加强在民用高技术贸易方面的合作，在确保相关产品的民用性质和实施知识产权保护的前提下放宽出口管制，扩大双边贸易规模，促进双边贸易平衡等。9月28日，举行了首轮中美社会和人文对话，商定在教育、科技、环保、文化、卫生、社会发展和地方人文合作七大领域的合作，达成37项具体成果。10月4日，举行了首轮中美执法及网络安全对话，商定在非法移民遣返、禁毒、网络犯罪和网络安全和追逃四方面开展合作。

通过这四大机制，中美在重要双边领域都实现了对话，使两国经济、外交和安全团队核心成员得以建立起稳定的工作关系。尤其要指出的是，这些机制由于提升了对话层级并呈现出"小范围、高层级"的特点，使中美在彼此都关心的问题上沟通更深入、决策更高效、执行更有力，对管控分歧、稳定并发展双边关系发挥了积极作用

三、中美重点围绕经贸与朝核问题开展务实合作

特朗普政府上台后，在其"美国优先"执政理念下列出的施政重点中，寻求对外签署有利于美国的贸易协议、为美国增加工作岗位并实现经济增长，积极应对朝鲜与伊朗的导弹威胁等都被列其中。然而在2017年，由于朝鲜加快核导研发步伐，多次进行核导试射活动，使美国对朝鲜核导问题的关切度急速上升。为此，特朗普一方面希望能尽快与中国就双边经贸问题开展务实商讨，以向其选民有所交代，另一方面也希望能在朝鲜核导问题上获得中方实质性帮助。受此两大因素驱动，特朗普政府在与中国

交往的问题上开始采取务实态度。

一是中美直面双边经贸问题并力求取得务实合作成果。金融危机后,中美双边经贸摩擦持续增多,特别是当美国一些低端产业因对外转移或无法应对外部竞争而萎缩甚至消弭,并由此出现一些失业等问题时,美国内部开始涌现出一股认为美国在对华经贸关系中遭受"不公平"待遇的声音。如美国战略界就有不少人认为,中美经贸关系开始"日益不平衡",美国经济虽仍能从中获益,但"因为中国不断抬升的贸易保护主义以及美国内失业",削弱了美国公众对中美经贸关系的支持力度,建议特朗普政府就此与中国协商,力求与中国形成"互惠的经贸关系"。[1] 特朗普本人在上台前后更是多次对中美经贸关系表达不满,认为中国获益多、美国损失大,把美国经济在发展转型过程中遇到问题的症结归咎于中国,声称将努力扭转这种局面。

然而,特朗普上台后未立即把在竞选中的强硬主张转化为具体行动,而是采取了相对务实态度,特别是在两国元首互访之后,中美决定通过新建立的全面经济对话机制商讨双边经贸问题。经过共同努力,中美在经贸领域达成历史性的合作成果,先是在5月达成"百日计划":中国恢复进口美国牛肉,加快审批美国生物科技产品入华申请,允许外资公司在中国提供信用评级和电子支付服务;美国恢复进口中国的熟制禽肉、同意对华出口液化天然气,并派代表出席在北京召开的"一带一路"国际高峰合作论坛等等。后又于特朗普访华期间,中美共签署合作项目34个,总金额达到创纪录的2535亿美元,涉及"一带一路"建设、高科技产品、农业、能源、化工、基础设施等领域。这些成果既有利于美方扩大对华出口,也有助于中国产业迈向全球价值链中高端,并推动建立开放型经济新体制。

二是中美就朝鲜核导问题展开战略协作。2017年,朝鲜加快在核武器与导弹领域的研试步伐,不顾邻国与国际社会反对多次进行核导试验。美国与韩国为此提高了对朝鲜的批评调门,多次举行有针对性的大规模联合军演予以回应。特朗普政府针对朝鲜核导问题制订了先"极限施压"再"接触"的策略,加大在国际层面对朝鲜指责力度的同时,不断扩大

---

[1] "US Policy toward China: Recommendations for a new administration", https://asiasociety.org/center-us-china-relations/us-policy-toward-china-recommendations-new-administration (上网时间:2017年12月12日)

对朝鲜的制裁范围，提升对朝鲜的军事威慑力度，希望通过这种方式迫使朝鲜回到谈判桌。凡此种种，朝鲜半岛面临生战生乱的风险，半岛再次成为国际社会关注焦点。

特朗普政府为寻求对朝策略效果最大化，希望能就此获得中方合作，为此加强了与中国的沟通力度。中国方面，在批评朝鲜方面不顾国际社会反对，违反联合国安理会决议，执意推进核导开发的同时，继续坚持对话与谈判，呼吁各方不要再采取任何导致局势紧张激化的行动，而是应共同探索并找到重启谈判的突破口，以各方都能够接受的方式回到谈判桌前来，尤其指出美朝作为最直接当事方，有必要尽快作出政治决断并直接对话，[1] 坚定地向各方阐明反对朝鲜半岛生战生乱的立场。为此，一方面积极劝和促谈并针对朝鲜半岛新态势提出中国方案，即"双暂停"和双轨并进思路，提议朝鲜暂停核导活动、美韩暂停大规模军演，使各方重新回到谈判桌前来，然后按照双轨并进思路，把实现半岛无核化和建立半岛和平机制结合起来，同步对等地解决各方关切，最终找到半岛长治久安的根本之策。[2]

中国为最大限度地维护东北亚和平并维护自身利益，就朝核问题与美国加强了对话与合作。为此，不仅在元首会晤、通信或通话时就此协调立场，而且充分利用双边外交与安全对话机制就此保持密切沟通与合作，向美方重申了中方坚持半岛无核化、坚持维护半岛和平稳定、坚持通过对话协商解决问题的主张，同时与美国在联合国展开积极合作，以实际行动回应朝鲜的作为。如作为对朝鲜在7月两次洲际弹道导弹试验的回应，中美在8月推动联合国安理会通过第2371号决议，禁止从朝鲜进口煤、铁和铅等矿石产品、海产品等。9月3日朝鲜第六次核试后，两国又推动安理会通过第2375号决议，自2018年起每年对朝鲜出口精炼石油不超过200万桶，并禁止其出口纺织品等。12月23日，针对朝鲜11月发射洲际弹道导弹，又联合推动安理会一致通过第2397号决议，适度强化对朝鲜的制裁措施，同时强调不应对朝鲜平民产生不利人道影响，不影响正常经济活动与合作、粮食援助和人道主义援助，不影响驻朝外交使团活动，并重申维护朝鲜半岛和东北亚和平与稳定，呼吁以和平、外交和政治方式解决

---

[1] "王毅谈朝核问题：复谈还有机会和平仍有希望"，http：//www.fmprc.gov.cn/web/wjbz_673089/zyhd_673091/t1439593.shtml（上网时间：2017年2月20日）

[2] "王毅谈如何应对半岛危机：'双暂停'和双轨并进思路"，http：//www.fmprc.gov.cn/web/wjbz_673089/zyhd_673091/t1443990.shtml（上网时间：2017年3月9日）

问题，支持恢复六方会谈，还强调有关各方应当采取措施降低半岛紧张局势等。

在此过程中，中美同意致力于维护国际核不扩散体系，重申致力于实现全面、可核查、不可逆的半岛无核化目标，不承认朝鲜拥核国地位，一致认为朝鲜进行核导试验违反联合国安理会相关决议，同意继续全面、严格执行联合国安理会各项涉朝决议，对朝核导活动保持压力，同时推动通过对话谈判和平解决问题，解决各方合理关切。同意就下一步半岛形势发展及中美应采取的措施保持沟通，继续通过现有机制加强沟通与合作，强调在通过对话谈判最终解决半岛核问题上有共同目标，并致力于维护半岛和平稳定。① 由此，围绕朝鲜核导问题展开的战略协作成为中美关系在2017年的亮点之一，对稳定半岛局势，推动各方重开谈判发挥了积极作用。

三是中美在其他领域务实合作。除经贸与朝鲜核导问题外，中美在其他领域也积极互动并合作。如在军事领域，两国军方高层实现了会晤与互访，尤其在特朗普总统11月对华国事访问期间签署了《中美两军联合参谋部对话机制框架文件》，两军指挥系统建立了对话机制，并在当月于华盛顿进行了首次对话。这对两军增进了解、深化互信、扩大共识、管控风险有积极意义。在执法领域，中美根据首轮执法与网络安全对话达成的共识，就追逃建立联合工作组达成共识，分别向对方遣返了"红通"外逃嫌犯，② 还就在非法移民、禁毒等领域开展合作达成广泛共识。

总之，通过在上述领域的对话与积极合作，中美关系不仅未因美国政府换届出现大的波动，而且在合作领域上有所拓展，合作深度上也有所深化。经贸合作与围绕朝鲜核导问题展开的战略协调成为推动中美关系在新时期发展与深化的两大动力。其他领域的对话与合作不仅延续了以往中美积极交往的态势，而且为寻找未来新的合作着力点提供了更多选择与可能。这些努力对消弭外界对中美关系可能会生变的担忧都起到了一定的积极作用。

---

① "中美元首会晤达成多方面重要共识"，http://www.xinhuanet.com/mrdx/2017-11/10/c_136742154.htm（上网时间：2017年11月15日）。

② 2017年6月1日，美国向中国遣返一名严重刑事犯罪嫌疑人。10月16日，中国向美国移交一名美籍"红通"逃犯。

四、中美关系未来仍存在一些不确定性

展望未来,尤其随着美国国内政局的变化以及美国战略界对华态度日趋负面,加之中美在经贸等问题上仍有较大分歧等因素的影响,未来的中美关系仍存在一些不确定性,不能完全排除中美发生激烈摩擦的可能性。这具体表现为:

一是中美经贸关系日趋复杂,特朗普政府就此仍有很强的对华示强冲动。尽管中美同意建立全面经济对话机制,就共同关心的经贸议题交换看法并合作,两国在特朗普访华期间签署了历史性经贸协议,但都未能从根本上改变特朗普本人及其经济团队核心成员对中美经贸关系的看法。他们依旧认为中国在双边经贸关系中获益更多,美国因此遭受损失,希望能与中国建立起所谓的"对等"贸易关系,在双边贸易赤字、知识产权等问题上对中国多有指摘。2017 年,特朗普总统本人多次对外称,在与中国共同应对朝鲜之时不便就经贸议题对华示强,[①] 凸显其政府的功利性思维方式。特朗普访华后不足一个月,美国商务部就宣布对中国输美铝板主动发起反倾销调查,并违反世贸组织规则正式拒绝承认中国的市场经济地位,甚至联合欧盟、日本等继续对中国施压。美国舆论也普遍认为特朗普政府会在 2018 年就经贸问题加大对中国采取强硬做法。[②] 另外,美国依照其国内法对中国启动了"301 调查"、对涉及中国的"232 调查"仍在继续,相关报告的出台必将引发中国强烈不满和反制。

二是美国对华舆论氛围日渐不佳,中国有可能成为美国国内政治斗争的"替罪羊"。近年来,随着中美国力差距持续缩小,美国战略界对华态度悄然发生变化,中国是美国最大战略竞争对手的看法开始盛行。特朗普政府中一些对华强硬人士认为,美国自中美建交以来的对华战略是失败的,为此需要调整并作出改变。这种观点在特朗普政府公布的首份《国家安全战略》报告中得到详细阐述。在该报告中,中国被称为"战略竞争者",认为"中国与俄罗斯正挑战美国的权力、影响力,并试图侵蚀美

---

① "Trump Says He Offered Trade Concessions to China in Exchange for Help on North Korea", http://fortune.com/2017/04/13/trump-china-north-korea-trade/(上网时间:2017 年 4 月 15 日)
② "Trump readies tougher 'America first' line for China trade in 2018", December 27, 201, https://www.washingtonpost.com/news/wonk/wp/2017/12/27/trump-readying-shock-and-awe-response-on-china-trade-for-2018/?utm_term=.e0cdf5479e00(上网时间:2018 年 1 月 5 日)

国的安全与繁荣"，以及"中国试图取代美国在印太的地位"，并就知识产权、军队现代化以及双边经贸关系等无端指责中国。[1] 虽然美国战略界仍有理性声音批评特朗普政府不应全盘否定以往对华政策，但也认为美国确实到了需要重新思考对华政策的时候。[2]

与此同时，因特朗普未在上任后兑现对华"强硬"承诺，未像其前任那样就所谓的民主、人权等议题对华施压，引发一些国会议员、自由派媒体以及智库学者的不满。他们纷纷批评特朗普在这些问题上对华不够强硬。2018年11月，美国将进行中期选举，无论对特朗普还是共和、民主两党意义都十分重大，其结果将对2020年大选产生影响。美国部分国会议员和政客为此在涉华问题上加大鼓噪力度，结果是进一步恶化了美国国内对华政策氛围。由于"通俄门"，与国会议员尤其是民主党不睦，以及其政府关键岗位任命迟迟不到位等因素影响，特朗普政府也有意通过对华强硬减轻国内政治压力。因此，特朗普政府明确中国为"战略竞争者"不足为奇，预示着中美关系未来或将迎来一段困难时期。

三是其他一些可能影响中美关系走向的问题正在持续发酵。2017年，南海、网络等问题未像以往那样对中美关系产生太大干扰，在台湾和"一个中国"原则这一事关中美政治关系基础的问题上，特朗普政府也保持了相对克制。即使如此，特朗普政府还是多次在南海中国岛礁海域实施所谓"航行自由"行动，高调宣布对台军售，签署包含有"强化美台防务关系"条款、评估美台军舰互访、对台军售正常化、邀请台湾参加美国"红旗军演"等内容的《2018财年国防授权法案》，向岛内"台独"势力传递了错误信号。美国国会部分议员拟推出《与台湾交往法》，试图挑战"一个中国"原则并为美台官方高调互动解套。特朗普政府还批评中国"一带一路"倡议，认为这是中国试图在国际规则上另搞一套，为此提出所谓的"印太战略"，推动建设"自由开放的印度—太平洋"地区，为此加强了与日本、印度、澳大利亚等国的关系和战略协调，对冲"一带一路"倡议的用意明显。此外，朝鲜核导问题也可能重新干扰中美

---

[1] "National Security Strategy of the United States of America", December 2017, https://www.whitehouse.gov/wp-content/uploads/2017/12/NSS-Final-12-18-2017-0905-2.pdf（上网时间：2017年12月20日）

[2] Jeffrey A. Bader and Ryan Hass, "Was pre-Trump U.S. policy towards China based on 'false' premises?", https://www.brookings.edu/blog/order-from-chaos/2017/12/22/was-pre-trump-u-s-policy-towards-china-based-on-false-premises/（上网时间：2018年1月4日）

关系。特朗普政府 2017 年推出针对朝鲜的多次制裁措施中，都包含有针对中国企业和个人的制裁，引发中国不满。随着朝鲜半岛核岛问题的演变，无法排除中美再度因此发生矛盾的可能性。

第二编

大事记

2017年美国政治大事记

1月

1月3日，当选总统特朗普提名罗伯特·莱特希泽担任美国贸易代表。特朗普表示，莱特希泽具有丰富的私企管理经验，"将能很好地扭转失败的贸易政策"。莱特希泽是世达（Skadden）律师事务所华盛顿办公室的合伙人，曾在里根政府出任副贸易代表，主张加大贸易保护力度，如向进口商品征收惩罚性关税等。

1月5日，美国参议院军事委员会举行俄罗斯涉嫌干预美国2016年大选的听证会。国家情报总监詹姆斯·克拉珀、国家安全局局长迈克尔·罗杰斯和国防部负责情报的副部长马赛尔·莱特尔在参议院军事委员会作证。克拉珀认为，俄罗斯政府幕后主使了针对2016年美国大选的黑客行为，并故意通过"维基揭秘"泄露了相关文件来影响大选。

1月6日，美国国会议员正式清点选举人票，完成2016年11月8日全国大选结果合法化的最后一步。共和党总统候选人特朗普获得304票，民主党总统候选人希拉里获得227票。7名选举人投下"抗议票"，选择了其他候选人。点票完毕后，副总统拜登正式宣布特朗普胜选。

1月11日，美国总统奥巴马在芝加哥发表告别演说，表示将确保权力和平过渡，并就美国社会不平等、医保、移民改革等发表看法，呼吁两党团结，重建美国的民主政治制度。

1月10日，美国BuzzFeed网站全文刊登了英国前特工克里斯托弗·斯蒂尔撰写的关于特朗普及其团队与俄罗斯串通影响2016年美国大选的报告。该报告共35页，称特朗普因在莫斯科召妓被俄罗斯情报部门抓住把柄，被俄罗斯控制。双方在俄罗斯黑客攻击民主党全国委员会的服务器上进行合作，特朗普团队的三名成员卡特·佩奇、保罗·马纳福特和迈克尔·科恩均从事了与俄罗斯勾连的工作。该报告此前在美国情报部门和部分国会议员之间流传，公开后引起舆论哗然。

1月11日，候任总统特朗普召开当选以来的首次记者会。特朗普表示他将延揽人才，努力创造就业、降低药品价格、降低F-35等军机采购价格、改善退伍军人待遇等。特朗普还声称关于他与俄罗斯串通的报告"全是假消息，是我的政治对手编造的"，同时这些情况属于机密，不应该泄露出来；俄罗斯、中国或其他国家经常对美国进行黑客攻击；俄罗斯可以帮助美国打击"伊斯兰国"，普京总统愿意改善和美国的关系，这对特朗普来说是"资产而非负担"。

1月11日，美国参议院外交委员会举行国务卿人选雷克斯·蒂勒森的确认听证会，主要焦点是蒂勒森如何看待美俄关系。佛罗里达州的共和党参议员鲁比奥多次提出尖锐问题，包括蒂勒森是否认同普京在阿勒颇"犯下战争罪行"等。2月2日，参议院以56票赞成、43票反对的表决结果批准了提名。蒂勒森现年64岁，之前长期担任美国最大石油公司埃克森美孚的首席执行官。

1月13日，美国众议院就俄罗斯干预美国大选一事举行首次情报简报会。会议由国家情报总监克拉珀和联邦调查局局长科米主持召开。参议院情报委员会也改变先前的决定，决定对俄罗斯干预美国大选展开调查。参众两院大多数民主党人呼吁设立一个跨党派委员会。

1月20日，特朗普宣誓就任美国第45任总统，成为美国历史上第一位既没有从政经验也没有从军履历的总统。特朗普在就职仪式上发表简短讲话，声称华盛顿的政客发达了，但美国人民却被抛弃。他描述了美国工厂被废弃、基础设施破败、穷人更陷贫困、中产阶级困顿、城市犯罪率升高等情景，发誓要终结发生在美国土地上的"杀戮"，"被遗忘的美国人从此不会被遗忘"。他承诺推行"美国优先"政策，承诺在贸易、税收、移民和外交等领域的所有政策都"将让美国家庭和美国工人获益"。

1月20日，特朗普签署行政令，计划废除"奥巴马医改法"，并称此举将"减轻各州和美国家庭的经济负担"。

1月21日，特朗普在中央情报局发表讲话，称新闻媒体虚构了他和情报机构之间的"不和"，他本人将全力支持情报机构。22日，特朗普在推特上称，其对中央情报局荣誉墙（纪念殉职的无名特工）"充满敬意"，"他们是伟人"，并祝愿中央情报局"不断取得胜利"。

1月21日，华盛顿、伦敦等美国和世界多个城市出现针对特朗普的抗议示威，其中"妇女大游行"吸引成百上千万人参加。她们表达对女性生育权益、性别、性取向和种族平等问题的立场。22日，特朗普在推特上回应称，"和平抗议是我们民主的标志，即使我不总是同意其看法，我也认同人们表达意见的权利"。但在另一条推特中，特朗普质疑游行者"我们刚刚选举，但为何她们没有投票"，并称这是因为"权贵伤害了太多人"。

1月23日，美国参议院通过对前国会众议员迈克·蓬佩奥担任中央情报局局长的提名，蓬佩奥当晚宣誓就职。蓬佩奥有从军经历，创办过公司，2012—2016年为堪萨斯州第4选区国会众议员。

1月25日，特朗普签署在美墨边境建造隔离墙的行政令，此举旨在兑现阻止和打击非法移民的竞选承诺，但导致墨西哥总统涅托取消访美计划。

1月25日，美国参议院通过对妮基·黑利任美国常驻联合国大使的提名，黑莉自2011年起担任南卡罗来纳州州长，是美国首位印度裔女州长。

1月27日，美国首都华盛顿发生要求联邦政府保护生育权、反堕胎的游行。美国副总统彭斯在参加游行前称："我们会与国会合作停止用纳税人的钱资助堕胎和堕胎服务提供者，我们会将这些资源用于美国女性的医疗服务"，"对生命的尊重正在美国赢得胜利"。

1月27日，特朗普首次视察五角大楼，并签署"阻止外国恐怖分子进入美国的国家保护计划"的行政令，要求无限期限制叙利亚难民入境；暂停原有难民接纳项目120天，以便对难民进行充分的背景审查；未来90天内禁止伊拉克、叙利亚、伊朗、苏丹、索马里、也门和利比亚7个国家的普通公民入境，以防止从这些"高危地区"输入恐怖主义。此举被称为"旅行禁令"或"禁穆令"，导致来自上述国家的一些难民、绿卡持有者、学生和工人在美国机场被扣留，或在外国被禁止登上赴美的国际航班。国际社会纷纷对此做出反应，批评者居多，美国多个民权组织也提出起诉。

1月28日，特朗普签署重组国家安全委员会和国土安全委员会的备忘录。备忘录称："21世纪美国面临的安全威胁超越一国边界，应对这些挑战的美国政府决策机制和程序必须进行相应变化和适应"。根据该备忘录，两个委员会将扩大规模，更多的联邦政府部门负责人将与会。白宫首席战略师、总统高级顾问斯蒂芬·班农获准参加国安会最高级别会议。

1月28日，特朗普签署有关行政部门人事任命的道德准则的行政令，规定自2017年1月20日起，政府官员离职5年内不能从事与本部门相关的游说活动，终身不能代表任何外国政府或外国政党游说，任职期间不得从注册游说人或游说团体收受礼物等。

1月28日，特朗普签署"击败伊拉克和叙利亚境内的'伊斯兰国'计划"的备忘录。特朗普称，美国不会纵容"伊斯兰国"或与其谈判，将加强美国领导的反"伊斯兰国"联盟，把公共外交、信息战、网络战等作为打击"伊斯兰国"的非战争手段。

1月30日，特朗普撤换代理司法部长萨利·耶茨，白宫称耶茨"背弃司法部，拒绝执行旨在保护美国公民的行政令"，弗吉尼亚州东区联邦检察官达纳·博恩特任代理司法部长。此前，耶茨下令司法部不得为特朗普颁布的"阻止外国恐怖分子进入美国的国家保护计划"行政令进行辩护。

1月30日，特朗普签署行政令，减少对企业特别是小企业的监管，内容包括要求每推出一项新监管规定，需砍掉两项已有规定。此举获得美国小企业主支持。

1月30日，美国参议院通过对赵小兰任交通部长的提名。赵小兰曾任小布什政府的劳工部长，有丰富的从政经历与人脉资源，其丈夫为参议院多数党领袖麦康奈尔。

1月31日，特朗普提名尼尔·戈萨奇出任最高法院大法官。戈萨奇为联邦第十巡回上诉法院法官，是保守派人物。

2月

2月3日，特朗普颁布的"旅行禁令"被华盛顿州西区联邦法院叫停。该法院法官詹姆斯·罗巴特裁决在全美暂停执行该命令，国务院和国土安全部据此为被禁者放行，司法部随后上诉至联邦第九巡回上诉法院。5日，巡回法院驳回了司法部要求立即恢复"旅行禁令"的请求。9日，联邦第九巡回上诉法院的裁决称，"政府没有给出证据表明，任何来自行政命令指定国家的外国人在美国实施了恐怖袭击"。特朗普对此极为不满。

2月7日，在美国参议院就批准贝齐·德沃斯出任教育部长的投票出现50∶50平局的情况下，副总统彭斯投下关键的一票，使德沃斯勉强赢得参议院的确认。彭斯投票是美国历史上在内阁人选任命中首次由副总统来打破50比50票的平局。德沃斯对特许学校的支持及其保守的宗教思想遭到教师工会和公民权利活动人士的反对。

2月8日，特朗普在推特上指责诺德斯特龙百货公司停售其女伊万卡的服装品牌，其高级顾问凯莉安妮·康韦随后在接受采访时呼吁民众购买伊万卡旗下的商品，招致广泛批评。13日，美国政府道德准则办公室要求白宫应考虑对康韦采取惩戒行动，因为她的举动违背政府道德准则。

2月8日，美国参议院以52票赞成、47票反对的投票结果批准杰夫·塞申斯出任司法部长。两党在参议院审议对其任命期间分歧明显，不少民主党参议员认为塞申斯对待种族、移民等事务的态度"成问题"。塞申斯为亚拉巴马州联邦参议员，立场保守，极为赞同特朗普在移民问题上的主张，在特朗普2015年6月宣布参选后不久就明确予以支持。

2月10日，美国参议院以52票赞成、47票反对的投票结果批准汤姆·普赖斯出任卫生与公共服务部部长。普赖斯为佐治亚州共和党籍联邦众议员，曾是一名外科医生，曾高调反对"奥巴马医改法"。

2月13日，美国总统国家安全事务助理迈克尔·弗林宣布辞职，成为特朗普上任后首位离职的高官。弗林任职仅24天，在媒体揭露其与俄罗斯有不恰当接触后被迫辞职。特朗普随后指定白宫国安会行政秘书约瑟夫·基思·凯洛格代理该职位。美国媒体透露，特朗普就职前，弗林曾与俄罗斯驻美大使基斯利亚克通电话，担保特朗普将在就职后放松对俄制裁，但其后弗林在向副总统彭斯汇报时称，其与俄大使的通话属私人谈话，不涉及政策细节，彭斯及白宫发言人斯派塞等据此曾公开替弗林辩护。弗林在辞职信中承认，"由于疏忽大意，以（自己）与俄大使通话讨论的不完整信息欺骗了副总统和其他人"。

2月13日，美国参议院以53票支持、47票反对的投票结果批准史蒂文·姆努钦担任财政部长。54岁的姆努钦此前是高盛集团高管，在特朗普竞选期间担任其财政事务负责人，曾威胁将中国列为"汇率操纵国"。其一些投资行为在参议院审议时招致非议。

2月16日，特朗普在持续约75分钟的记者会上不断批评媒体、司法部门以及民主党，谴责他们对其不公。他表示不愿拿起报纸或打开电视看到关于他领导的白宫陷入一团糟的新闻，并称本届政府运作平稳、办事高效，但受到不公正的对待。他还要求司法部调查对白宫造成不良影响的泄露信息事件。

2月17日，美国参议院以52票赞成、46票反对的表决结果批准斯科特·普鲁伊特出任环保局长。普鲁伊特现年48岁，质疑人类活动导致气候变化，曾誓言将松绑环保局多项法规，并表示要大幅缩减编制。其在担任俄克拉何马州司法部长期间，曾对环保局提出14次诉讼。

2月17日，美国参议院以51票赞成、49票反对的投票结果批准米克·马尔瓦尼出任白宫管理与预算办公室主任。除民主党参议员全体反对外，共和党重量级参议员约翰·麦凯恩也投了反对票，理由是马尔瓦尼支持削减国防部预算。

2月20日，特朗普任命现役陆军中将、陆军能力集成中心主管赫伯特·麦克马斯特为新的总统国家安全事务助理。麦克马斯特54岁，以智力超群、精力旺盛著称，军史造诣颇深，是创新型将才。但美国媒体称其为职业军人，与政界人士交往较少，其履历、地位显著低于国务卿蒂勒森和国防部长马蒂斯，质疑其能否在国安会上协调各方意见。

2月20日，特朗普就职满一个月。根据白宫网站信息，特朗普一个月内总计发出46份"总统行动"文件，主要包括12项行政令、12份总统备忘录、2份公告，以及20份"与白宫管理和预算办公室相关的材料"。

2月21日，国土安全部长约翰·凯利在两份备忘录中要求边防巡逻队和移民官尽快将他们发现的所有非法移民驱逐出境，只有儿童等少数人例外。凯利还下令立即开始在得克萨斯州埃尔帕索、亚利桑那州图森和加利福尼亚州埃尔森特罗等三处美墨边境的重点地段开工建设隔离墙，资金将来自向国会提出的本年度和下一年度预算申请。他还要求为海关和边境保护局招聘5000名执法人员，为移民和海关执法局招聘1万人。

2月22日，特朗普撤销了奥巴马时期颁布的允许公立学校中的跨性别学生根据自己认定的性别选择卫生间和更衣室的规定。司法部长塞申斯在声明中说，奥巴马颁布的这一措施产生了太多混淆，而且该措施是否与宪法赋予政府的权力一致未经过"充分的法律分析"。

2月24日，特朗普在马里兰州参加保守派政治行动大会（CPAC），成为继里根总统之后，第一位在执政首年便参加该集会的在任总统。他强调继续坚持内政优先、让美国获益；重申要继续放松政府监管、应对非法移民、退出主要多边贸易协定、加快主要石油管线建设；表示要加快修建美墨"边境墙"；强调建立历史上最伟大的军队；批评"制造假新闻的媒体"伤害了国家和人民的利益。

2月24日，据《华盛顿邮报》报道，白宫指派一些情报机构官员和国会资深议员致电各大媒体，驳斥有关特朗普竞选团队与俄罗斯情报官员接触的报道，该报编辑部也曾接获官员来电。参众两院情报委员会的共和党籍主席都参与其中。

2月24日，在白宫非正式记者会上，美国一些主流媒体在没有被告知理由的情况下被拒之门外。未获准进入的媒体包括美国有线电视新闻网（CNN）、《纽约时报》、《政治家》、《洛杉矶时报》、《赫芬顿邮报》等。一些保守派媒体，如福克斯新闻网、"布赖特巴特新闻网"及《华盛顿时报》等记者获准与会。彭博社、哥伦比亚广播公司、美联社、《时代》杂志等也在与会之列。

2月25日，特朗普签署行政令，要求政府机构建立"监管改革行动小组"，切实去除政府机构的官僚主义。

2月25日，民主党全国委员会在佐治亚州亚特兰大召开大会，选举汤姆·佩雷斯出任党主席。佩雷斯是民主党全国委员会首位拉美裔主席，曾在奥巴马政府任劳工部长，曾任司法部人权律师。当选后，佩雷斯宣布提名曾获参议员伯尼·桑德斯和伊丽莎白·沃伦等党内左派支持的基思·埃利森出任副主席，试图尽快弥合党内分歧。他还呼吁发动反特朗普运动，阻止特朗普连任。

2月26日，美国全国广播公司和《华尔街日报》发布的民调显示，只有44%的美国人满意特朗普的工作表现，48%不满。全国广播公司称，特朗普是现代民调创立以来第一位上任伊始选民支持率就低于50%的总统。另外两个民调得到的结果相似。盖洛普民调称，特朗普第一个月的支持率平均为42%，昆尼皮亚克大学的民调显示其支持率仅为38%，持不满意态度的比例为55%。

2月26日，据美国有线电视新闻网统计，特朗普政府仍有2000多个职位空缺，其中400个是需要参议院批准的职位；在34个关键职位中，参议院仅通过了14个，进度远慢于此前的三任总统时期。

2月27日，美国参议院以72票赞成、27票反对的结果，批准威尔伯·罗斯出任商务部长。罗斯是知名投资人和银行家，在收购破产企业方面经验丰富，有"破产重组之王"的称号。《福布斯》杂志称，罗斯是特朗普的长期合伙人，也是其竞选期间的核心经济顾问之一。28日，79岁高龄的罗斯宣誓就职，成为美国历史上最年长的商务部长。

2月27日，新一波反犹太浪潮袭击美国。因为受到电话威胁，纽约、新泽西、亚拉巴马和佛罗里达等12个州的犹太社区中心和学校都进行了疏散，这已经是2017年第五次发生此类事件。当月早些时候，宾夕法尼亚和密苏里州的两个犹太公墓的数百个墓碑遭到破坏。白宫发言人斯派塞称，特朗普总统对有关犹太公墓遭到破坏的报道感到"深深的失望和关切"，白宫方面对此进行"最强烈"的谴责。

2月27日，美国前总统小布什在接受美国全国广播公司新闻组《今日》节目采访时，对特朗普总统的言论和政策提出批评。当被问到特朗普关于媒体是"人民的敌人"的说法时，小布什警告称，独立的媒体对民主至关重要，在国内谴责媒体将使美国难以在国外宣扬民主价值观。

2月28日，特朗普签署一项法案，废除禁止某些精神疾病患者购枪的规定。这一控枪举措是前任奥巴马总统依靠行政权力推行的监管规定，国会参众两院凭借简单多数即可废除。

2月28日，特朗普就职后首次在国会发表演讲，强调五大施政要点。一是大兴基建，欲投资1万亿美元进行道路、桥梁、隧道等基础设施建设；二是承诺实行"历史性的税改"，为企业和中产阶级"减负"，增强企业竞争力、增加出口；三是废除"奥巴马医改"，提出投保自由、降低药价、保障跨州投保等具体改革意见；四是坚持移民改革，加强边境管控，称在美墨边境建墙是"对抗毒品和犯罪的有效武器"；五是铁腕反恐，一方面强化入境审查，另一方面通过强军来摧毁"伊斯兰国"。媒体普遍认为这是"特朗普参选以来最好的演讲"，"福克斯新闻网"称该演讲有助特朗普在开局麻烦不断的情况下重新确立总统权威。美国有线电视新闻网民调显示，57%的电视观众认为演讲"非常积极"，近70%的观众认为其政策议程有助于推动国家走向正确方向，其中对其经济政策的认可度高达72%。

3月

3月2日，塞申斯召开新闻发布会，再次否认2016年大选期间就选举问题与俄罗斯接触，同时称作为司法部长将回避任何与2016年大选有关的调查。众议院少数党领袖佩洛西称塞申斯在听证会明显做了伪证。参议院少数党领袖舒默则表示，鉴于司法部下属的联邦调查局对俄介入美国大选调查的权责，塞申斯不再适合担任这一要职。但众议院议长瑞安称，若塞申斯正式接受有关部门调查，就不适合担任这一职位，但现在他还不是受审查的对象。

3月2日，参议院以58票赞成、41票反对的结果通过对住房和城市发展部长本·卡森的提名，以62票赞成、37票反对的结果通过对能源部长里克·佩里的提名。

3月3日，美国一家地方媒体爆料称，副总统彭斯在担任印第安纳州州长期间使用私人邮箱处理公务，部分邮件涉及国家安全等敏感内容，而且该邮箱还被黑客攻击过。彭斯办公室承认确有其事，但表示此举并不违法。

3月4日，特朗普发推文指责奥巴马曾在2016年10月下令监听特朗普大厦，称这是"新水门事件"和"麦卡锡主义"，并称奥巴马是"坏蛋"。奥巴马发言人刘易斯回应称，这纯属"虚假"指控，无论奥巴马总统或任何白宫官员都"从未下令监视任何美国公民"。3月15日，众议院情报委员会主席努涅斯称"没有任何证据显示发生了这种事"，"不认为特朗普大厦里安装过窃听器"。该委员会民主党籍资深议员亚当·席夫也称"目前为止未看到任何证据"。

3月6日，特朗普签署新的"旅行禁令"。新令与旧版名称相同，但内容做了调整：90天内禁止伊朗、利比亚、索马里、苏丹、叙利亚和也门6国公民入境，将伊拉克排除在被禁名单之外；取消无限期禁止叙利亚难民入境规定；120天内暂停新的难民项目，2017财年接纳难民总上限为5万。新禁令还列出详细的"例外条款"，持"绿卡"、合法签证、外交官及公务人员等不在被禁之列；允许签证官以个案形式处理因探亲访友、经商的赴美申请。众议院议长瑞安和共和党参议员格雷厄姆赞扬新禁令，但民主党仍激烈反对。15日，夏威夷州联邦地区法官德里克·沃森裁定该禁令涉嫌违反宪法第一修正案，并对该州企业和大学招聘以及旅游业构成伤害，要求不得执行该禁令。特朗普回应称判决是"史无前例地司法越权"。当晚，马里兰州联邦法官西奥多也做出相同裁定。17日，司法部向联邦第四巡回上诉法院提出上诉。24日，弗吉尼亚州联邦地区法官特伦加裁决新令有效，裁决依据不在于新版入境限制令内容是否必要和公平，而在于宪法是否授予总统该项权力。这是围绕新令首个有利于特朗普的司法裁决。27日，路易斯安那、蒙大拿、亚拉巴马等13州联合向联邦第四上诉法院提交"法庭之友"意见书，公开支持新令。

3月6日，美国众议院筹款委员会公布共和党版的医改计划——《美国医疗法案》，系共和党废除和取代"奥巴马医改"的首次立法行动。该议案的主要一项内容是将政府补贴入保更换为以税收抵免的形式帮助民众购买保险；保留了"奥巴马医改"的部分内容，如允许 26 岁以下年轻人享受父母的医保、禁止保险公司拒绝为身体条件不利的申请人入保或增加保费等。白宫表示愿与国会合作推动医改，但民主党和部分共和党财政保守派众议员则反对。13 日，国会预算办公室发布报告称，若国会批准"美国医保法案"，2018 年将新增 1400 万无医保者，2026 年将新增 2400 万无医保者。24 日，因未能争取到足够多的支持，众议院议长瑞安宣布撤回表决《美国医疗法案》。

3 月 13 日，特朗普首次在白宫召开内阁会议。一是签署重组行政部门的行政令，以"精简机构、提升效率"。二是抨击参议院民主党人阻挠其提名的内阁人选。三是总结就任以来在提升就业、移民政策及废除"奥巴马医改"上的成绩，并称将向国会提交一份包含"有史以来增长最多"的国防开支的预算案。

3 月 20 日，特朗普的女儿伊万卡成为白宫正式雇员，头衔为"总统助理"。她表示将在特朗普政府"扮演非正式角色"，会自愿遵守白宫工作人员的道德准则。

3 月 20 日，联邦调查局局长科米在国会听证会上首次公开证实，联邦调查局在调查关于俄罗斯政府干预美国 2016 年总统选举的指控，调查范围包括总统特朗普的竞选团队是否可能与俄罗斯存在关联等。随后，白宫发言人斯派塞在例行吹风会上称，没有任何证据显示特朗普竞选团队与俄罗斯有串通。

3 月 27 日，特朗普新设"白宫创新办公室"，旨在为总统就改善政府的行动与服务、改善美国人生活质量、刺激工作创新提供建议。特朗普指派白宫高级顾问、女婿库什纳主持该工作，其他官员包括国家经济委员会主任加里·科恩，总统国内政策助理安德鲁·别瑞姆伯格、战略项目助理克瑞斯·林德尔等，还包括苹果公司首席执行官库克和微软创始人比尔·盖茨等。

3 月 28 日，特朗普在美国环保局签署"促进能源独立和经济增长"的行政命令，暂停实施奥巴马政府多项气候政策，并对"清洁电力计划"等多项政策重新评估。特朗普表示，该行政命令将重振煤炭行业，解除政府在能源领域不必要的监管措施，还可创造更多就业岗位和财富。

4月

4月3日，位于芝加哥的美国联邦第七巡回上诉法庭做出裁决，认为男女同性恋和变性者的权益要受到同样保护。该法庭因此成为美国第一家如此解释相关民权法的联邦上诉法庭。此前印第安纳州一个社区学院的女教师海夫利指控称，社区学院因她是同性恋而拒绝雇她为全职教师。此前所有联邦上诉法庭的裁决均认为，《1964年民权法案》保护雇员不得因种族、肤色、宗教、原国籍或性别而受到歧视，但不包括性取向，因为国会在法案中没有写入有关性取向的明确条款。

4月3日，特朗普发推文称，美国前国家安全事务助理赖斯在2016年大选期间下令对他进行监听。4日，赖斯在接受微软全国广播电视公司采访时表示，她在白宫任职期间，每天都要审阅美国情报报告，并常要求情报人员透露在对外国人进行日常监视期间被窃听到的与外国情报人员交谈的美国人的姓名，但任何有关信息都没有用于在政治上反对特朗普的竞选活动。

4月4日，特朗普签署一份改组国安会的国家安全备忘录。内容包括白宫首席战略师班农不再是国家安全委员会核心委员会成员，国家情报总监和参谋长联席会议主席将恢复为核心委员会成员，中央情报局局长、美国常驻联合国大使和能源部部长也是成员；经国家安全事务助理允许，国土安全顾问可以主持召开核心委员会会议。改组后国家安全事务助理麦克马斯特的权力得到提升，班农的权力受到削弱。

4月6日，美国众议院情报委员会主席努涅斯称，他因受到道德投诉而暂时退出情报委员会对俄罗斯涉嫌通过黑客活动干预美国2016年大选的调查。众议院道德委员会对努涅斯上个月在临时安排的一次新闻发布会上是否在没有得到授权的情况下公布了保密信息一事展开调查。努涅斯说，他收到美国情报机构在监视外国目标时"偶然搜集到的"特朗普竞选团队成员谈话内容的保密资料。但两个政府监督团体指控他对保密文件内容的概括违反了众议院有关道德的规定。

4月7日，美国参议院以54票支持、45票反对批准了尼尔·戈萨奇出任最高法院大法官。投票大致以党派划线，没有共和党议员投票反对戈萨奇，同时有三位民主党参议员支持该项提名。6日，参议院多数党领袖麦康奈尔带领共和党参议员动用"核选项"，修改了参议院议事规则，降低了批准最高法院大法官人选的门槛。10日，戈萨奇宣誓就任大法官一职。在美国最高法院前大法官安东尼·斯卡利亚去世14个月后，最高法院再次有全部9名大法官在任，再次出现5比4，保守派大法官占多数的局面。

4月15日，全美约150个城市的数十万民众在美国报税日这天走上街头，呼吁特朗普总统公开其个人税表。4月15日是美国人年度报税的最后一天，由于2017年的报税日恰逢复活节假期，所以截止期限顺延至18日。游行活动主办者表示，此举意在向特朗普施压，敦促他公布完整的缴税证明。

4月25日，在数月的延期后，美国参议院以87票赞成、11票反对批准了特朗普对农业部长桑尼·珀杜的提名。珀杜现年70岁，2003—2011年曾任佐治亚州州长，此前长期经营自己的谷物和肥料生意。

4月26日，特朗普签署一项行政命令，要求美国内政部重新审议《1906年古迹保护法》。其中一项内容是，由于联邦政府未广泛征求意见，或没有和州、部落、地方政府及其他利益相关方协调好，部分联邦土地被指定为古迹，这对美国实现能源独立、经济增长造成影响，并加重相关州、部落和地方政府的经济负担，因此内政部等部门要予以审议并提交报告。

4月26日，特朗普签署一项行政令，称美国的教育政策是保护州和地方依法管理当地学校的课程、项目、人员，防止联邦政府的干预；要求教育部审议相关的规章和指导，禁止越权。

4月27日，美国参议院以60票赞成、38票反对批准亚历山大·阿科斯塔担任劳工部长。阿科斯塔为古巴裔美国人，曾是司法部国家劳资关系委员会成员，在佛罗里达州任检察官，被提名前为佛罗里达国际大学法学院院长。特朗普2月16日宣布提名阿科斯塔为劳工部长，此前提名的安德鲁·普兹德由于身陷争议于2月15日放弃。

4月28日，美国哥伦比亚广播公司民调显示，特朗普执政百日民调低迷但仍得到支持者认可。特朗普在执政百日的支持率只有41%，是自罗斯福总统以来支持率最低的新总统。约翰逊、里根和奥巴马总统在执政百日的支持率超过了60%，除了福特总统45%的支持率以外，其他总统在这段时间的支持率至少达到了53%。不过特朗普在其支持者中仍然享有强有力的支持。81%的共和党人表示，他们对特朗普担任总统感到的主要是激动或是乐观。

4月28日，特朗普签署一项名为"执行美国优先离岸能源战略"行政令，要求重新评估奥巴马政府颁布的大西洋、太平洋和北极水域钻探禁令，以加大海洋油气开采力度。按这份行政令，内政部将重新评估并修改奥巴马政府制定的2017—2022年外大陆架油气发展计划，包括取消奥巴马离任前颁布的北极部分地区永久性禁止油气钻探的禁令。商务部则将停止设立或扩大海洋保护区，并重新评估过去10年设立或扩大的海洋保护区。

5月

5月3日，美国联邦调查局局长科米就希拉里"电邮门"和特朗普的"通俄门"在参议院司法委员会作证。科米称2016年大选前宣布重启对"电邮门"调查，因为调查人员从前国会众议员韦纳的电脑里发现数千封希拉里的电子邮件，而这些邮件是希拉里的助理阿贝丁发给她的丈夫韦纳的。科米对调查影响选举结果"表示不安"。另外，科米还表示正调查特朗普团队在竞选期间可能和俄罗斯串通一事，俄罗斯通过黑客手段攻击民主党全国委员会的服务器证据确凿；普京和希拉里是"仇人"，并认为作为生意人的特朗普较容易打交道。

5月4日，美国众议院以217票赞成、213票反对通过旨在废除和取代奥巴马医改的《美国医疗法案》。全部193名民主党众议员和20名共和党众议员投了反对票，另有一名共和党众议员弃权。该法案取消了奥巴马2010年通过的《患者保护与平价医疗法案》的大部分内容，包括废除强制公民购买医保的要求；允许保险公司向50至60岁的人群收取更高保费；为美国人提供2000至4000美元的退税补偿，具体金额将与年龄挂钩；大幅减少联邦政府对医疗补助的支持等。24日，国会预算办公室发布报告称，按照该法案未来10年估计将有2300万人失去医保。

5月5日，特朗普签署《2017财年综合拨款法》，美国政府部门到本财年结束前将获得1.1万亿美元拨款。众参两院分别于3日和4日通过该法案。拨款法通过后，联邦政府可以正常运转到2017年9月30日。联邦政府拨款法是两党博弈焦点，上一份政府拨款法案本应于4月28日午夜到期，两院当天通过一项为期一周的临时拨款法案，让政府得以继续运行到5月5日，避免了特朗普上任100天即面临政府关门的窘境。该法案增拨军费150亿美元、增拨边境安全经费15亿美元，被视为共和党的胜利。

民主党阻止了为美墨边境建墙的费用，同时保留了对外援助、环保开支等。"茶党"议员则不满法案未能包含建墙费用。

5月9日，美国参议院司法委员举行俄罗斯涉嫌干涉美国大选的听证会，美国前代理司法部长耶茨和前国家情报总监克拉珀出席。耶茨称曾在1月警告白宫，前国安顾问弗林与俄罗斯的联系可能会导致其日后受到要挟。美国情报界认为，俄罗斯为了增加特朗普胜选机会而侵入希拉里的竞选负责人波德斯塔的邮箱服务器。

5月9日，特朗普解除联邦调查局局长科米的职务。白宫声明说，特朗普的决定是基于司法部长塞申斯和司法部副部长罗森斯坦的建议做出的，理由是科米在调查希拉里使用私人电邮服务器一事上处理不当。对于媒体质疑特朗普此举可能是为了阻止科米对自己的调查，特朗普表示，科米此前已经三次向他保证说没有调查总统。科米的任期原本十年，现在只干了四年。部分国会议员要求指派独立于司法部的特别检察官，对特朗普竞选助理与俄罗斯之间的关系展开调查。

5月18日，美国司法部副部长罗森斯坦宣布，该部已任命前联邦调查局局长罗伯特·穆勒担任特别检察官，负责对俄罗斯干预选举案的调查工作。罗森斯坦在一份声明中称："我的决定不是发现了犯罪行为，或者保证进行检控。我还没有得出这样的结论。"穆勒被两党都视为美国最可靠的执法官员之一，2001—2013年担任联邦调查局局长，历经民主党和共和党总统执政时期。

5月22日，美国联邦最高法院裁决北卡罗来纳州非法划分国会选区。裁决书称，北卡罗来纳州2011年划分选区时过分强调了种族，太多的非洲裔美国人被划入这两个民主党选区，这样做的目的是试图不适当地稀释他们在该州其他地方的政治力量，以保护共和党的国会席位。2017年1月就职的北卡罗来纳州的民主党籍州长罗伊·库珀说："共和党人控制的州议会试图通过违宪划分选区的方式来操纵国会选举。选区划分是对非洲裔美国人的歧视，是错误的。"

5月25日，位于弗吉尼亚州里士满的联邦第四巡回上诉法院以10比3票做出裁决，维持马里兰州一名联邦法官暂停执行总统特朗普新版旅行禁令部分内容的裁决，另有2票弃权。该法院称，特朗普的新版禁令无法让人信服其目的是国家安全而非总统想要的"禁止穆斯林入境"。

5月26日，3名男子在俄勒冈州波特兰市的一列火车上试图阻止有人用反穆斯林语言羞辱2名未成年穆斯林，结果2名上前阻止的男子被杀，

1人被刺伤。这名用刀袭击乘客的攻击者是35岁的杰雷米·约瑟夫·克里斯蒂安,被控犯有重罪。特朗普29日发推文称,这起攻击事件是"不可接受的"。

6月

6月1日,美国司法部向联邦最高法院提起诉讼,要求搁置联邦第四和第九巡回上诉法院做出的阻止旅行禁令生效的判决。6月5日,特朗普连发多条推文为其颁布的旅行禁令辩护称,这不是"禁穆令",法院"效率低下且带有政治化色彩";新版禁令是向"政治正确"妥协的产物,禁令本应"更严格"。

6月5日,特朗普提出美国空中交通管制私有化改革的倡议,目的是提高空运效率、减少航班延误状况、降低运营成本。3位前交通部长和共和党参议员克鲁兹对此表示支持。

6月7日,美国联邦调查局前局长科米赴参议院作证前公布书面证词,详述了五次与特朗普单独接触的情况。证词称特朗普要求科米对其"忠诚",还曾当面和致电要求科米平息弗林"通俄"风波,并询问"能否对外宣布自己不在被调查之列"等。8日的听证会上,科米承认特朗普并未"以命令的形式干预调查",但认为总统所用言辞是为调查"设定方向",特朗普解雇他意在"改变调查方向"。9日,特朗普发推文称科米是"泄密者"。

6月14日,《华盛顿邮报》报道,特别检察官穆勒开始调查特朗普是否妨碍司法公正。18日,特朗普的律师发表声明称,特朗普未接到"有关任何调查的任何通知"、"一切与科米作证前无二"。16日,特朗普发推文称自己"正接受政治迫害的调查",以表达对《华盛顿邮报》报道的不满。

6月20日,在美国国会众议员两场特别选举中,共和党候选人卡伦·汉德尔和拉尔夫·诺曼分别赢得佐治亚州第6国会选区联邦众议员和南卡罗来纳州第5国会选区联邦众议员选举。这两个席位原本均被共和党控制,但能守住席位也颇为不易。特朗普和彭斯等纷纷祝贺。

6月21日,美国前国土安全部部长约翰逊赴众议院情报委员会作证。他表示在俄罗斯总统普京的直接指示下,俄罗斯政府2016年精心策划了针对意在影响美国选举的网络攻击,但他不认为"俄罗斯通过网络手段操纵或改变了投票结果"。22日，特朗普连发数条推文，强调约翰逊已证实他本人和俄罗斯并未勾结干扰选举，质疑奥巴马政府未采取有效措施阻止俄罗斯的非法行为。

6月22日，美国参议院多数党领袖麦康奈尔公布共和党最新版本的医改方案。民主党群起而攻之。23日，白宫网站发表"国家评估：奥巴马医改失败源于民主党"的声明，称奥巴马的"平价医疗法"有许多缺陷，民主党未能解决。27日，反对新医改法案的共和党参议员增至5人，投票通关几乎无望，麦康奈尔决定推迟投票，并表示拟对新医改方案修订后于7月4日后重新推动国会表决。

6月26日，美国联邦最高法院以9名大法官支持（6人支持，3人特别强烈支持）、无人反对的结果，裁定部分恢复针对6个穆斯林国家的旅行禁令。如果相关国家的人士以及所有难民想申请赴美签证，必须证明自己在美国有"真实性"的亲属关系，此人的祖父母、孙辈、姐夫、妹夫、嫂子、弟媳、叔叔、姨妈等关系较远的亲戚不得进入美国。此次恰逢最高法院休庭期间，并非正式裁决，也非终审。最高法院10月开庭后还会就此召开听证会。

7月

7月6日，美国联邦政府道德办公室主任沃尔特·肖波宣布辞职。肖波曾多次批评特朗普称，如果从利益冲突的角度来看，特朗普将特朗普集团归于信托基金名下，并将管理权移交给两个儿子的做法"毫无意义"。

7月9日，《纽约时报》援引3名白宫顾问消息称，特朗普之子小唐纳德·特朗普在2016年6月9日与据称同俄罗斯政府有关联的俄罗斯律师纳塔利娅·韦肖尔尼茨卡亚会面，试图从俄方获得关于民主党总统参选人希拉里的"黑材料"。小特朗普当日回应，承认此次会面但称俄罗斯律师未提供任何情报信息。特朗普律师团队发言人称，特朗普对儿子与俄罗斯律师会面毫不知情，也未参与那次会晤。

7月10—11日，白宫两次发表"特朗普总统提名人选正面临不必要障碍"的声明，批评民主党议员阻挠审议特朗普政府官员提名。11日的声明以图表对比形式指出，奥巴马政府2009年上任前六个月提交参议院的提名中，90%依靠简单口头表决通过，但特朗普政府上任同期只有10%；奥巴马政府454个提名在前六个月表决通过69%，而特朗普政府

216 个提名在同期只有 23% 通过。

7月12日，被提名的联邦调查局局长克里斯托弗·雷参加国会听证会。他表示，没人要求他效忠，即使有人要求，他也不会表态，他忠诚的是美国宪法和法律；不认为特别检察官穆勒就"通俄门"展开调查是"政治迫害"。

7月12日，美国国会众议员布拉德·舍曼称，特朗普在联邦调查局调查俄罗斯干扰美国大选的背景下，解除了联邦调查局局长科米的职务，这构成了妨害司法罪，因而对特朗普总统提出正式弹劾动议。这是国会众议员针对特朗普提出的首份弹劾，但迄今只有来自得克萨斯州的众议员、民主党人阿尔·格林公开表示支持弹劾进程。舍曼说他不指望弹劾立即发生，但认为弹劾条款将鼓舞对白宫进行"干预"，激励行政部门控制"冲动行为"。

7月13日，夏威夷州联邦法院法官德里克·沃森裁定，生活在美国的居民的祖父母和其他亲属不应按照特朗普总统的旅行禁令被禁止入境。14日，司法部长塞申斯表示，将对该裁定提起上诉。

7月16日，特朗普在白宫为"美国制造"周揭幕，以推广美国制造的产品。这是特朗普助手精心策划的为期三周的公关活动的一部分，旨在将民众注意力重新集中到总统的议程上来。特朗普19日发表讲话，强调在美国制造产品的重要性。

7月17日，美国国土安全部宣布，将额外批准1.5万个 H-2B 签证，使美国公司在9月30日财政年度结束之前雇用更多的非农业临时外籍工人，协助美国企业解决这类工人短缺的问题。国土安全部部长凯利在书面声明中说，这次"增发签证是一次性的"。

7月18日，美国参议院多数党领袖麦康奈尔宣布，废除并替代奥巴马医改法案的投票计划流产。这是由于4名共和党议员以及48名民主党参议员反对，使该法案无法获得通过。这已是麦康奈尔第二次承认失败。25日，在就参议院是否对医改法案进行辩论的程序性投票中，在共和党与民主党参议员 50∶50 的僵局下，副总统彭斯投下关键支持票，从而保障5月众议院通过的医改法案进入参议院辩论程序。26日，单纯废除奥巴马医改的提案被参议院以45票赞同、55票反对的结果否决。28日，参议院以49票赞成、51票反对的结果否决了"瘦身版"医改法案。29日，特朗普发推文警告，国会尽快通过新医保，否则政府将中止向保险公司发放80亿美元补贴。

7月19日，特朗普在接受《纽约时报》采访时表示，若早知道司法部长塞申斯会回避俄罗斯涉嫌干预美国大选的有关调查，就不会提名其任司法部长。20日，塞申斯回应称，只要合适将继续任职，完全相信自己有能力维持司法部的有效运作。25日，特朗普再次公开批评塞申斯，称其在希拉里的罪行与情报泄密问题上立场十分软弱。27日，共和党籍参议员林赛·格雷厄姆公开表示，特朗普如果将塞申斯撤职，将会付出"巨大的代价"。参议院司法委员会主席查克·格拉斯利表示，若特朗普寻求替换司法部长，参议院司法委员会2017年无法安排新司法部长提名的审核。

7月19日，特朗普首次召开选举诚信顾问委员会会议，批评部分州不肯公开和呈交选民资料，要求所有州向委员会呈交选民姓名、社保号码、地址、犯罪和投票记录等资料。对此，部分州拒绝要求，部分州认为要研究是否可以提供相关资料。2016年，特朗普曾指控许多投票站被希拉里和媒体操纵，但未拿出证据。民主党认为，特朗普指控选民舞弊旨在借机打压投票权利。

7月19日，美国20多位民主党议员发起针对特朗普的不信任动议，具体列举了"让人们对他失去信任的种种劣行和做法，以及他在带领我们国家走上错误的方向"，质疑特朗普是否适合担任最高统帅。虽然这一做法不会产生任何效果，但众议员史蒂夫·科恩在公布这一动议时称"这是一次政治干预方面的尝试"。

7月20日，据《华盛顿邮报》称，美国特别检察官穆勒将扩大对特朗普"通俄门"的调查至其商业交易，也涉及库什纳和特朗普前竞选经理保罗·马纳福特的融资活动，以了解特朗普旗下业务与俄罗斯财务是否有关联。21日，据《纽约时报》报道，特朗普助手正在对特别检察官小组展开反调查，包括广泛调查特别检察官小组调查人员的职业和政治背景、调查人员向民主党候选人捐款、特别检察官穆勒与前联邦调查局局长科米的私交等。

7月24日，特朗普的女婿库什纳在出席参议院情报委员会"通俄门"调查的闭门听证会后再次坚称："我没有勾结俄罗斯，也不知道谁曾在竞选中做了类似事情"、"我已充分透明，渴望与调查部门分享我知道的一切信息"。在作证前的几个小时，库什纳发表长达11页的书面声明，承认在特朗普竞选和总统过渡阶段与俄罗斯人四次会面，但均为正常履行职责，否认俄罗斯对其商业公司进行过资助。25日，库什纳接受众议院情报委员会的闭门质询。

7月24日，《今日美国报》和"自媒体伦理网站"联合进行的最新调查显示，在特朗普总统上任仅6个月后，美国人在是否应该罢免特朗普的问题上一分为二，支持和反对此举的人均占42%。甚至1/10的共和党人都对他能否坚持到任期结束表示怀疑。28日，《国会山报》网站报道，最新公布的哈佛—哈里斯（Harvard-Harris）民调显示，特朗普的民意支持率创历史新低，只有44%，比6月份低4个百分点。59%的受访人认为特朗普走在错误道路上。但特朗普在共和党内部仍维持高支持率，高达83%的共和党人仍认同特朗普的工作。针对特朗普解雇联邦调查局局长科米一事以及干扰"通俄门"调查，41%的人认为应弹劾特朗普，44%的人认为不应就此事采取针对特朗普的行动。

7月25日，司法部部长塞申斯宣布，美国各城市如不配合联邦机构针对非法移民的执法，都将从总额近4亿美元的布莱恩司法协助经费受惠名单中被除名。塞申斯表示："庇护城市让大家更不安全，因为这些地方刻意挑战现行法律，并保护犯罪的非法居留外国人。"他例举以下均属不配合司法部执法的行为：不允许联邦移民执法者进入地方羁押设施质问缺乏身份文件的在押者；在无证移民释放前48小时未通知联邦当局；禁止司法管辖区内机构向联邦机构交换移民身份信息等。

7月28日，特朗普在"空军一号"上连发三条推文宣布，国土安全部长约翰·凯利取代普里伯斯成为新任白宫办公厅主任。普里伯斯上任仅半年就去职，是美国现代史上在职最短的白宫办公厅主任。31日，凯利宣誓就任白宫办公厅主任，随后要求白宫通讯联络办公室主任斯卡拉穆奇离职，该意见被特朗普采纳。斯卡拉穆奇仅在任10天就被迫离职。美国媒体称，未来所有白宫员工都将直接向凯利汇报，包括作为总统顾问的特朗普的女儿伊万卡及其丈夫库什纳。《今日美国》称，凯利与国防部长马蒂斯、总统国家安全事务助理麦克马斯特才是特朗普主要"圈内人"。

8月

8月1日，美国参议院以92票赞成、5票反对的结果通过了特朗普对克里斯托弗·雷出任联邦调查局新局长的提名。雷2003年至2005年在司法部刑事局担任助理总检察长，被特朗普提名前是金恩与斯伯丁律师事务所的合伙人。

8月2日，特朗普在白宫表态支持阿肯色州联邦参议员汤姆·科顿和佐治亚州联邦参议员大卫·珀杜联合提出的限制合法移民、削减"绿卡"发放额度的议案——《为强大经济而改革美国移民》。议案建议把"绿卡"名额从每年100万减少到每年50万，并建立一套计分制度，把"绿卡"申请人说英语以及挣钱维持生计的能力考虑进来。

8月3日，《华尔街日报》称，特别检察官穆勒已选好大陪审团，调查人员和检察官利用大陪审团来检验证据、质问证人并发出传票索取文件，以确定是否犯下罪行。大陪审团已就2016年6月一名俄罗斯律师和其他人与小唐纳德·特朗普和其他高层竞选官员会面一事发出传票；穆勒也不顾特朗普警告调查特朗普家族的商业记录，力图发现证据。

8月3日，司法部长塞申斯发函给四个"庇护城市"（加利福尼亚州的圣伯纳蒂诺和斯托克顿，马里兰州的巴尔的摩和新墨西哥州的阿尔伯克基），称如果当地警察不配合联邦移民官员取缔非法移民，这些城市将丧失打击毒品帮派项目的联邦经费"爱德华·伯恩纪念司法援助补助金"（Byrne JAG）。14日，加利福尼亚州和旧金山市联手控告司法部的决定违宪。

8月10日，特朗普在听取了白宫对抗药瘾和阿片类药瘾危机委员的报告后，宣布国家进入紧急状态，以解决包括羟考酮、氢可酮、芬太尼和吗啡在内的阿片类处方止痛药的过量摄入问题，承诺政府将投入大量时间、精力和金钱对付这种危机。报告称每年使用这类药物过量死亡的人数比死于枪击案和车祸的人还要多。8日特朗普表示，美国除了打赢阿片危机这一仗之外别无选择，发誓采取措施对抗这种"糟粕"，包括更加严厉地起诉与毒品相关的犯罪，更完善地管理美国南部边境以及提高医疗水平和预防药物成瘾等。

8月11日，一些极右分子在"团结右翼"旗号下在弗吉尼亚州夏洛茨维尔集会，反对拆除邦联将军罗伯特·李的雕塑。12日该群体与自由派抗议民众发生冲突，期间1名白人至上主义者驾车冲撞人群，造成1名女性死亡，同时执行巡逻任务的直升机坠毁致2名州警身亡，骚乱还造成35人受伤。弗吉尼亚州州长特里·麦卡利夫宣布了紧急状态令，特朗普发表讲话，但其谴责"多方"展示仇恨、偏执和暴力，而非全力谴责白人种族主义的做法受到舆论挞伐，此后特朗普相关表态摇摆。共和党参议员奥林·哈奇、民主党众议员亚当·希夫等抨击特朗普，美国海军作战部长理查森、海军陆战队司令尼勒尔、陆军参谋长米勒及空军司令戈芬16

日均强调不能容忍种族主义及极端主义。25日，共和党全国委员会在田纳西州纳什维尔一致通过决议，谴责白人至上主义者、"3K党"和"新纳粹"分子。

8月13日，针对弗吉尼亚州夏洛茨维尔的骚乱和特朗普的相关表态，纽约、洛杉矶、旧金山和西雅图等城市出现抗议活动。19日，波士顿爆发反对白人种族主义的大游行，警方逮捕27人。25日，"爱国者祈祷会"等几个右翼及反马克思主义组织在压力下取消了原定26日在旧金山湾区的集会。27日，极左团体"安提法"（Antifa）成员在加利福尼亚州伯克利袭击了保守派游行队伍。

8月16日，特朗普被迫解散由企业高管组成的"制造业委员会"和"战略与政策论坛"。14日，因不满特朗普对夏洛茨维尔事件的表态，默克制药公司首席执行官肯尼思·弗雷泽、安德玛体育用品公司首席执行官凯文·普兰克和英特尔公司首席执行官布莱恩·科再奇等退出了美国制造业委员会。16日，在黑石集团首席执行官苏世民召集下，战略与政策论坛的企业高管举行电话会议，多位成员表示将辞职。

8月18日，特朗普的首席战略师史蒂夫·班农被迫离开白宫。班农16日接受《美国展望》杂志采访时称，特朗普就夏洛茨维尔暴力事件发表的受到广泛批评的言论为他在政治上加了分。他还认为美国正与中国打经济战，称"25年或30年内，我们中的一个将成为霸主，如果我们沿着这条路走下去，霸主将是他们"；美国在朝核问题上没有军事解决方案。

8月22日，特朗普在亚利桑那州的凤凰城举行集会抨击政治对手，并对他所称的"病态"和"扭曲的"媒体发动新进攻。民调显示只有31%的受访者认为总统正在做更多的工作来团结国家，62%的人认为他正在分裂国家。

8月25日，特朗普签署一项备忘录，禁止跨性别者在军队中服役。按这项政策，五角大楼可以按照军人是否能被派往战场或参加其它任务的标准，把相关军人开除。这项政策还将拒绝批准新报名的跨性别者入伍，并停止为现有的跨性别军人支付与变性有关的医疗费用。29日，国防部长马蒂斯宣布，将冻结特朗普颁布的该禁令，并将成立专家组就如何执行特朗普的指令提供建议。奥巴马政府曾于2016年7月废除关于跨性别人士从军的禁令。

8月25日，特朗普赦免了亚利桑那州的前警长乔·阿尔帕约。2011年，法官要求时任警长的阿尔帕约不可在路上以"怀疑对方是非法移民"

为由，随意拦阻看起来是拉美裔的人，因为这是"种族归类"，不过阿尔帕约罔顾法庭命令，继续这样做。7月31日联邦法庭以"藐视法庭"罪名判他六个月监禁，但要到10月5日才会宣判。特朗普此举试图展现打击非法移民的强硬立场。

8月26日，白宫反恐事务助理塞巴斯蒂安·高尔卡辞职。高尔卡称，特朗普决定在阿富汗增兵使得他对于特朗普政府的外交方向不满意。高尔卡曾是保守网站布赖特巴特新闻网的编辑，后作为反恐顾问加入了特朗普政府。

8月25—31日，特朗普聚焦应对"哈维"飓风对得克萨斯州和路易斯安那州的影响。25日飓风登陆时，特朗普发推文称，已让联邦政府做好全力援助得克萨斯州的准备。29日，特朗普携夫人抵达得克萨斯州视察灾情。31日，白宫声明称，特朗普打算个人捐赠100万美元支援南方的救援工作和灾后重建。截至9月1日，这场风灾已造成44人死亡、10万户住宅损毁、3.2万人被迫进入避难所、130万人受灾。

9月

9月5日，特朗普终止"童年抵美者暂缓遣返"计划（DACA）。司法部长塞申斯称，从即日起该项目不再接受新申请，未来半年内项目到期的人可再次申请两年居留，并希望国会立法解决该问题。特朗普表示，在做出停止"童年抵美者暂缓遣返"计划决定后，如果国会采取行动，他将重新审议"童年抵美者暂缓遣返"计划。2012年，奥巴马签署行政令设立"童年抵美者暂缓遣返"计划，适用对象为在美国居住5年以上且在16岁前首次进入美国的31岁以下非法移民，符合条件的人被允许在美国停留及工作两年，暂时免遭遣返。据统计该群体约有80万人，其中91%已经在美国工作，大多数为拉美裔，媒体将他们称为"追梦人"。此前超过400位美国公司首席执行官呼吁特朗普不要废除该项目。6日，纽约、康涅狄格、特拉华等15各州和哥伦比亚特区就此起诉特朗普政府，11日起诉联邦政府的州达到19个。

9月10日，特朗普在白宫宣布"艾玛"飓风已给佛罗里达州造成重大灾难，命令联邦政府官员优先向该州受灾最严重的地区提供援助。飓风还导致得克萨斯州数个炼油厂停产，出现汽油短缺。美国军方在该州东南部部署超过4500名士兵以应对突发状况，并准备在飓风过后立刻展开救灾重建工作。14日特朗普视察遭受飓风打击的佛罗里达州，赞扬救灾工作人员和军方的工作。

9月10日，《华盛顿邮报》称，前白宫首席战略师班农离职后接受哥伦比亚广播公司（CBS）采访时，将特朗普废除"奥巴马医改"失败一事归咎于众议院议长瑞安和参议院多数党领袖麦康奈尔，认为共和党人阻碍特朗普施政。班农还称美国应在贸易上对中国采取强硬立场，强调特朗普已将中国作为美国在世界舞台上"面临的最大问题"，并称"并非美国对中国开展经济战，而是中国对美国开展了经济战"。

9月11日，特朗普发表"9·11"纪念讲话，称美国因恐怖袭击"举国同悲"，赞扬"五角大楼是美国全球力量的象征"，并强调美国在反恐方面绝不妥协退让，将"把悲伤化作决心、以逝者之名维护正义"；"团结的美国坚不可摧"，这是"永恒的真理"。

9月11日，美国联邦最高法院6月裁定特朗普新版"旅行禁令"可部分实施后，特朗普政府将隔代直系血亲和除兄弟姐妹外的旁系血亲在美国的签证申请人排除在禁令豁免人群外。7日，联邦第九巡回上诉法院判决这部分群体有资格入境美国，该判决12日生效。司法部11日向最高法院提出紧急申请，要求暂停执行该判决，联邦最高法院大法官肯尼迪当天下令暂停执行该判决，客观上暂时收紧了入境限制。

9月12日，白宫声明支持国会通过《驱逐外国刑责帮派成员法案》，赞扬该法案提升了美国打击跨国犯罪集团的能力，有助于将在美活动的外国帮派分子排除在庇护群体之外，迅速将其驱逐出境并禁止再次入境。白宫称该法案是"强化国家移民法律以提高国内安全、严格执法和确保公共安全的重要组成部分"。

9月14日，美国国会参众两院将谴责夏洛茨维尔骚乱的联合决议案送至白宫，经特朗普签署后正式生效。决议案回顾骚乱过程，谴责白人民族主义者、白人至上主义者、"3K党"和"新纳粹"等散播种族主义和仇恨；敦促总统和内阁"动用一切资源应对这部分群体产生的威胁"，敦促司法部和国土安全部等联合调查这些群体的暴力和国内恐怖主义行为并确定刑责，敦促内阁其他部门对"仇恨犯罪"进行调查后酌情向联邦调查局提交报告。

9月22日，特朗普在亚拉巴马州的一个政治集会上爆粗口，攻击一些橄榄球球员为抗议警察对少数族裔执法不公而在奏国歌时拒绝起立的行为。24日，全美橄榄球联盟（NFL）多个球队的球员、教练和球队老板总计100多人抗议特朗普的言论。他们在球赛开场奏响美国国歌时单膝跪地、相互挽着胳膊以示团结。此举再次引发特朗普的抨击，称这是"对国旗和国家的大不敬"，并否认这和种族有关。

9月24日，美国《政治家》等杂志爆料，特朗普的女婿、白宫顾问库什纳利用私人邮件处理白宫事务。与库什纳邮件往来的高官包括前白宫办公厅主任普里伯斯、前白宫首席战略师班农、国家经济委员会主任科恩等。25日，美国众议院监督与政府改革委员会和参议院民主党称，将对此展开调查。

9月24日，特朗普签署总统公告颁布新旅行禁令，以取代3月签署、6月被法院部分批准的第二版旅行禁令。新令将于10月18日生效，且未限定有效期。新令禁止和限制8国公民入境，包括伊朗、朝鲜、乍得、利比亚、叙利亚、委内瑞拉、也门和索马里在内的8国公民受到全面或部分入境限制。与原禁令相比，名单移除了苏丹，新增朝鲜、委内瑞拉及乍得三国。针对名单上的国家，美会定期进行重估，若达到美标准或要求，将可撤出名单。禁令条款针对不同国家有所不同，措施包括暂缓移民入境，暂缓非移民入境及严格审查非移民入境等。除索马里外的7国列入"高风险"国家名单，其中委内瑞拉无美国"绿卡"的公民和其他6国全体公民，一律被禁止和限制入境；索马里持美国"绿卡"的公民被禁止入美，无"绿卡"公民进入美国需接受额外安全审查及评估。

9月27日，美国参议院共和党已经放弃废除奥巴马医改的最后努力，承认无法在国会获得足够的票数。原本参议院多数党领袖麦康奈尔试图团结党内人士，利用特别预算规则阻止民主党的冗长辩论，至少获得50票通过"法案"。但缅因州参议员苏珊·柯林斯、亚利桑那州参议员麦凯恩、肯塔基州参议员保罗、得克萨斯州参议员科鲁兹4名共和党议员明确反对，废除奥巴马医改再度受挫。特朗普表示，麦凯恩一直强调废除和替代奥巴马医改，但他彻底推翻了自己的过去言论。

10月

10月1日，内华达州拉斯维加斯露天音乐会发生枪击案，超过58人死亡，超过515人受伤，这是美国历史上死伤人数最多的枪击案。警方表示，涉嫌行凶者是内华达州64岁的白人斯蒂芬·帕多克。他从曼达雷湾酒店32楼房间使用带有"自动枪托"的机枪向楼下参加露天乡村音乐节的人群持续扫射，随后开枪自杀。2日，特朗普下令全国下半旗致哀，并称枪击事件是彻头彻尾的邪恶行为。警方称凶手没有任何政治和宗教瓜葛，政府记录也没有任何迹象表明他遇到财务问题。联邦调查局也否认存在"圣战"恐怖袭击的线索。3日，参议院少数党领袖舒默响应其他民主党人的呼声，要求共和党在控枪问题上进行合作。5日，多位共和党议员表示，愿意考虑民主党人提议的有关禁止改造枪支的法案。

10月6日，根据公共事务研究中心的一项民调，仅24%的美国人认为国家正在朝正确的方向迈进，比6月份低了10个百分点。对美国前进方向乐观度的下降在共和党人中尤为明显，由6月份的60%下降到44%。总体而言，67%的美国人不满意特朗普的履职表现，其中包括约1/3的共和党人。92%的民主党人和69%的独立选民称，特朗普并不十分了解或是根本就不了解民生问题，而共和党人中42%的人认为他十分了解民生，32%的人说他做得还凑合。

10月8日，特朗普政府向国会提交移民政策"希望清单"，延续其强硬移民政策，要求严审庇护申请人资料、拒绝向非法移民"庇护城市"拨发联邦资助、增加1万名移民执法人员、规定企业必须利用电子核查系统核实员工的合法工作身份等。

10月8日，特朗普攻击共和党温和派参议员鲍勃·科克，称其"没有胆子"进行连任竞选，指责其身为参议院外交委员会主席，应为"可怕的伊朗核协议"负责。科克回应称，白宫已成为"成人日托中心"是一大耻辱，警告称特朗普鲁莽的威胁将使美国走向开启第三次世界大战之路。24日，特朗普与科克又展开新一轮舌战。26日，据英国《金融时报》报道，已宣布不再寻求连任的亚利桑那州共和党联邦参议员杰夫·弗莱克抨击特朗普动摇了美国的价值观，表现出"对真理或尊严的公然蔑视"。

10月11日，得克萨斯州的民主党众议员阿尔·格林提出一项弹劾总统特朗普的决议案，但遭到包括众议院少数党领袖佩洛西在内的议员反对。民主党领导人认为，除非有确凿的证据表明特朗普存在可被弹劾的犯罪行为，否则弹劾是不现实的，并且具有政治破坏性；在共和党占多数的众议院，目前该决议案不可能获得通过。随后，格林放弃了推动强行表决。

10月12日，特朗普签署行政令，指示行政部门考虑修改医保政策，旨在削弱"奥巴马医改"的法律效力，为最终废除铺路。内容包括扩大健康给付账户的使用范围，允许雇主为雇员成立专项账户，为他们存入资金用于购买保险产品；扩大联合医保计划，小企业和个人可规避奥巴马医改法规定，跨州"团购"替代性医保，以及较廉价、承保范围有限的短期医保等。13日，加利福尼亚、康涅狄格、特拉华等18个州对特朗普政府提起诉讼，请求法院强制政府继续向保险公司提供补贴，以帮助大量低收入群体支付医疗开销。

10月17日，特朗普第三版旅行禁令在生效前一天被夏威夷州联邦法官叫停。夏威夷州联邦法官德里克·沃森的裁决书称，这项修改后的禁令"有像之前版本一样的弊端"，这些限制将使（穆斯林）家庭成员分离并破坏大学招生奉行的学生多样化的政策。该裁决称，法庭的限制令仅适用于名单上6个穆斯林占大多数的国家，不影响针对朝鲜或委内瑞拉作出的限制。美国司法部称它会很快上诉。

10月21日，特朗普批准公开数千份未曾公布过的肯尼迪遇刺案文件，但面临来自中央情报局的压力，后者希望他能继续封存某些文件，以防一些仍在执行任务的情报人员和线人身份曝光。1992年美国国会制定的《肯尼迪遇刺记录收藏法》规定，在1992年之后的25年内将有关肯尼迪遇刺的文件公之于世，除非时任总统认为这样做将给美国的外交关系、军事行动、情报或执法带来不利影响。26日，美国国家档案馆公开了2800份与肯尼迪总统遇刺案有关的机密档案，不过特朗普下令暂缓公开另外3万份档案，要求联邦机构6个月内对暂缓公开的档案进行全面审查，以进一步缩小必须保密的档案范围。

10月24日，特朗普发布行政令，在经过120天的禁令后，再次允许难民入境美国，但申请入境将面临更严格的审查。这取代了今年3月颁布、6月开始生效的难民禁令。不过，这份行政令将11个"高风险"国家继续置于禁止入境名单中，这些国家的难民只有在特殊情况下才能入境。美国国务院在一份公告中表示，这份名单与2015年需接受更严格审查的国家名单相同。美国政府将对这11个国家进行为期90天的安全与情报评估。

10月24日，美国国会共和党议员宣布将对奥巴马任内一项铀交易和希拉里的"电邮门"进行调查。奥巴马政府2010年批准一起并购，使得俄罗斯控制了20%的美国铀供应。众议院司法委员会和众议院监督委员会将对联邦调查局决定在希拉里"电邮门"问题上不起诉的做法进行审查。

10月25日，英国广播公司报道称，引发联邦调查局启动"通俄门"调查的《斯蒂尔报告》是希拉里团队在2016年竞选期间出钱找人收集的特朗普"黑材料"，目的是打击特朗普。2016年4月，代表希拉里竞选团队和民主党全国委员会雇用的博钦律师事务所设在华盛顿的调查公司——菲申公司，菲申公司又把任务分包给曾在俄罗斯工作的英国前特工克里斯托弗·斯蒂尔，让他搜集和编写特朗普与俄罗斯串通的资料。该报告称，特朗普曾在俄罗斯嫖娼被俄间谍偷录，特朗普从此被俄罗斯控制并配合俄罗斯对民主党的服务器发起黑客攻击。特朗普抓住这一新闻不放，发推文称"现在的受害者是总统"。

10月27日，在司法部特别检察官穆勒负责的俄罗斯影响美国选举调查中，美国联邦大陪审团已批准首批起诉名单。30日，特朗普竞选团队前主席保罗·马纳福特及其助手里克·盖茨被控涉嫌密谋破坏美国、洗钱和其他罪名。马纳福特和盖茨出庭，辩称自己无罪。特朗普的另一名竞选助手乔治·帕帕多普洛斯承认就与克里姆林宫相关人士的接触撒了谎。对马纳福特和盖茨的指控没有提及特朗普，也没有提及干预选举。31日，特朗普发出一系列推文说没有与俄罗斯"串通"，起诉书中提到的事情早在马纳福特加入竞选团队之前就发生了；帕帕多普洛斯则"是个骗子"。

10月28日，《华盛顿邮报》公布的民调显示，70%的美国人认为，美国国内目前的政治分裂至少与越战时期一样严重；还有近60%的人认为，特朗普担任总统使美国政治体制的运转愈发失常。70%的人认为国会运转失常，对媒体等其他机构的信任也很有限。30日，据《华尔街日报》公布的调查，特朗普的支持率已经跌至上任以来的最低水平，仅为38%，比9月低5个百分点。整体来看，有58%的受访者不认可特朗普的表现，但仍有超过80%的共和党人认可特朗普的工作表现。

10月30日，美国哥伦比亚特区联邦法院法官科琳·科拉尔—科特利作出裁决，暂时阻止白宫实施一项禁止跨性别者到军队服役的政策，并说这一政策基于"对整个跨性别群体的反对"。她认为，对于这项原定于2018年3月开始生效的禁令，政府给出的理由不可信，而且可能违宪。她的裁定是，应该继续坚持军方目前的政策。

10月31日，万圣节当天，赛波夫（Sayfullo Saipov）在纽约曼哈顿驾驶卡车冲撞行人，发动"独狼式"恐怖袭击，造成8人丧生，12人受伤，他承认自己是以"伊斯兰国"的名义发动袭击的。纽约州南区联邦检察官办公室宣布，将以22项罪名起诉赛波夫，他最高可面临死刑。

11 月

11月5日，得克萨斯州的萨瑟兰普林斯一座教堂发生枪击案。一名男了持枪走入这家浸礼会教堂并开火，造成至少26人死亡，多人受伤。据《今日美国》报道，枪手是26岁的白人男子德文·凯利，曾在美国空军服役。正在日本访问的特朗普发推文称："愿上帝与得克萨斯州萨瑟兰普林斯的人们同在，联邦调查局与执法人员已经到达现场，我在日本关注着事态的进展。"

11月7日，美国民主党州长候选人拉尔夫·诺瑟姆击败共和党州长候选人爱德·吉尔斯，当选弗吉尼亚州新州长。民主党州长候选人菲利普·墨菲击败共和党对手关达娜（Kim Guadagno），当选新泽西的下一任州长。纽约市市长白思豪（Bill de Blasio）轻松连任。民主党拿下三个州和地方首长席位，被视为一次重大政治胜利。

11月11日，特朗普暗示其相信俄罗斯并未干预美国大选，并将前国家情报总监克拉珀、前中央情报局局长布伦南、前联邦调查局局长科米等人称作"政治黑客"，引发美国内争论。12日，克拉珀和布伦南接受美国有线电视新闻网采访，除坚持认为俄去年干预美国大选外，也对特朗普屡次支持普京表示不满。12日，特朗普改口称"相信美国现在的情报机构"。

11月13日，《大西洋月刊》披露，"维基揭秘"曾在2016年大选期间多次通过推特直接联系特朗普之子小特朗普，表达抹黑希拉里并帮助特朗普胜选的意愿，但小特朗普鲜有回复。小特朗普随后在推特上公开其与"维基揭秘"的聊天记录截图，证实报道属实。

11月14日，美国司法部长塞申斯在众议院司法委员会举行的听证会上强调，他既未帮助俄影响美选举，也不曾在私下勾结俄罗斯，更没做过危害美国安全之事。塞申斯认为，总统应"特别注意"不要影响调查。听证会现场，民主党议员一直就"通俄门"穷追猛打，试图挖到"猛料"，共和党议员的问题则多关乎犯罪率、移民、大麻，以及是否应指派特别检察官调查前国务卿希拉里等问题。

11月23日，据《今日美国》报道，前总统国家安全事务助理弗林的律师已通知特朗普法律团队，不再分享有关特别检察官穆勒对俄罗斯干预选举的调查信息。这可能标志着弗林或与调查团队合作并达成相关协议。

12 月

12月1日，美国前国家安全事务助理弗林向特别检察官穆勒的调查组认罪，承认自己在2017年2月份向联邦调查局人员撒谎，否认了在2016年12月特朗普当选后与俄罗斯驻美国大使基斯利亚克接触并谈及放松对俄经济制裁等。对此特朗普连发推特，全面撇清和弗林的关系，称其咎由自取，并否认自己曾要求前联邦调查局局长科米停止调查弗林。2日，特朗普表示，他的总统竞选团队与俄罗斯"绝对没有串通"。4日，弗林在法院认罪。

12月4日，美国联邦最高法院裁定，允许特朗普政府的最新版入境限制令在等待上诉期间全面生效，这是联邦最高法院首次允许特朗普政府颁布的入境限制令全面生效。该裁决针对的是特朗普9月签署的第三版入境限制令。最高法院9名大法官中，7人支持解除夏威夷州和马里兰州联邦地区法院的相关禁令，只有2人持否定态度。白宫副发言人霍根·吉德利说，最高法院的裁决并不令人意外，"这是保护我们国土的根本措施"。美国伊斯兰关系委员会再次称旅行禁令为"禁穆令"。联邦最高法院同意，在地区法院就此案作出判决之后将听取支持和反对双方的陈述。

12月5日，面对多起性骚扰指控的密歇根州的民主党联邦众议员约翰·科尼尔斯宣布退休，成为在当前一波性骚扰指控风波中第一个离职的议员。他是任职最长的美国国会议员，长期从事民权事业，是国会黑人议员连线的共同创办人。7日，因被指责有不当性骚扰行为而身陷丑闻的国会民主党参议员阿尔·弗兰肯宣布将辞职。同日，亚利桑纳州共和党国会众议员弗兰克斯在众议院道德委员会宣布对其性骚扰指控进行调查后宣布辞职，表示将于2018年1月31号离开国会。13日，明尼苏达州副州长蒂娜·史密斯被任命为联邦参议员，将填补弗兰肯参议员将要空出的席位。

12月6日，特朗普总统的儿子小特朗普到美国众议院情报委员会接受问询。该委员会资深民主党人、来自加利福尼亚州的希夫称，小特朗普回答了大多数问题，但在被问到2016年6月与俄罗斯特工人员会面的问题时，他以律师与客户保密特权为由拒绝回答。小特朗普称，他当时没有告诉父亲这次与俄罗斯人的会面，但后来在有关这次会面的电邮曝光之后与他父亲讲过。

12月11日，特朗普签署命令，要求美国航空航天局恢复2011年暂停的载人太空探索计划,并宣布美国宇航员将再次踏上月球。特朗普表示,这将是1972年以来第一次美国宇航员重返月球的重要一步,将进行长期探索和利用。

12月11日,美国联邦法院法官柯林·科勒科特利就特朗普政府禁止变性人在军中服役引发的诉讼做出裁决,允许变性人从2018年1月1日起开始在美军服役。

12月11日,来自纽约州的陆天娜(Kirsten Gillibrand)等50多名国会女议员致函众议院监督和政府改革委员会称,至少17名女性曾公开指控总统的"不当性举动",应该对这些指控是否属实进行全面调查,给美国人民一个交代。

12月11日,来自孟加拉国的27岁移民阿卡耶德·乌拉在纽约一处地下隧道引爆自制炸弹,但未造成严重伤亡。美国执法机构的官员称,该男子是在因特网上看过"伊斯兰国"组织的宣传后实施恐怖袭击,目的是报复美国在中东的军事行动。特朗普称,炸弹袭击事件表明,国会应该通过移民改革的法律,保护美国人民。

12月12日,民主党候选人道格·琼斯以49.9%对48.4%的得票率险胜共和党候选人罗伊·莫尔,赢得亚拉巴马州的联邦参议员特别选举。琼斯将接替2017年初加入特朗普政府担任司法部长的前参议员塞申斯的职位。亚拉巴马位于保守的美国南方,原本是共和党的地盘,但莫尔被指控对一些妇女有"不当性举动"后选情发生变化。选举期间,莫尔得到特朗普和共和党极右派人物、前白宫战略师班农的支持,但未得到国会共和党领袖的支持。12月10日,亚拉巴马州的共和党籍资深国会参议员理查德·谢尔比称,该州应该得到比莫尔当选更好的结果。琼斯上任后,共和党人在参议院的多数党席位从52席变成了51席。

12月15日,美国对参与"免签证计划"国家增加条件,要求这些国家核对旅行者信息,与美国反恐信息进行对比。"免签证计划"项目允许来自38个国家,其中绝大多数是欧洲国家的公民,可以前来美国进行商业或者旅游最长90天而无需签证。特朗普一直寻求通过多种途径加强对外国人入境美国的管理规定。

12月15日,特朗普前往弗吉尼亚州的匡提科参加联邦调查局国家学院的毕业典礼。特朗普离开白宫前称赞该局的忠诚和奉献,但同时对近期公布的两名联邦调查局官员在2016年总统大选期间互发数百条短信诋毁他的情况表示不满。此前特朗普在推特中称,前联邦调查局局长科米让该机构"一团糟"。

12月16日，特朗普在每周全国讲话中提出要改革移民制度。他称"几十年来美国的移民体系建立在过时的、被称为连锁移民的基础之上"；现在应该建立一个以能力为基础的移民体系。特朗普还敦促国会通过立法终止"链式移民"和"绿卡"抽签制度。

12月20日，特朗普签署行政令以增产稀土等"关键矿产"。行政令称美国应该推动国内对关键矿产的勘探、生产和回收利用，并支持寻找技术替代品的努力。在政府出台行政命令的同时，美国内政部地质勘探局也发布了一份862页的报告，列出了23种关键矿产，其中包括钴、锂、石墨、稀土元素、钒和锰。

12月23日，美国国土安全部代理新闻秘书泰勒·霍尔顿在一份声明中表示，22日在宾夕法尼亚州哈里斯堡多个地点向警察开枪的枪手艾哈迈德是来自埃及的移民。在另外一起事件中，一名通过亲属移民来到美国的巴基斯坦妇女被指控通过比特币洗钱，并把收入所得汇给"伊斯兰国""圣战"分子。他表示，亲属移民体系很难把危险的人挡在美国以外，而积分制的移民政策几乎被所有国家采用。不过，众议院少数党领袖佩洛西表示，积分制移民体系抛弃作为美国价值观核心的家庭。

2017年美国经济大事记

1月

1月3日,当选总统特朗普提名罗伯特·莱特希泽出任贸易代表,负责对外贸易谈判事务。美国贸易代表办公室是集各商业团体利益于一身的综合贸易部门。特朗普选择持强硬立场的莱特希泽任贸易代表,有制衡各利益团体、按自己意志推行贸易政策的意图。特朗普经贸团队将努力实现特朗普提出的创造就业、提升民众工资、降低贸易赤字、"让美获益"等竞选承诺。

1月13日,美国在世界贸易组织(WTO)提出针对中国铝业的新案件。此前美国已指责中国近年向世界市场投放大量定价过低的铝、钢材等产品。奥巴马表示,"中国通过低价贷款和其他非法政府补贴,为其铝业提供不公平的优势。这类政策使美国制造商处于不利地位,并加剧铝、钢材和其他行业的全球过剩"。

1月18日,特朗普在接受《华尔街日报》采访时表示,从美中贸易关系看,美元过于强势阻碍了美国企业与中国同行开展竞争,强势美元"要我们的命"。1月20日被提名的财政部长史蒂文·姆努钦在出席美国参议院金融委员会的提名听证会上却发表了支持强势美元的言论:"美元非常坚挺,长期以来美元一直是最具吸引力的货币。特朗普对美元发表的评论并不代表其对美元的长期看法,只是在短期内,强势美元或对美国贸易实力产生一些负面影响,长期美元强势非常重要,保护美国公司,不致被迫迁往国外。"

1月23日,特朗普签署总统备忘录,要求美国贸易代表办公室书面告知《跨太平洋伙伴关系协定》(TPP)各成员国和秘书处,美国将退出《跨太平洋伙伴关系协定》。特朗普表示:"退出《跨太平洋伙伴关系协定》对美国工人意义重大，有利于创造公平的、符合美国利益的贸易。"根据《跨太平洋伙伴关系协定》规定，若其他成员国未就美国退出的具体时间达成一致，在美国正式书面告知《跨太平洋伙伴关系协定》成员国六个月后，退出自动生效。

1月24日，特朗普签署旨在推进能源和基础设施项目优先计划的行政令和备忘录，批准"拱心石XL"和达科塔两条输油管道项目，并规定必须使用美国产材料和设备；要求白宫环境质量委员会主席在收到请求的30天之内确定基建项目是否属于"优先"行列，并加快相关项目的审批流程。

1月30日，特朗普签署行政令，要求减少对企业特别是小企业的监管，内容包括每推出一项新监管规定，需砍掉两项已有规定。

1月31日—2月1日，美联储召开2017年首次议息会议，决定维持联邦基金利率在0.50%到0.75%的区间不变。美联储声明中指出，近期经济出现好转，衡量消费者和企业情绪的指标有所改善。经济前景的风险大致平衡，美联储将持续密切关注通胀指标以及全球经济和金融形势。部分美联储官员表示，特朗普提议的减税和支出增加计划或刺激经济增速超过预期，或引发更高通货膨胀并导致美联储的加息幅度超过预期。

2月

2月3日，特朗普签署行政命令，要求美国财长与金融稳定监督委员会（FSOC）负责人协商，在120天内提交关于金融系统监管变化和立法的建议报告，拟减轻金融机构负担，使之增加放贷，并以此为方向讨论放松监管。之后，特朗普在白宫会见美国企业负责人时表示，将对《多德—弗兰克金融改革法》采取重大行动。财政部长姆努钦表示，该法案最大弊端是太过复杂，且限制借贷活动，监管改革的首要任务是解除其中阻碍银行借贷的内容。该命令是迄今为止特朗普在放松金融监管方面最激进举措。

2月14日，特朗普签署美国众议院第41号联合决议案，取消对资源开发公司的一项监管措施。2016年7月，美国证券交易委员会根据《多德—弗兰克金融改革法》，要求美国石油、天然气和矿物开发公司公开其为进行商业开发而向联邦政府和外国政府支付的费用，特朗普签署的法案废除了该项规定。白宫网站称，此举将提高美国公司竞争力，并且每年为政府节约 6 亿美元监管费用。

2 月 15 日，美联储主席耶伦向美国参议院银行委员会提交《半年度货币政策》报告。一是对经济前景表示乐观，美联储会在 3 月份会议加息。二是暂时不会调整资产负债表。美联储计划坚持传统方法，将上调或下调隔夜利率作为其主要政策杠杆，不希望将调整资产负债表作为货币政策管理的一种活跃工具。三是对财政问题仍存疑虑。特朗普承诺的减税和支出计划可能引发一波经济增长，但不应据此制定政策。美联储不希望将当前货币政策建立在对未来猜想的基础上。同时，限制移民政策或对经济造成不利影响。移民一直是劳动力增长的重要来源，移民减少或导致美国经济增长率下降。四是为《多德—弗兰克金融改革法》辩护。该法案在未限制银行放贷和盈利能力的情况下总体增强了银行安全性。因为金融危机后严格监管加强了银行资本状况，美国银行业相对于海外同业实力强劲，放贷水平、股票市账率、市场份额均在扩大。五是将圆满完成任期。耶伦作为美联储主席的四年任期还剩约一年时间。她明确表示将充分把握这段时间，履行国会赋予的所有职责。

2 月 22 日，美联储公布 1 月议息会议纪要。其主要内容：一是财政刺激推高通胀，美联储需要足够时间回应。特朗普经济政策带来经济增长，美联储将加快采取行动。二是加快加息是合适的。过去两年美联储只加息两次，美联储官员担心，市场或误解认为一年只会加息 1—2 次。三是未来几次会议上将讨论缩减资产负债表。

2 月 22 日，美国财政部长姆努钦接受福克斯新闻采访称，美元强势和几大因素有关，包括美国经济相对其他国家的表现、美元作为全球主要货币与主要外汇储备货币的地位、人们对美国经济的信心。从长期看，美元走强是好事，并预期在长期美元将如以往那样升值。短期而言，强势美元有利有弊。

3 月

3 月 14—15 日，美联储召开议息会议，决定将联邦基金利率上调 25 个基点至 0.75% 至 1% 的水平，启动 2017 年首次、金融危机以来第三次加息。美联储加息步伐显著加快，首次连续两个季度加息。据此次议息会议 17 位美联储专家最新预测，2017 年、2018 年、2019 年联邦基金利率中位数为 1.4%、2.1%、3%，预计年内将还会加息两次，2018 年、2019

年则每年加息三次。点阵图显示出美联储更强的加息信心与决心。耶伦强调称，除非经济前景出现实质性恶化，否则收紧货币政策的过程不会像2015年、2016年那么慢。

3月16日，美国财政部长姆努钦在与德国财政部长朔伊布勒会谈后举行的首次国际新闻发布会上表示，美国政府专注于实现对美国及世界其他国家有利的经济增长。美国不希望卷入贸易战，而希望处理特定贸易关系中的不平衡现象，且拥有处理这种不平衡关系的方法。

3月17日，白宫发布2018财年《美国优先：让美国再次伟大的预算纲要》，反映特朗普兑现竞选诺言，将美国安全置于首要位置。具体内容：一是增加军费体现国防优先。推出"有史以来增长最多"的国防开支，国防部增加520亿美元经费，增幅达8.9%，主要用于打击恐怖主义和网络犯罪，执行制裁措施，打击非法移民；为国土安全部增加28亿美元，增幅达6.8%；为退伍军人事务部增加44亿美元，升幅6%。二是政府减支和削减外援。美国国务院预算削减最多，减少101亿美元，同比下降28%；减少对国际财政项目支持资金8.03亿美元，降幅达35%。砍掉的主要目标是联合国的气候发展项目、常规资金供应，对联合国维和行动的资金支持不会超过其总开支的25%，减少世界银行等国际开发机构资金6.5亿美元。三是削减监管机构经费。主要是控制成本，减少美国环保局预算26亿美元，降幅达31%，削减清洁能源计划、国际气候变化项目和气候变化研究等项目经费1000万美元。削减能源部预算17亿美元，减少5.6%，但其中核能安全机构增加预算14亿美元，增幅11%。此外，包括非洲发展基金、公共广播公司、博物馆和图书馆服务学会、国家艺术基金会、和平研究所等依赖于联邦资金的独立机构将被全部取消资金。特朗普的首份预算大纲并未包括1万亿美元的公路、桥梁及机场等基建计划。

3月31日，特朗普签署《加强对违反贸易关税法案的"双反"执法》《要求提交巨额贸易赤字综合报告》两份行政令，要求美国商务部和贸易代表办公室牵头，90天内评估美国与主要贸易伙伴贸易现状，找出美国巨大贸易逆差原因。美国将加强针对外国输美国商品调查力度，对违反规则的国家依法征收更高关税。特朗普表示，此举意在重振美国制造业。

4月

4月4日，白宫就习近平主席访美召开新闻发布会表示，经贸议题是会谈的重中之重。美中经济依存不断加深，但双边经贸关系出现了一些困难。中国在让市场发挥决定作用的问题上，出现了放缓或者倒退。同时，特朗普非常关切美中贸易失衡，希望通过坦诚的、富有成效的方式解决该问题，让美中经贸关系发展成"以互惠为原则，更加公平、平衡的双边关系"。

4月5日，美国众议院筹款委员会主席凯文·布雷迪、首席议员理查德·尼尔，参议院财政委员会主席奥林·哈奇、首席议员罗恩·怀登，联名致信特朗普并要求其在"习特会"期间对华施压，认为美中经贸关系的主要问题包括六方面：一是中国"扭曲市场行为损害美国制造商"；二是中国"歧视性和扭曲"的政策损害美国技术和数字方面的优势；三是中国知识产权保护"不力"损害美国创新者利益；四是贸易"壁垒"和市场"扭曲"政策损害美国农业团体；五是汇率和货币政策；六是中国"报复性"的贸易政策和"不透明"的法律框架。

4月9日，美国商务部长罗斯接受福克斯新闻采访时称，特朗普政府和中国高层官员会谈时，美方明确表示其主要目标有两个：一是大幅降低美国对中国的贸易逆差；二是增加美中贸易总规模。美中领导人的会面总体情况良好，但"口头说说容易，讨论和没玩没了开会也很容易，难的是看到切实的成果"；如果不能在百日内看到一些切实的成果，美方将重新评估是否值得继续推进。

4月10日，美联储主席耶伦在密歇根大学的一个公开讨论会上表示，极端刺激货币政策时代即将结束，美联储正逐渐退出为重振经济所采取的刺激举措，未来将专注于维持过去几年取得的成果。这将促使继续渐进加息，除非美国经济情况开始恶化。

4月12日，特朗普接受《华尔街日报》采访时称，将不认定中国为"汇率操纵国"，并解释称中国近几个月并未操纵人民币，也没有通过人为压低人民币汇率来提振其出口，他不希望汇率问题破坏两国政府为应对朝鲜威胁进行的对话。美国财政部14日公布《美国国际经济和汇率政策报告》，未将中国列为"汇率操纵国"。财政部认定的"汇率操纵国"标准有三——对美国贸易顺差超过200亿美元、经常账户顺差占GDP比重超过3%、持续单边干预汇率市场。满足三个条件即会被认定为"操纵汇率"。中国已连续两次仅符合第一项标准,理应被从"监测名单"中剔除,但美国以对华仍有较大贸易赤字为借口,将中国作为汇率监测对象。报告还并敦促中国"向美国的商品与服务进一步开放"。

4月14日,白宫网站刊登美国商务部长罗斯文章,称要为美国构建公平的自由贸易体系。文章称美国是全球贸易保护色彩最轻的国家,同时也是世界上贸易赤字最大的国家。美国决不能容忍其他国家靠实行贸易保护政策获得不正当利益,将"对那些违反贸易规则的国家主动出手"。美国已加强调查和执法力度,迫使他国遵守规则,其中特别提到中国钢铁出口。

4月18日,特朗普在威斯康星州签署"买美国货、雇美国人"行政命令,要求政府在220天内完成相关评估。一是要求联邦机构对"买美国货"政策的豁免和例外条款进行评估,把该条款的使用降到最低限度,并评估自由贸易协议中涉及的该条款在多大程度上损害了美国人的就业。二是要求联邦机构展开审查,加强对移民法规以及有关到美国工作的外国雇员入境的其他监管法规的执法力度。此外,该行政命令还要求公共筹资的基础设施和其他建筑项目使用美国生产的钢材,并明确从外国进口并主要在外国生产、但在美国加工完成的钢锭不符合要求。

4月20日,特朗普在白宫签署备忘录,要求商务部根据1962年《贸易拓展法案》第232条款的规定,对美国的钢铁进口展开国家安全调查。根据第232条款,一旦发现外国进口有损美国国家安全,总统有权对外国进口实施紧急贸易制裁。特朗普称,进行这项调查"与中国无关","倾销问题是全球性的",但商务部长罗斯表示这项调查是对中国钢铁在美国市场的倾销做出的回应。

4月29日,特朗普在宾夕法尼亚州首府哈里斯堡出席执政百日集会期间,签署《应对贸易协定的违反与滥用》《建立贸易和制造业政策办公室》两大行政令。第一个行政令要求美国商务部与贸易代表办公室(USTR)全面审查美国当前每一项国际贸易和投资协定,看其是否被他国违反和滥用,是否符合美利益,是否促进了就业和经济增长。若存在违反和滥用情况,美国商务部、美国贸易代表办公室和其他机构可采取"适当的、合法的"行动加以应对。美国商务部与美国贸易代表办公室180天内需找出问题并向总统提供报告。第二个行政令要求成立贸易和制造业政策办公室,由纳瓦罗担任主任。其主要任务是为美国工人和国内制造业提供保护和服务，并为总统提供政策建议，以促进经济增长、减少贸易赤字、增强制造业和工业基础。

5月

5月4日，美国参议院以79∶18票批准1.1万亿美元政府支出《2017年巩固拨款法案》，该预算案将替代4日到期的临时开支法案，确保在9月30日之前联邦政府有充足的预算资金可用，以化解美国政府关门危机。5日，特朗普正式签署，但在签署法案后发表的声明中措辞强硬，表示该法案涉及限制总统对军事人员物资的控制、影响政府谈判国际贸易协定、干预总统监管执行机构和听取顾问建议的权力等问题，特朗普将依据宪法保留采取进一步措施的权力。

5月9日，曾在小布什政府担任贸易代表的国会参议员罗布·波特曼宣布，他和其他五名共和党籍国会议员联名致信中国总理李克强，要求中国对美国开放牛肉市场。信中称，美国参议院已批准珀杜出任农业部长，因此促请李克强总理把达成美国牛肉准入协议当作工作重点，并指示中国政府相关机构予以执行。

5月9日，美国商务部长罗斯承认美国2017年达不到3%经济增长目标。罗斯称，美国若要达到3%的经济增长，需税收、监管、贸易和能源政策全部到位，但目前绝大多数经济政策尚未实施。在特朗普政府所有重商主义政策推行后，该目标将能实现。

5月11日，美国参议院以82∶14票通过罗伯特·莱特希泽担任贸易代表的提名。《华尔街日报》分析称，莱特希泽上任后首要任务是推动重谈《北美自由贸易协定》，他也有望成为特朗普"美国优先"贸易政策背后的有力推手。

5月23日，特朗普向国会提交2018财年的预算案《让美国伟大的新基础》，要求的拨款额度为4.1万亿美元，略高于2017财年。该草案要求增加军费540亿美元，增加国土安全费用26亿美元，其中16亿美元用于修建美墨边境墙；削减非国防类自由裁量支出540亿美元，包括教育、外交、科研等领域的开支。

6月

6月8日，白宫表明基础设施建设意向，内容主要有：一是陈述现状。特朗普称，美国境内基础设施陈旧破败，水运尤甚，而奥巴马政府重视程度不够，已危及美国经济发展。二是推动基建。包括把审批周期从10年缩短至2年、先期投入2000亿美元等。开放私人资本和技术准入、加大乡村地区资金投入、投资非传统基建领域、加强劳工技能培训等。三是重申承诺。特朗普称，将恪守2016年9月在竞选时大兴基建的承诺。白宫举行基建工作会，特朗普表示美国基建将"以火箭般的速度"进行，其计划得到与会州、市长称赞。

6月12日，特朗普在"开发劳动力周"力推学徒制，以促进就业。劳工部长阿科斯塔在新闻发布会上称，目前劳动市场面临就业岗位和潜在员工工作技能不匹配问题。学徒制将构建劳动力市场供需桥梁，减轻学生高等教育债务，提高劳动参与率。虽然特朗普向国会提交的2018财年联邦政府预算报告中，削减技能培训预算约40%，但其预算是"花更少钱，办更多事"。即与私人企业共同推进学徒制，不单依靠政府支出。同时高等教育也将承担促进学徒制推广的责任，社区大学和四年制学院将为学徒提供相应传统课程学习。15日，特朗普签署"扩大美国学徒制"的行政令，通过促进学徒制和有效的劳动力发展计划，提供更合理的途径保障高薪工作，放松对此类项目的监管，减少或消除纳税人对无效的劳动力发展项目的支持。

6月12日，特朗普在内阁会议前的记者会上称，外国对美国倾销钢、铝的行为很快会被终结。白宫发言人斯派塞称，商务部长罗斯近期将公布根据《1962年贸易扩展法案》第232条款有关审查的新进展，美国国会将收到在钢、铝等领域处理反倾销规定的建议。特朗普曾于4月20日责成美国商务部根据《1962年贸易扩展法案》第232条款，对包括中国在内的海外钢铁进口展开特别调查。232条款规定，一旦发现外国进口有损美国国家安全，总统有权对外国进口实施紧急贸易制裁。商务部长罗斯曾表示，这项调查是对中国向美钢铁市场倾销做出的回应。

6月12日，美中经济与安全审查委员会认为，加拿大政府批准深圳海能达公司收购加拿大诺赛特（Norsat）公司，将使该公司落入中国企业之手，威胁美国国防安全。该委员会成员迈克尔·韦塞尔称，加拿大自由党政府似乎愿意以牺牲其盟友国家安全利益为代价，换取中国经济好处。他呼吁，美国国防部和其他有关单位立即审查采购诺赛特产品是否会造成安全隐患。诺赛特公司总部位于加拿大温哥华，从事基站天线和卫星地面终端产品的研发生产和销售，客户包括美国国防部、波音公司、北约、台湾军方以及路透社和哥伦比亚广播公司等媒体。诺赛特公司6月12日宣布，来自美国亚特兰大的Privet基金管理提出更高的收购价。诺赛特公司将在6月15日之前决定Privet基金的收购提议是否优于海能达。

6月13—14日，美联储召开议息会议，决定将联邦基金利率上调25个基点，至1%至1.25%的水平，启动今年第二次加息，相比前两年美联储加息步伐显著加快。同时，美联储公布资产负债表缩减计划，以更直接回收流动性。

6月14日，美国财政部长姆努钦在众议院拨款委员会上称，白宫虽计划降低对世界银行和国际货币基金组织等多边组织的资金贡献，但仍将维持在这些组织内的权利，并将其作为美国对外政策的一项关键工具。美国国际预算方案表明，这些国际金融组织应提高运行效率，正如美国联邦政府正在精简一样。

6月19日，特朗普主持首次美国技术委员会圆桌会议，表达政府体制改革和技术更新、加快创新脚步以提振经济的意愿。他强调，美国过去改革和投资方向有误，事倍功半，美国今后将全方位展开现代化改革，革弊创新。该委员会由特在5月设立，旨在协调美国科技战略并就相关政策向总统提供咨询意见。苹果、微软、亚马逊、谷歌等公司高管与会。

6月28日，特朗普召开"美国部落、州和地方能源圆桌会议"，参会的有美国能源部长佩里等高官以及部落、州和地方政府的领导。特朗普强调不断放松能源监管，深化联邦和地方政府间的能源合作，激发州、地方和部落地区的能源开发潜力，促进经济增长和就业。将能源开采所获资金用于建设道路、学校等基础设施，要打造"美国能源主导地位的黄金时代"。

6月29日，美国财政部宣布，因中国丹东银行帮助朝鲜"洗钱"，很多往来资金用于朝鲜核导项目，将被排除在美国金融市场之外。因"大连全球统一航运公司"从事中朝钢铁和煤炭等贸易，要求美国公民和企业不得与之有任何业务往来。美国财政部长姆努钦表示，美国正向全球传递信号，表明美国将毫不犹豫对支持朝政权的个人和实体采取行动。前美国国安会亚洲事务高级主任麦艾文称，此举表明特朗普政府"正跨过一个重要门槛,向中国表明美国应对朝威胁有多么认真。"美国在二十国集团(G20)峰会前接连就朝鲜、台湾问题"出招",或为向中国传递信号、敦促中国对朝施压。

7月

7月12日,美国贸易代表莱特希泽表示,美国已正式通知韩国就消除双边贸易中现存障碍和重审自由贸易协议开始谈判,负责重审贸易条件的联合委员会将于8月在华盛顿举行首场会议。莱特希泽称,自协议签署以来,在双边贸易显著增长的背景下,美国对韩国商品出口减少,美国希望减少对韩国的贸易逆差,获得对美国更有利的条件。美国贸易代表办公室将按总统要求,为减少贸易损失和为美国人提供在世界市场成功的机会而推进相关工作。

7月12日,特朗普访问法国前称,钢铁是个大问题,美国像个倾销地,他将结束该状况。特朗普表示,或将采取配额和关税措施予以应对,但未透露美国何时实施这些新措施及其适用范围。同时,特朗普称,美国正受到糟糕贸易协议的严重冲击,其中最糟糕的是美中贸易协议,美中将继续探讨签署贸易协议事宜。他暗示在中美首轮全面经济对话举行前,或将在更广泛层面就贸易问题进一步对华施压。

7月14日,美国众议院以344∶81票通过《2018年度国防授权法案》,其中为国防部和能源部核计划开支设定的基础预算为6215亿美元,为海外应急行动拨款750亿美元。该法案总额超过了特朗普政府提出的6680亿美元2018财年国防预算,也超过了2011年《预算控制法》规定的5490亿美元军费上限。

7月27日,美国国会共和党高层和特朗普政府达成共识并发表税改联合声明。白宫网站发布由众议院议长瑞安、参议院多数党领袖麦康奈尔、财政部长努钦、国家经济委员会主任科恩、参议院财政委员会主席哈奇、众议院筹款委员会主席布雷迪发表的税改联合声明。其主要内容:一是白宫与国会正加紧推进税改合作,征询各方意见,有信心达成各方满意的税改计划,特朗普也在全力支持税改计划。二是参议院财政委员会、众议院筹款委员会将负责税改法案的起草程序,可能在2017年秋季提交两院讨论。三是税改主要目标是减轻美国家庭纳税者的负担,提升企业竞争力,保护美国就业岗位和税基,将主要聚焦于修改税法、简化税制、削减税率。为使税改加速进行,府会同意搁置边境调节税问题。

7月24日,美国贸易代表莱特希泽、英国国际贸易大臣利亚姆·福克斯在华盛顿共同开启"美欧贸易和投资工作组"首次会议,强调工作组的目标是:在英国正式"脱欧"后,美英开启自由贸易协定谈判。莱特希泽称:"希望该工作组能够成为加深双边贸易和投资关系的重要机制,一旦英国完成脱欧,该机制会成为加强两国贸易关系的重要平台。"

7月25日,美国商务部长罗斯在华盛顿经济俱乐部发表经贸政策讲话,谈及中美经贸关系时表示,美国目标仍是取得具体、可衡量的成果。在美中达成"百日计划"后,特朗普与习近平主席保持良好关系。"百日计划"框架下,在农产品、生物技术、其他市场准入等方面中美已取得很多进展。但是未来,"容易达成的成果"与挑战并存。因为美中已涉及到"规模较大且敏感"的问题,双边对话挑战增多。

8月

8月14日,特朗普在白宫签署行政备忘录,授权美国贸易代表莱特希泽调查中国强制美国企业转让技术及"盗窃"美国知识产权问题,并可考虑采取所有可用措施。这是特朗普1月上任后首次对中国采取正式贸易行动。18日,莱特希泽称,"特朗普总统在14日授权我审查中国法律、政策和做法是否伤害美国的知识产权、创新或技术发展。在与利益相关方和政府其它机构磋商后,我决定正式启动相关调查,并报告了特朗普总统,调查将依据《1974年贸易法》第301条款展开"。根据301条款规定,美国贸易代表首先与外国政府协商,以寻求贸易补偿或消除贸易壁垒。若协商无法解决问题,美国可采取贸易救济措施,如征收额外关税、费用和限制进口等。

8月16—20日,《北美自由贸易协定》(NAFTA)启动首轮重谈。美国贸易代表莱特希泽表示,《北美自由贸易协定》伤害许多美国人,特朗普对这个长达23年的协定要的修改方向不是微调而是明显改善;美国须确保巨额贸易逆差不会持续,美国追求平衡且互惠贸易,且应定期评估《北美自由贸易协定》的执行情况;根据原产地规则,特别是有关汽车及零部件的原产地规则,须提高在北美的自制率及在美国生产的比例。三国基本立场有"温差"。美国认为《北美自由贸易协定》使其经贸利益受损,把削减贸易赤字作为最主要目标,对重谈寄予厚望。墨西哥立场相对温和，同意对《北美自由贸易协定》内容进行更新，但强调维护墨西哥在协定中既得经济利益，其主要目的在于提升北美自由贸易竞争力、推动"包容的、负责任的"区域贸易。加拿大称《北美自由贸易协定》是成功的贸易协定，希望通过谈判使其现代化，但也强调维护加拿大在原协定已获得的经济利益，其目的在于获得更多市场准入，提升企业竞争力。27日，特朗普发推文称，《北美自由贸易协定》是美国历史上最糟糕的贸易协定，美加墨重谈该协定的进程艰难，该协定或将终结。

8月16日，特朗普颁布行政令，要求联邦机构缩短基础设施项目环境影响的评估时间，以加快其在竞选期间承诺的道路、桥梁、输油管道和铁路等项目的建设速度。该行政令还将扩大奥巴马任期内启动的改善联邦审批流程的工作，包括以统一的数据可视化工具来追踪项目进度，以提高透明度。该行政令还降低了奥巴马时期的防洪标准，这让保险公司和环保人士感到失望。他们表示，此举将使美国更容易受到气候变化的影响。

8月16日，美联储公布7月25—26日议息会议纪要。因难以推定近几个月通胀低迷的原因，美联储官员对未来的加息时点出现分歧；官员们讨论了缩减资产负债表（缩表）计划，普遍认为除非美国经济或者金融市场遭严重负面冲击，美联储或将很快开始执行"缩表"计划。多数美联储官员认为，应在下次会议决定"缩表"的启动时间。

8月16日，特朗普发推文称，"为避免让加入'制造业委员会'和'战略与政策论坛'的商界人士受到压力，我解散这两个委员会"。15日，特朗普曾表示，从制造业委员会退出的美国企业高管是因在国外制造产品"感到尴尬而离开"，他们未认真对待在美国国内生产问题；"取代离开制造业委员会的每位高管将有很多备选，哗众取宠的人本来就不应加入"。此前，多位美国企业高管退出特朗普的顾问委员会，以抗议弗吉尼亚州种族主义暴力事件发生后特朗普发表的争议性言论。

8月22日，美韩在首尔召开首轮《美韩自由贸易协定》联合委员会特别会议。美国贸易代表莱特希泽和韩国贸易部长通过视频会议致开幕辞，随后美韩官员展开为期一天的高级别会谈。根据《美韩自由贸易协定》第22.2.4条款，若一方提出召开特别会议，就更新协议内容展开讨论，另一方需在1个月内答复并配合。7月12日，莱特希泽正式致信韩国要求开启特别会议，重新评估该协定。韩国因贸易、工业和能源部长尚未就任稍有拖延，双方首轮会谈延迟10天举行。美国认为，现有协定让美国利益受损，美国对韩国贸易赤字从2011年的132亿美元飙升至2016

年的 276 亿美元，必须对现有协定的相关条款修改和更新。而韩国表示反对，希望双方先成立联合工作组对美韩贸易赤字的原因展开调查，在查明原因之前不会就协定的修订进行谈判。

8月24日，特朗普连发两条推文，指责众议院议长瑞安、参议院多数党领袖麦康奈尔没有按照其意图将债务上限问题加入已签署的有关退伍军人医疗和就业法案，结果令事情复杂化，让政府不得不在债务上限问题上与民主党谈判。特朗普称他们将"简单的问题弄得一团糟！"7月28日，美国财长姆努钦致信瑞安，称财政部为缓解债务问题所采取的非常规措施即将用尽，9月29日前各方应尽快就债务上限问题达成一致。

9月

9月8日，特朗普签署《2018年继续拨款法和灾害救助需求补充拨款法》。该法案规定向国土安全部、住房和城市发展部、小企业局拨款152.5亿美元，以援助受"哈维"飓风影响的地区；延展法定债务上限至12月8日，向联邦政府部门提供临时拨款，以确保其运行至12月8日。法案内容与特朗普和参议院少数党领袖舒默及众议院少数党领袖佩洛西6日达成的协议内容一致，标志着美国政府暂时摆脱了联邦政府"关门"危机。

9月13日，特朗普阻止中国政府支持的基金 Canyon Bridge Capital Partners 收购莱迪思半导体公司（Lattice Semiconductor, LSCC）的交易。此前交易双方请求白宫推翻之前美国外国投资委员会（CFIUS）作出的负面决定。在一项交易提请总统批准之前，如果不能获得该委员会的批准，公司通常会撤销交易，来避免可能被白宫否决。但此次交易双方采取了不同寻常的方式，试图挽救交易。根据白宫的声明，特朗普认为这项交易可能有损美国国家安全，"可能涉及向外国收购方转移知识产权、中国政府在支持这项交易中所发挥的作用、半导体供应链完整性对美国政府的重要性以及美国政府使用莱迪思的产品"。

9月18日，美国贸易代表莱特希泽在美国战略与国际问题研究中心表示，中国为发展本国经济、提供政府补贴、打造国家龙头企业、强迫技术转让、扭曲国内外市场所进行的规模庞大的协调行动，对世界贸易体系构成了前所未有的威胁。

9月19—20日，美联储召开议息会议，宣布启动缩减资产负债表

（缩表）计划，同时决定将联邦基金利率维持在 1% 至 1.25% 的水平。美联储将于 10 月 13 日减少购买抵押支持债券（MBS），10 月 31 日减少购买美国国债，以回收流动性。缩表有两种方式。一是被动式。美联储将让部分债券到期，不再续买。相比出售资产和主动缩表，停止对到期债券回笼资金再投资更加缓和。二是渐进式。美联储每月缩减 60 亿美元国债、40 亿美元抵押支持债券。缩表规模每季度增加一次，最高限额将达到每月缩减 300 亿美元国债、200 亿美元抵押支持债券。美联储未透露缩表的最终目标，纽约联邦储备银行行长威廉·达德利称，美联储将用十年时间将资产负债表规模稳定在 2.4 万亿至 3.5 万亿美元区间。

9 月 17 日，白宫发布长达九页的税改框架，这是一份与多数共和党人达成共识的方案。其核心要素：一是简化税制。将原有的个人所得税 7 档税率简化为 3 档，分别为 12%、25% 和 35%。取消州和地方政府的抵扣额、废除遗产税、去除替代性最低税。二是对中产阶级进行大规模减税。将个人所得税标准扣除额翻倍，将单身人士的标准扣除额从当前 6350 美元上调至 1.2 万美元；将夫妇二人的标准扣除额从当前 1.27 万美元上调至 2.4 万美元。大幅提高子女税收补贴，将逐步取消该补贴的收入门槛。三是减少企业税。该框架声明取消企业替代性最低税，将企业所得税由 35% 降至 20%。"税收透明"型公司从最高税率将从 39.6% 降至 25%。特朗普称，企业最高税率将是 80 多年来最低。四是促进海外资本回流国内。从现行的"全球征税体系"转向"本土征税体系"，即美国企业只要在海外已缴税，转回本国的利润就不必再缴税，并可享有全球范围内的最低税率对其海外利润缴税。

9 月 29 日，美国参议院预算委员会公布 2018 财年预算计划。该计划建立在政府收入未来十年因减税减少 1.5 万亿美元基础上，即参议院大多数共和党认可未来十年财政收入因减税而缩减。白宫管理和预算办公室主任马尔瓦尼称，该预算计划"是推进特朗普为中产阶级减免税收、为所有美国人带来经济繁荣的关键一步"。

10 月

10 月 6 日，美国商务部宣布推迟宣布有关中国铝箔反倾销调查的初步决定，并全面评估中国非市场经济地位问题，并将在 2017 年 11 月 30 日以前公布调查的初步决定，包括有关中国非市场经济地位的决定。美国商务部长罗斯在声明中表示,此次延期将确保该调查遵循最高标准,美国力求保证对美国工人和企业的公平待遇。

10月11日,美联储公布的9月19—20日议息会议纪要显示,许多与会官员认为最近物价上涨乏力是暂时现象,但值得注意的是,其他发达经济体也在经历低通胀,或许说明美国和海外持续低于目标的通胀率是共同的全球性因素。总体而言,会议纪要表明美联储官员们尚未就通胀率达成一致意见,这或将增加货币政策的不确定性。

10月19日,美国参议院以51:49票通过总额达4万亿美元的《2018财年预算案》。该预算案中允许因税改在未来十年减少1.5万亿收入。同时,预算案自动开启"预算协调程序",令未来的税改方案只需简单多数就能在参议院获批。此举是特朗普推进大规模减税与改革措施的重要一步。26日,众议院以216:212票通过参议院版的《2018财年预算案》。

10月23日,白宫举行关于特朗普11月3—14日亚太之行的新闻发布会,其主要内容:一是11月8号特朗普将对中国北进行国事访问,传达美国希望两国经贸关系能对美国企业更具可持续性与公平性的清晰信号,同时重申美国对台湾承诺不变,美国对台湾立场清楚,不会签署第四个公报;二是中国正对朝鲜施加"前所未有"的压力,但仍能做更多努力。特朗普的表态及行动已让国际社会在对抗朝鲜威胁上出现实质性的转变和进展,是过去历届政府未曾做到的。

10月30日,美国商务部公布其对铝箔反倾销调查的报告,仍将中国视为"非市场经济国家",在对华反倾销调查中继续适用"替代国"做法。该报告指出,"政府在市场中扮演普适性角色,并干涉私人经济部门,造成中国经济本质上的扭曲。中国经济框架的核心是中国政府和中国共产党,通过政府享有所有权、把控主要经济部门、发布行政命令等手段,直接或间接控制市场资源配置"。

11月

11月2日,特朗普在白宫宣布提名杰罗姆·鲍威尔为下届美联储主席。鲍威尔表示,若提名获参议院批准,将用手中的权力尽其所能稳定物价并最大程度增加就业。鲍威尔是共和党中间派人士,倾向于渐进加息和放宽金融管制。若提名获参议院通过,鲍威尔的任期将从2018年2月3

日开始。现任主席耶伦将成为自 1979 年卡特政府以来，首位由前总统任命但未获现任总统提名连任的美联储主席。

11 月 2 日，美国众议院共和党公布《减税和就业法案》。大幅降低企业所得税，税率将从目前 35% 降至 20%；个人收入所得税将由目前 10% 至 39.6% 的七档税率简化为四档税率，分别为 12%、25%、35% 和 39.6%；呼吁更新企业税制为小型企业免除贷款利息；废除奥巴马政府替代最低税额规定；保持借贷利率抵免，最高至 50 万美元；从 2024 年起取消遗产税。16 日，在众议院以 227：205 票通过该法案，民主党议员全部反对，共和党议员也有 13 人反对。共和党将该法案作为助推美国经济、减轻民众税赋的重要手段，民主党则批评该法案给富人和大企业减税，可能增加中产阶级负担。

11 月 22 日，美联储公布的 10 月 31—11 月 1 日议息会议纪要显示，美联储官员认为通胀低于 2% 目标的时间可能比预期的更长。近几个月来通胀一直持续疲软，即使在就业市场紧俏的情况下，通胀数据仍持续低迷，这可能不仅反映了暂时性因素，也反映了更持久因素的影响。美联储官员对削减资产负债表的进度感到满意。

11 月 28 日，美国商务部对中国铝箔产品发展开自启动"双反"调查。这是 25 年以来美国政府首次主动展开而非由私营部门发起的这类调查。商务部长罗斯称，此举旨在加快对倾销进口产品征收保护性关税的流程，并将节省相关行业高昂的法律费用，避免了一些公司因为担心报复而不愿率先对中国提出挑战。同时，强调发出这一讯息具有重要的象征意义，这是对中国采取更强硬经贸立场而将要采取的一系列行动中的一个。

11 月 30 日，美国商务部公布已于 11 月中旬向世界贸易组织（WTO）总部提交不承认中国市场经济地位的决定。这是美国首次公开就中国寻求世界贸易组织认可其市场经济地位表明其反对态度。一旦一个国家被贴上非市场经济标签，就意味着其他国可更自由地对该国征收高额关税。因美欧将中国视为非市场经济国家，使中国制造商出口损失数十亿美元。

11 月 30 日，美国财政部副部长马尔帕斯在美国外交关系学会（CFR）发表全球经济和特朗普政府的经济政策演讲时称，中国在市场自由化上的倒退已动摇了美中双边关系的框架。美中全面经济对话已叫停，没计划恢复该对话。其原因：一是 2017 年 7 月举行了首次全面经济对话后，未达成实质进展；二是朝鲜再次进行导弹试射，美国试图说服中国对朝鲜进一步施压。

12月

12月2日,美国参议院以51∶49票通过《税改法案》。受财政赤字和党内分歧压力,参议院的税改版本比众议院的版本更加保守,以争取更多共和党人。一是参众两院皆沿用了9月税改框架中20%公司税率,众议院希望即刻实施,但参议院提出延迟一年下调。二是众议院在9月税改框架提出的三级税制上(12%、15%和35%)增加一级针对高收入群体的税率39.6%,而参议院主张保留当前七级税制,仅暂时下调当前15%和39.6%档税率至12%和38.5%,至2026年停止个税减免。三是众议院主张废除遗产税,参议院未把此条"创收"之路堵死。四是众议院主张部分保留州和地方税(SALT)抵免,参议院主张彻底废除,以此"增收"抵消其大幅削减公司税带来的损失。参众两院通过的法案必须调整一致,分别在参众两院通过后,才能送交总统签署。

12月7日,美国众议院以235∶193票通过一份临时拨款法案,参议院也以81∶14票批准该法案,保证联邦政府资金能维持至12月22日。该法案未改变任何政策和支出。21日,美国众议院(231票赞成、188票反对)和参议院(66票赞成、32票反对)先后通过临时开支法案,使联邦政府能运作至2017年1月19日,延缓了但并未真正解除政府"关门"危机。圣诞节假期后,国会仍需就政府开支达成一致,否则联邦政府仍有关门之虞。

12月11日,美国贸易代表莱特希泽首次对世界贸易组织(WTO)发出批评之声,指责世界贸易组织"偏离重心",成为"以诉讼为中心的组织",不够重视现有规定的执行。虽然未点名提及中国,但世界贸易组织于阿根廷举行的半年度会议上,他的讲话中将矛头明确指向中国称,世界贸易组织需要将重点放在中国的经济做法上,批评人士经常指责这种做法给中国提供了不公平的优势,促使中国企业用价格低廉的出口商品充斥全球市场。世界贸易组织规则制定委员会应解决"长期产能过剩和国有企业影响力"等诸多新问题。莱特希泽讲话是到目前为止特朗普政府如何看待世界贸易组织的最详细总结。

12月15日,美国共和党公布参众两院协调后的税改法案,主要内容有:企业税税率从35%下调至21%,创1939年以来最低;废除企业替代性最低税;企业带回海外收入需一次性纳税,对现金类资产征税15.5%,

对固定资产征税8%；个人所得税率维持7档，分别为10%、12%、22%、24%、32%、35%和37%，7档税率将在2025年废止，国会届时决定是否延长该政策有效期等。

12月19—20日，美国参众两院分别以51∶48票、224∶201票先后通过最终版本的税改法案，24日，特朗普签署该法案。这是特朗普执政以来首次重大立法胜利。美国国会联合税收委员会预计，新法案生效后将在未来10年新增1.46万亿美元联邦赤字。

2017年美国外交大事记

1月

1月5日，即将卸任的美国国务卿克里在美国国务院举行记者会，回顾过去四年美国在外交领域取得的成果。他表示，美国广泛参与国际事务，成果显著：持续打击"伊斯兰国"等恐怖组织；伊朗核问题取得历史性突破，各方签署《联合全面行动计划》；美中在气候变化领域的合作最终促成《巴黎协定》签署；美国改善了与古巴、越南以及缅甸等国的关系等。

1月5日，美日韩三国在华盛顿举行副外长级磋商，确认将为应对持续进行核与导弹开发的朝鲜加强合作。美国副国务卿布林肯、日本外务事务次官杉山晋辅、韩国外交部第一次官林圣男出席磋商。布林肯在磋商后的联合记者会上指出，即使是美国换届后，采取重视亚太地区的政策仍然符合国家利益。

1月6日，美国国家情报总监办公室发布调查报告称，俄罗斯政府通过网络袭击等方式干涉2016年美国总统选举。但美国当选总统特朗普表示，选举结果未受影响。

1月12日，奥巴马宣布结束对古巴公民实行的移民开放政策，此后古巴人入境美国时将面临和其他国家公民类似的限制。古巴政府对此表示赞赏，并同意接收被遣返的古巴人，称该政策是古美双方为确保正常、安全、有序的移民政策，以及推进两国关系迈出的重要一步。

1月13日，奥巴马发布行政命令，宣布考虑放宽对苏丹的部分制裁。一名美国官员称，这一决策是回应苏丹政府改善国内人道主义状况和降低国内暴力行为，以及"在反恐和解决区域冲突等方面加强与美国合作"。奥巴马在政令中表示，如果苏丹今后半年在反恐、国内冲突等维护区域安全问题上继续取得进展，美国将在2017年7月12日正式废除包括贸易禁运在内的部分制裁。苏丹外交部对美国这一举措表示欢迎，表示将继续与美国展开合作和对话。

1月18日，奥巴马在白宫举行任内最后一场记者会，回答有关当选总统特朗普等一系列问题。他表示美俄关系对世界至关重要，与俄罗斯维持建设性关系符合美国和全世界利益，但普京第二个总统任期后美俄"对抗"加剧，"已使关系面临更多困难"。

1月20日，美国新任总统特朗普宣誓就职，白宫网站公布新政府六大目标。白宫宣布，特朗普政府致力于以美国利益和美国国家安全为重点的外交政策，"以实力求和平"将是这项外交政策的中心，这一原则将使"一个稳定及更加和平的世界成为可能"。

1月25日，特朗普在国土安全部签署两份有关加强边境安全的行政命令。其中一份行政命令决定，美国将动用联邦政府资金在美墨边境修建隔离墙。特朗普表示，美国将立即着手制定建墙计划，建墙行动将在未来数月内开启。建墙的开销将首先由美国垫付，但最终将由墨西哥承担。墨西哥总统涅托表示，墨西哥绝对不会为美国的建墙行动"买单"，这是一个涉及国家尊严的问题。

1月27日，特朗普在白宫与英国首相特雷莎·梅举行会谈并出席联合记者会。梅成为特朗普上任后首位访问白宫的外国领导人。在联合记者会上，特朗普表示，美英关系是具有历史性的"特殊关系"，当前的美英关系处于最强劲的时期，两国决定继续深化在军事、金融、文化以及政治领域的纽带关系。两国一致认为，北约是各成员国进行联合防卫的重要屏障，两国重申对北约不可动摇的承诺。

1月28日，特朗普和俄罗斯总统普京通电话，双方商定将致力于实现两国关系的稳定和发展，合作处理重大国际问题。两国领导人在电话中表示愿积极地相互协调，在具有建设性和平等互利基础上使美俄关系稳定下来并获得发展，并详细讨论了反恐、中东局势、阿以冲突、伊朗核问题、朝鲜半岛问题、乌克兰危机等国际问题。

1月28日，特朗普与日本首相安倍晋三通电话，讨论两国关系、地区和国际问题。特朗普在通话中重申美国对日本安全的承诺，并表示"美日同盟至关重要，日本是美国极为重要的伙伴"。两国领导人表示将深化双边贸易和投资关系，并同意就应对朝鲜问题展开磋商与合作。

2月

2月3日，美国财政部宣布对伊朗实施新制裁，回应伊朗近期试射弹道导弹及"支持恐怖主义"的行为。美国对伊朗制裁的范围包括一批参与或支持伊朗弹道导弹计划，以及为伊朗伊斯兰革命卫队下属的"圣城旅"提供支持的12家实体和13名个人。上述个人和实体在美国的资产将被冻结，美国公民将被禁止与受制裁者有交易往来。

2月7日，美国国家情报委员会发布四年一度的《全球趋势》报告。报告称，工业与信息时代所取得的成就既可能使今后的世界比以往更加危险，但也可能带来比以往更多的机会，出现什么样的结果取决于人类做出何种选择。今后五年将会看到社会内部以及社会之间的紧张加剧，中国和俄罗斯将会更加大胆，而美国主导的时代以及基于规则的国际秩序将告终结。

2月10日，特朗普会见到访的日本首相安倍晋三。特朗普表示，美日在亚太地区有许多共同利益，两国将共同促进这些利益，包括航行自由以及防御朝鲜的导弹和核武器威胁，这两者是美方"优先考虑的事项"；美日在经济方面将寻求一种自由、公平和互惠的贸易关系，能够使两国受益。双方表示将加强两国在安全领域的同盟关系并深化双边经贸联系。美方确认《美日安保条约》第五条适用于钓鱼岛，保卫日本的承诺不可动摇。

2月11日，正值日本首相安倍晋三访美之际，朝鲜发射1枚弹道导弹，在飞行约500千米后落入日本海。特朗普与日本首相安倍晋三召开联合记者会，安倍称这"绝对不能容忍"。特朗普表示，美国100%和日本站在一起。

2月13日，特朗普在白宫会见到访的加拿大总理特鲁多，并举行联合记者会。特朗普在记者会上表示："美国与加拿大的贸易关系十分重要。我们会做出细微调整，让两国都受益。"特鲁多称，加拿大与美国的自由贸易为美国创造了数百万的就业，两国应该保持贸易的自由流通。

2月15日，特朗普与到访的以色列总理内塔尼亚胡会晤，随后举行联合记者会。特朗普称，实现以巴和平不限于两国方案，美国将努力促成以巴达成和平协议，但以巴双方必须直接进行谈判且均做出让步。他敦促以色列暂停建设定居点。两国领导人对伊朗均保持强硬立场。

2月16日，美国国务卿蒂勒森赴德国波恩参加二十国集团（G20）峰会，这是蒂勒森就职后首次代表美国出席外交活动。蒂勒森在G20峰会期间与俄罗斯外长拉夫罗夫会面。蒂勒森表示俄方应遵守乌克兰问题的明斯克协议；在对美国有利情况下，美国会与俄罗斯合作；对于与俄罗斯无法达成一致的问题，美国将坚持原有立场。

2月17日，美国国防部长马蒂斯在德国第53届慕尼黑安全会议开幕式上讲话，称美国的安全与北约联系在一起，跨大西洋的团结对欧洲团结起着支持作用，他把北约集体防御原则形容为"坚如基石的承诺"。18日，美国副总统彭斯在德国出席慕尼黑安全会议上发表其首次外交政策讲话，称美国将毫不动摇支持北约，但欧洲盟国必须提高国防开支；美国在与俄罗斯寻求共识的同时，也须就乌克兰问题对俄罗斯问责，俄罗斯须遵守《明斯克协议》并缓解乌克兰东部局势。

2月20日，美国副总统彭斯在比利时布鲁塞尔会晤欧盟重要机构首脑和北约秘书长斯托尔滕贝格。他指出，美国政府将继续支持欧盟，发展美欧经贸与安全合作关系，并重申美国对北约的支持，但在军费问题上持续施压。彭斯还连发4条推文，要求欧洲盟友承担更多责任。

2月23日，美国国务卿蒂勒森和国土安全部长凯利访问墨西哥，会见墨西哥总统涅托及其内阁成员。蒂勒森表示，美墨是"两个关系牢固的国家，尽管双方时有分歧"，他在墨西哥城与墨西哥官员的会谈"富有成果，具有前瞻性"。两人力劝墨西哥配合美国推动在美墨边境建墙、驱逐非法移民、重新谈判《北美自由贸易协定》等相关计划。

3月

3月2日，欧洲议会要求暂停美国公民免签证进入欧盟。欧洲议会通过一项不具约束力的决议，敦促欧盟委员会在两个月内对美国公民入境欧盟采取限制性措施。欧洲议会表示，美国不允许部分欧盟国家的公民免签证进入美国，违反"签证互惠"原则，欧盟应在2017年夏天前拒绝美国公民免签证入境。

3月7日，美国国务院举行特朗普就职后首次新闻发布会。国务院代理发言人马克·托纳宣布蒂勒森将于3月15—19日访问日、韩、中三国。在回答关于特朗普计划削减国务院预算和对外援助、国务院职位空缺及涉华等问题时，托纳称，关于削减情况现在还无定案，仍处评估阶段，国务院也并未"被边缘化",特朗普政府寻求与中国发展建设性关系,但强调将确保中国遵守国际准则。在部署"萨德"的问题上,托纳称"萨德"并不威胁中国,而是应对朝鲜挑衅的防御措施。在两岸关系上,托纳强调美国政府坚持"一中政策"的立场没有变化。

3月14日,美国负责东亚和太平洋事务的代理助理国务卿苏珊·桑顿(Susan Thornton,中文名董云裳)称,奥巴马政府"重返亚太"战略"已经结束",美国将采取新的亚太政策,亚洲经济对美国的繁荣增长非常重要,美国将为公平贸易和自由等议题而努力,努力应对朝鲜问题等安全挑战,继续促进形成基于规则、具有建设性、和平稳定的亚洲秩序。

3月14日,特朗普会见了到访的沙特国防大臣、副王储穆罕默德,双方商讨了"伊斯兰国"的威胁以及建立难民安全区等问题。

3月16日,美国国务卿蒂勒森访问日本,与日本外相岸田文雄举行会谈,并在其后的新闻发布会上表示美国20多年的对朝政策完全失败。蒂勒森表示,针对朝鲜试射导弹这一不断升级的威胁,美国需要采取新策略。中国在促使朝鲜弃核问题上应大有可为,因为"中国是朝鲜的主要贸易伙伴,而且也一贯声称支持朝鲜无核化",美国期待中国充分执行联合国安理会对朝鲜的制裁决议,美国将与中国就下一步对朝行动进行讨论。

3月17日,特朗普在白宫与来访的德国总理默克尔举行联合新闻发布会,并共进工作午餐。在北约问题上,特朗普表示美国"坚定支持北约",但强调各国应承担相应费用,不然将对美国"十分不公"。移民问题上,两国均认识到该问题涉及国家安全,必须确保民众免受恐怖主义、极端主义和暴力行为威胁。经贸问题上,特朗普称两国必须合作制定"公平且互惠的"贸易政策。默克尔则希望美欧能重启贸易协定谈判。乌克兰问题上,双方均坚持推动明斯克进程,认为明斯克协议提供了解决问题的基础。此外,特朗普与默克尔还在白宫共同参加了商业"圆桌会议",讨论职业教育问题,强调加强工作、职业教育培训,未来双方将交流工人和学生教育。

3月17日,美国国务卿蒂勒森访问韩国,抵韩后首先参观位于朝韩边界线的非军事区,然后与韩国总理、代总统黄教安举行会晤,并在与韩国外长尹炳世会谈前举行记者会。蒂勒森表示,奥巴马政府对朝"战略忍耐"政策已经终结,并表示对朝鲜所有政策选项都在特朗普政府的考虑之中。

3月20日，特朗普与伊拉克总理阿巴迪在白宫举行会谈，特朗普承诺加大对伊拉克在打击"伊斯兰国"方面的援助力度。阿巴迪在美国和平研究所发表演讲时称："我们得到保证，支持不仅将是持续的，而且还是加大的。"

3月22日，伦敦市中心的英国议会大厦附近发生恐怖袭击事件，造成包括1名警察和1名恐怖分子在内的4人死亡，另有20多人受伤。白宫发言人斯派塞表示，特朗普已得到事件通报，并与英国首相特雷莎·梅通话。特朗普称，美国认为这是一起恐怖袭击事件，强烈谴责此次袭击，并将持续关注该事件。美国将全力支持英国，将恐怖袭击的幕后主使绳之以法。

3月22日，美国国务卿蒂勒森在华盛顿主持召开打击"伊斯兰国"全球联盟部长级会议。会议声明称，将继续团结一致消灭"伊斯兰国"这一全球威胁，承诺采取综合手段打击"伊斯兰国"及其全球网络。蒂勒森表示，此前美国承担了75%的军事援助和25%的人道主义援助等，未来美国将继续做好自己的事，但也要求与会各国做出更多努力。

4月

4月3日，特朗普在白宫会见到访的埃及总统塞西，两人共同出席了记者会。特朗普赞赏塞西"在困难环境下取得的非凡成就"，强力支持埃及和埃及人民。他称，美国将加强与埃及军事合作，打击恐怖主义。随后，特朗普发推文称"很荣幸会见埃及总统塞西，将致力于升级美埃伙伴关系。"塞西则表示，非常欣赏特朗普的独特个性以及对打击恐怖主义的强硬态度。

4月3日，白宫网站发表声明称，特朗普和俄罗斯总统普京就圣彼得堡恐怖袭击事件通话，特朗普强烈谴责袭击行为，并向遇难者及其家属表示沉痛哀悼。双方在电话中都表示，必须迅速消灭恐怖主义。此次通话也是特朗普就任美国总统之后首次致电普京。

4月3日，特朗普的女婿、白宫高级顾问库什纳、美军参联会主席邓福德等访问伊拉克，并同伊拉克总理阿巴迪会谈。会谈讨论了摩苏尔战役、国际联盟对伊拉克的支持、美国为伊拉克部队提供培训和提供武器以及伊拉克难民等问题。

4月5日，特朗普在白宫会见来访的约旦国王阿卜杜拉二世，并共同出席记者会。特朗普表示，叙利亚阿萨德政府滥用化学武器已触碰太多美"红线"，承诺要采取必要措施应对。特朗普积极评价美约关系，表示愿继续致力于维持两国近四分之三个世纪的良好关系。特朗普赞赏约旦在打击"伊斯兰国"上的帮助和合作；同时，认识到在叙利亚冲突期间，约旦为难民提供巨大的人道主义帮助，美国将对约旦追加援助资金。阿卜杜拉二世称，将继续致力于维护约美关系，保持双方在反恐、中东和平进程等问题上的沟通与合作。

4月12日，蒂勒森先后与俄罗斯外长拉夫罗夫和总统普京会谈，美俄双方在叙利亚等问题上分歧仍大。蒂勒森在会谈后表示美俄关系"现状差，互信低"，认为两国应努力重建互信，保持外交和军事交流，建立工作组共同解决问题。特朗普当天肯定蒂勒森与普京的会面效果"超出预期"，但认为美俄关系可能"处于史上最低点"，表示会努力扭转美俄关系，但"不排除与俄交恶的可能"。

4月12日，特朗普会见北约秘书长斯托尔滕贝格。双方会谈内容涉及叙利亚和乌克兰、同俄罗斯关系以及打击"伊斯兰国"等问题。斯托尔滕伯格强调，北约强大对美国极为重要，将把北约盟国承担更多防务开支的问题提上日程。特朗普在联合记者会上表示，"我曾说过北约过时了，但现在看来一点都不过时"，并承诺对北约"100%支持"。

4月15—25日，美国副总统彭斯出访韩国、日本、印尼、澳大利亚四国。在韩国期间，彭斯与韩国代总统黄教安会面并发表共同声明，确认进一步加强美韩同盟，加大对朝鲜联合施压。彭斯访问日本时表示，美国希望首次启动的美日高级经济对话将为美国产品敲开日市场大门，并吸引日本投资美国的基础设施项目。在双边基础上协商贸易协定符合美国利益，未来美国或寻求与日本达成自由贸易协定。21日，彭斯在印尼宣布，美国与印尼两国企业达成超过100亿美元的贸易和投资协议。协议包括美国提供尖端技术以满足印尼能源需求和废物处理；美国支持印尼发展地热等清洁能源，并对印尼长期供应液化天然气；美国提供高技术设备以改善印尼生产可再生能源的能力。22日，彭斯在澳大利亚称，美国会遵守与双方达成的争议性协议，帮助安置叙利亚难民。

4月18日，美国国务卿蒂勒森称，特朗普已指示美国国家安全委员会牵头进行跨部门审查"联合全面行动计划"（JCPOA），以评估按照核协议暂停对伊朗相关制裁是否对美国国家安全利益至关重要。伊核协议有重复过去美国对朝鲜政策错误的风险。若不遏制，伊朗或步朝鲜后尘并拖累全世界。

4月24日，特朗普就朝核问题与日本首相安倍晋三通话，双方一致强烈要求朝鲜停止推进核导试验等挑衅行为，确认将加强合作阻止朝鲜挑衅。同日，特朗普邀请联合国安理会15个理事国的代表前往白宫共进工作午餐时强调，朝鲜目前的状况"不可接受"，朝鲜核导计划是对世界"真正的威胁"，安理会须对朝施加更多更严厉制裁。

4月25日，朝核问题六方会谈美日韩三国代表在日本东京举行会议。美国国务院朝鲜政策特别代表尹汝尚表示，不认为朝鲜有对话的意愿，美国将继续加大施压。美国总统国家安全事务助理麦克马斯特当天与日本国家安全保障局长谷内正太郎通话，确认加强美日合作。美国军舰分别与韩日军舰在半岛附近海域、日本海举行联合训练。美韩联合司令部司令布鲁克斯称，"美军已做好准备"。

5月

5月1日，特朗普接受福克斯新闻采访时表示，朝鲜问题是美国当前外交政策最大关切，但并没有对朝鲜划"红线"，"认为需要，就会采取行动。"但特朗普接受彭博社采访时表示，在"正确的环境下"可和金正恩会谈。

5月2日，特朗普与俄罗斯总统普京通电话，双方均认为叙利亚饱受战苦，各方应尽力遏制叙利亚冲突。两国领导人在设立安全区为地区局势降温、维护地区持久和平等问题上达成共识；美国同意派代表参加5月3—4日在哈萨克斯坦首都阿斯塔纳举行的叙利亚停火对话。两国领导人还讨论了根除中东恐怖主义，缓解朝鲜半岛紧张局势等问题。

5月3日，美国国务卿蒂勒森对美国外交人员和国务院工作人员发表讲话称，美国在对外关系上将首先寻求国家安全和经济利益，其次才是应对人权问题。该讲话是目前为止特朗普"美国优先"的外交政策理念最明确的表达，将美国外交政策与人权、民主、新闻自由和少数族裔待遇等价值观分开，显示出特朗普政府与小布什政府和奥巴马政府时期不同的政策优先性。

5月3日，特朗普在白宫会见巴勒斯坦总统阿巴斯，两人发表共同声明。特朗普称，愿继续致力于推进巴以和平，充当"协调者"和"仲裁者"；希望加强与巴勒斯坦安全部队合作，共同打击"伊斯兰国"和恐怖主义；帮助巴勒斯坦激活经济潜力，促进当地发展。阿巴斯表示，巴勒斯坦的战略选择是在"两国方案"基础上实现和平，建立以东耶路撒冷为首都、以1967年分界线为国界的巴勒斯坦国。

5月4日，美国国务卿蒂勒森在与东盟10国官员的首次会晤中，要求东盟在解决朝鲜核项目和导弹扩散问题上统一立场。负责东南亚事务的助理国务卿帮办帕特里克·墨菲称，"美国要求东盟成员国努力切断朝鲜在该地区的收入来源，降低与朝鲜外交关系，使朝鲜无法从外交渠道为其核项目和导弹项目获得好处"。

5月4日，特朗普在纽约与澳大利亚总理特恩布尔举行会谈，双方会谈气氛融洽。特朗普原定在曼哈顿的酒店见特恩布尔，但因新医保法案在国会众议院"通关"，与特恩布尔会面时间推迟了约3小时，最终变成在航母博物馆上进行一场"缩水的30分钟会面"。

5月9日，特朗普宣布将美国对叙利亚制裁延长一年，并致函通知国会。特朗普政府还批准向叙利亚境内打击"伊斯兰国"的库尔德武装提供弹药和武器。美国国防部表示，美国支持库尔德武装"叙利亚民主力量"，美国的军援将有力支持其进攻"伊斯兰国"叙利亚大本营拉卡。

5月9日，美国国务卿蒂勒森和格鲁吉亚总理克维里卡什维利签署《情报保护协定》。美国国务院表示，该协定为两国情报共享确立了法律基础，将有助于加强两国反恐合作，还将提高格鲁吉亚军队和北约成员国军队的协同能力。蒂勒森重申，美国支持格鲁吉亚在参与欧洲—大西洋一体化进程方面继续取得进展，支持维护格鲁吉亚国家主权和领土完整。

5月10日，美国国务卿蒂勒森与俄罗斯外长拉夫罗夫在华盛顿会晤，双方讨论了通过全面执行《明斯克协议》解决乌克兰东部地区武装冲突问题，并讨论向叙利亚提供人道主义援助和解决叙暴力问题政治解决方案。

5月14日，美国白宫谴责朝鲜发射导弹，称特朗普认为朝鲜导弹发射邻近俄罗斯，俄罗斯不会对此高兴；朝鲜"挑衅行为"证明有必要对其施加更严厉制裁；美国坚定支持韩日，将一同关注和应对朝鲜威胁。美军太平洋司令部称，朝鲜此次发射的导弹并非洲际导弹，不对北美构成威胁。

5月20日，特朗普抵达沙特首都利雅得，开启执政后首次出访。特朗普受到高规格接待，沙特国王萨勒曼到机场欢迎特朗普和夫人梅拉尼娅一行。特朗普承诺继续致力于深化美沙双边关系，帮助沙特实现安全、稳定和繁荣，强调两国联手打击"伊斯兰国"、应对"伊朗破坏地区稳定"、解决"也门、叙利亚等地区冲突"的重要性。两国领导人签署《联合战略愿景声明》，在反对极端主义、加强金融反恐、深化军事合作等方面达成共识，双方还签署一系列包括石油、天然气、信息技术在内的众多经济合作协议，并签署价值1100亿美元的军火大单。21日，特朗普出席"阿拉伯—伊斯兰—美国峰会"并发表演讲，称美国需要和平、安全和繁荣的中东和世界。

5月22日，特朗普访问以色列。以色列总理内塔尼亚胡和总统鲁文·里夫林到机场迎接，并在机场举行欢迎仪式。特朗普参观了圣墓大教堂和哭墙，成为美国首位访问哭墙的现任总统。特朗普与内塔尼亚胡举行简短的发布会，特朗普表示美国将致力于发展美以关系，共同打击极端暴力。

5月23日，特朗普访问约旦河西岸城市伯利恒，与巴勒斯坦总统阿巴斯举行会晤。特朗普称，美国将致力于帮助巴以达成和平协议，美国愿与阿巴斯在改善巴勒斯坦经济环境、打击恐怖主义等方面加强合作。

5月25日，特朗普在梵蒂冈会见教皇方济各，双方讨论打击恐怖主义、应对人道主义危机、保护人权、宗教自由和应对气候变化等问题。特朗普重申美国应对全球饥荒问题的承诺，表示将出资3亿美元帮助也门、苏丹、索马里以及尼日利亚等国应对饥荒问题。同日，特朗普会见意大利总统马塔雷拉和总理真蒂洛尼，两国领导人讨论了美意同盟关系、地区防务合作、打击恐怖主义、移民等问题。特朗普重申美国在克里米亚问题和乌克兰问题的立场，称俄罗斯须履行全面《明斯克协议》。

5月25日，特朗普在比利时布鲁塞尔出席北约峰会表示，未来的北约须重点关注恐怖主义、移民、俄罗斯威胁及北约东部和南部边界所受威胁。北约成员国须按照其份额承担军费，履行相应财政义务，北约面对恐怖主义等威胁时才能更强大，北约28个成员国中23个军费开支未达GDP2%，对美国人民"不公平"。特朗普还会见了欧洲理事会主席图斯克和欧盟委员会主席容克，双方重申美欧紧密关系和共享价值观，同意深化安全合作应对恐怖主义、激进主义等威胁，表示将采取政治和经济举措进一步孤立朝鲜。

5月26日，特朗普在意大利西西里岛陶尔米纳参加七国集团（G7）峰会。G7首脑签署反恐宣言，主要内容包括：对抗暴力激进主义是G7首要任务，G7将继续防范恐怖活动并切断恐怖分子的资金来源；反恐须基于共同的民主原则、尊重人权和法治基础；G7认识到文化在反恐中发挥的特殊作用，重申必须保护文化遗产；G7呼吁互联网公司和社交媒体加强打击宣传极端主义的力度，开发自动识别类似信息的新技术。特朗普还与日本首相安倍晋三会谈，一致认为需加强对朝鲜施压而非对话，双方就美日韩三国携手并与其他国家合作解决朝核问题达成共识，表示中国发挥作用很重要，两国将扩大对朝鲜制裁，鉴别和制裁支持朝鲜发展核导的组织。

5月29日，特朗普和美国国防部长马蒂斯就朝鲜再次试射导弹表态。特朗普发推文称，朝鲜此举是对中国"极大地不尊重"，"中国正积极努力解决朝核导问题"。马蒂斯称，朝鲜是美国直接威胁，也严重威胁日韩；若半岛发生冲突，将引发"灾难性战争"，并且将威胁中俄，美国正同国际社会共同努力解决朝核问题，美国愿就此与中方合作，美国认可中方解决该问题做出的努力。

5月29日，美国国会代表团访问韩国，美国众议院军事委员会主席索恩伯里强烈谴责朝鲜不断试射弹道导弹，重申：美国向韩国提供"延伸威慑"在内的防卫承诺；美国国会非常重视亚太安全，将竭尽全力保护韩国免受朝威胁。参议院外交事务委员会亚太小组委员会主席加德纳表示，不管在任何威胁之下，美国对韩国安保承诺坚定不移，美国国会将继续支持美韩同盟，为应对朝鲜核导威胁，与韩国保持紧密合作。

6月

6月1日，特朗普在白宫发表讲话称，"为履行我保护美国以及美国公民的庄严承诺，美国将退出《巴黎协定》。"特朗普也指出，美国将开始谈判重新加入《巴黎协定》，或者谈判一个全新的协定。

6月1日，美国财政部宣布对涉嫌与朝鲜导弹计划有关联的9家公司和3个人实施新制裁。制裁措施将阻止包括两家俄罗斯公司在内的个人和公司与美国人开展业务，并冻结其在美国的任何资产。

6月5日，第27届美澳年度部长级会议在悉尼召开，美国国务卿蒂勒森、国防部长马蒂斯、美军参联会主席邓福德、美军太平洋总部司令哈里斯等赴澳大利亚参会，澳大利亚外交部长和国防部长等出席会议。反恐、朝核等问题为主要话题。美方表示，美澳应持续巩固盟友关系，在全球议题上加强合作，以"团结一致，保护共同的自由与价值观"。蒂勒森还特别提到美澳应在维护航行自由方面加强合作，维护亚太地区"基于规则的秩序"。

6月6日，特朗普表示，一些阿拉伯国家因卡塔尔据称支持恐怖主义而与多哈当局切断外交关系，这和他的功劳有关。他最近访问沙特并与穆斯林国家领导人会面时指出，卡塔尔是恐怖分子的一个资金来源。他与沙特国王萨勒曼和50个穆斯林国家元首会谈，呼吁建立团结阵线，共同打击恐怖主义，他"高兴地看到"，会谈"已经在产生效果"。国务卿蒂勒森在多个海湾国家宣布与卡塔尔断交后呼吁，海湾国家应解决分歧，保持团结。蒂勒森表示，"我们当然鼓励有关各方坐在一起，解决分歧。"

6月21日，特朗普的女婿、白宫高级顾问库什纳和国际谈判特别代表格林布拉特访问耶路撒冷，并会见了以色列总理内塔尼亚胡。双方重申致力于推动巴以和谈、维护地区稳定。双方均认识到"和平并非一蹴而就"，强调"尽可能创造有利于和平的环境极为重要"。当天，库什纳和格林布拉特还赴拉马拉会见了巴勒斯坦国总统阿巴斯。

6月26日，印度总理莫迪访问美国并与特朗普会谈。双方举行联合新闻发布会。特朗普高度评价莫迪此访，称将会使两国关系达到"从未有过"的紧密。他赞赏印度经济快速增长和改革，认为印度大规模税改、扩大基建、反对腐败的政策将为经济注入新动力。此外，美国将深化美印经济合作，加强美印军事合作，共同打击伊斯兰恐怖主义。莫迪认为，此访是两国关系史上重要一刻，希望两国在经济、反恐、地区安全等诸多领域深化合作。他称，强大、繁荣、成功的美国符合印度的利益，印度的发展和全球角色的提升也符合美国的利益。

6月28—7月3日，韩国新任总统文在寅首访美国。虽然美韩在要求朝鲜放弃核导项目具有"共同目标"，但两国元首的首次会晤仍充满分歧。韩国想采取较温和的做法处理朝鲜问题，而美国却通过最大限度的经济制裁和军事威胁应对朝鲜。在部署"萨德"问题上，文在寅具有"鸽派立场"、对部署导弹防御系统不太热心，而特朗普却认为这是保卫韩国、在韩美军士兵的重要措施。但双方仍致力于减少分歧，协调盟友立场，建立了较好的个人友谊。

7月

7月2日，美国允许阿联酋阿布扎比赴美国的航班使用笔记本电脑。

美国国土安全部发言人拉潘表示，鉴于阿联酋的伊蒂哈德航空公司"已落实必要的初步安全加强措施"，将解除阿布扎比入境班机机舱内不能使用笔记本电脑的禁令。阿布扎比是中东第一个免除这项禁令的城市。

7月4日，针对美国东部时间7月3日晚朝鲜发射一枚中程弹道导弹，美国强硬回应。特朗普发推文称，"很难想象日本和韩国还能一忍再忍"，"中国也许会对朝鲜下重手，一劳永逸地结束这种局面"。美国国务卿蒂勒森发表声明强烈谴责，称朝鲜已对全球构成威胁，所有国家都应对朝鲜表明立场，"美国永远不接受拥核的朝鲜"。美国国防部也发声明谴责，重申美国对日韩的安全承诺。

7月5—6日，特朗普访问波兰并赴德国参加二十国集团（G20）峰会。特朗普5日晚抵达波兰，6日发表讲话强调"强大的波兰是欧洲之福，强大的欧洲是西方和世界之福"，随后飞抵汉堡与德国总理默克尔会晤，双方就维护乌克兰和中东地区局势稳定、在朝核问题上加强合作等交换意见。

7月5日，美国国务院就叙利亚问题发布国务卿声明，呼吁在叙利亚各方齐心协力打击"伊斯兰国"。声明内容：一是各方应竭力保证局势稳定，以持续推进打击"伊斯兰国"；二是各方应共同制定一个政治进程以解决叙局势并为叙利亚未来指引方向；三是俄罗斯对协助这些进程负有"特别责任"，包括确保叙利亚人民诉求得到满足、防止阿萨德政府再度使用化学武器等。

7月6日，特朗普在二十国集团峰会期间会见韩国总统文在寅、日本首相安倍晋三。美日韩领导人发表联合声明称：三国不会接受朝鲜拥核，主张以和平方式实现半岛可核查、不可逆的无核化，并将强化同盟关系以应对；视朝鲜4日试射导弹为挑衅，决定在联合国力推新的制裁决议，对朝鲜施压。

7月7日，特朗普在二十国集团峰会期间会见俄罗斯总统普京。特朗普与普京原定30分钟的会面持续了105分钟。会谈围绕朝核、乌克兰、叙利亚、反恐和网络安全等议题。普京坚称，俄罗斯干涉美国大选之传言不实。美国国务卿蒂勒森称，特朗普与普京的会面氛围"十分积极"。

7月9日，国务卿蒂勒森访问乌克兰。蒂勒森表示，美国对乌克兰问题首要目标是恢复乌克兰领土完整。美国对《明斯克协议》的落实缺乏进展失望，因此任命美国前常驻北约代表库尔特·沃尔克为乌克兰问题特别代表，从事调解乌克兰冲突的协调工作，美国将同"诺曼底四国"协调该进程。

7月9日，特朗普和国务卿蒂勒森对外披露美俄首脑会谈细节。特朗普发推文称，在会谈期间他两次向普京询问俄罗斯干预美国大选问题，普京坚决否认；双方讨论成立网络安全小组的问题，以保障安全，使黑客袭击选举或其他负面事件不再出现；双方未讨论解除对俄罗斯制裁问题。蒂勒森表示，美俄首脑讨论了双边关系如何"向前发展"，在叙利亚西南部停火协议是美俄开展合作的首个迹象。

7月10—12日，国务卿蒂勒森开启中东穿梭外交。蒂勒森在卡塔尔首都多哈会见埃米尔塔米姆和外交大臣穆罕默德，两国签署打击资助恐怖主义谅解备忘录。蒂勒森在沙特吉达与沙特、阿联酋、埃及、巴林四国外长会谈，但未宣布卡塔尔断交危机任何突破。蒂勒森还分别会晤了沙特国王萨勒曼和王储穆罕默德·本·萨勒曼，蒂勒森指出，美沙在维护地区安全稳定和经济繁荣方面有共同利益，维护稳固的伙伴关系对两国至关重要。

7月11日，针对朝鲜日前发射洲际导弹，六方会谈美日韩团长商定对朝鲜实施新制裁。三国团长在新加坡举行会晤并一致认为，朝鲜发射洲际弹道导弹构成严重挑衅，意味着其导弹能力取得重大进展。三国团长还讨论了如何共同促使中俄支持联合国安理会通过更强有力的对朝制裁决议，包括切断对朝原油供应、限制朝向海外派遣劳工创汇等；若中国、俄罗斯反对安理会通过新一轮制裁决议，美日韩三国如何启动对涉朝交易的第三国企业进行单边制裁的"次级抵制"方案。

7月13—14日，特朗普访问法国。此访系6月底法国总统马克龙借纪念美国参加一战百年契机临时促成。特朗普抵达法国后一改此前批评口吻，盛赞法国为美国"最古老也是永远盟友"。法国给予特朗普高规格接待，精心安排荣誉军人院广场欢迎仪式、参观拿破仑墓、在埃菲尔铁塔共进晚餐等活动，并邀特朗普作为主宾出席法国庆日阅兵式。双方达成系列共识：在贸易问题上，美法同意"兼顾贸易自由与平衡"，推动美欧携手"阻止倾销，保护国内产业"；反恐问题上，美法将在伊拉克、叙利亚建联络组，协力根除"伊斯兰国"，在利比亚及萨赫勒地区强势维稳，并联手打击网络犯罪；气候变化问题上，特朗普暗示可能改变对《巴黎协定》立场，承诺年底出席巴黎气候峰会，马克龙表示"尊重特朗普的决定"。

7月18日，《华盛顿邮报》称，在汉堡举行的二十国集团峰会间隙，特朗普与俄罗斯总统普京举行了此前未对外披露的第二次会谈。此次会谈是在宴会上，只有与会国家领导人及其配偶参加，并且只有一名外国翻译人员在场，且无其他美方官员在场记录或帮助翻译，该情况并不常见。白宫官员随后称，特朗普和普京使用俄罗斯译员是因为特朗普仅能带一名翻译随同，而该翻译为日语翻译。

7月18日，美国对伊朗实施新制裁。美国国务院对18名伊朗个人和两个与伊斯兰革命卫队有关的组织团体实施新制裁，称他们支持德黑兰的弹道导弹计划。

7月27日，美国参议院以98∶2票通过《以制裁反击美国敌人法案》。该法案于年初奥巴马仍在任时便开始酝酿，至7月基本定型，得到两党一致支持，已于7月25日以419∶3票在众议院通过。内容包括：禁止向受制裁俄罗斯企业（包括其占股33%以上的机构）提供用于开采北极、深水大陆架和页岩油气的设备、劳务和服务；对被制裁俄罗斯银行和公司的最长融资期限分别从30天和90天，减少至14天和60天；制裁任何参与或代表俄罗斯国防及情报部门交易的个人，制裁俄罗斯国有铁路和采矿冶金企业，处罚违反美国制裁的第三方。法案限制总统取消对俄罗斯制裁的权力，规定总统修改或结束制裁必须向国会提交报告，国会有权召开听证会审议是否调整制裁，有权联合否决行政机构取消制裁的决定。

7月28日，针对朝鲜近期再次试射洲际弹道导弹，白宫发表正式声明，谴责朝鲜第二次试射洲际导弹，称此举"非常危险和胆大妄为"，并坚决反对朝鲜导弹试验是为保护自身安全的说辞。美国国务卿蒂勒森称："美国绝不允许朝鲜拥有核武器，中国和俄罗斯是朝鲜最主要经济支持者。"

8月

8月1日，美国国务卿蒂勒森在国务院新闻简报会罕见露面，谈论朝鲜问题。蒂勒森表示美国不"寻求（朝鲜）政权改变，我们不要看到政权崩溃，也不求加速半岛统一，我们不是要找借口把我们的军队送到三八线以北。"尽管蒂勒森称朝鲜是美国"无法接受的威胁"，他仍表示"希望在某种程度上，他们将开始明白，我们想和他们进行对话。"

8月2日，特朗普签署国会7月通过的《以制裁反击美国敌人法案》，但他同时表示，这项立法存在"严重瑕疵"，某些条款"明显违宪"。

8月6—9日，美国国务卿蒂勒森访问东南亚。蒂勒森首访菲律宾，参加东盟系列会议，随后访问泰国、马来西亚。蒂勒森与菲律宾总统杜特尔特讨论了朝核、反恐、经济合作等议题，参加东亚峰会（EAS）部长级会议、美国—东盟部长级会议、次湄公河倡议部长级会议及东盟地区论坛（ARF）。蒂勒森还利用会议间隙与俄、日、韩、澳、加、中、缅等多国外长会面，并召开美日澳三边战略对话，决定共同为菲律宾军队提供安全援助。蒂勒森在曼谷与泰国总理巴育、在吉隆坡与马来西亚总理纳吉布进行会谈。

8月7日，特朗普与韩国总统文在寅通电话，商讨朝鲜半岛核问题以及《美韩自由贸易协定》等事宜。通话时长56分钟，两人就与国际社会合作、通过施压和制裁方式迫使朝鲜弃核达成共识。特朗普则再次提出修订《美韩自由贸易协定》，表示该协定给美方带来巨大贸易逆差。对此，文在寅回应说，两国应进一步改进该协定，增加双方互惠性。文在寅对联合国安理会最新通过的对朝制裁决议给予高度评价，呼吁美方支持韩方修订"韩美导弹指南"，增加韩方自主开发导弹所携带弹头的重量。

8月9日，针对朝中社称朝方要把太平洋岛屿、关岛打成"一片火海"的声明，特朗普发表推文称，如果朝鲜继续威胁美国，"他们将面临前所未有的烈焰与怒火，坦白地说将遭遇全世界前所未见的火力打击"。

8月9日，美国国务院证实古巴外交人员离境。美国国务院发言人诺尔特在记者会上表示，美方在2017年5月23日要求两名古巴驻美国大使馆工作人员离境，美国驻古巴大使馆在2016年年底的报告称，因一些"不明事件"，部分美国驻古巴外交人员出现身体异常症状，返回美国接受治疗。

8月9日，美国财政部宣布对8名委内瑞拉官员实施经济制裁，理由是他们参与组织和支持委内瑞拉制宪大会成立。受制裁官员包括委内瑞拉已故总统查韦斯的兄长阿丹·查韦斯，其在美国境内的资产将被冻结，同时美国人将被禁止与其进行交易往来。

8月15日，美国国务卿蒂勒森表示美国仍愿与朝鲜对话。蒂勒森在美国国务院对记者表示，美国仍然"有兴趣"寻求与朝鲜方面展开对话的途径，但能否开始对话取决于朝鲜领导人金正恩。

8月16日，特朗普在推特上说，朝鲜最高领导人金正恩暂缓打击美国关岛方案是"明智且合理之举"，否则结果将是"灾难性的"和"不可接受的"。美国国务院发言人诺尔特表示，美国国务院在这一问题上与总统保持立场一致，美国政府中、甚至全世界没有任何人愿意看到朝鲜兑现威胁针对美国或其他任何国家的领土采取行动。

8月17日，美国国务卿蒂勒森重申外交手段是解决朝鲜半岛核问题的首要途径。蒂勒森在美日举行外交部长和国防部长"2+2"会谈后举行的记者会上说，美国正与其他国家合作，继续利用外交和经济手段促使朝鲜停止其"非法的"核武和弹道导弹计划。他同时表示，美国及其盟友也在军事上做好准备，在必要情况下对朝鲜予以回击，尽管这不是美方"倾向的路径"。

8月17日，美国副总统彭斯对哥伦比亚、阿根廷、智利和巴拿马四国进行访问。彭斯在此访期间表示，特朗普的有关贸易的言论和"美国优先"的理念并不意味着只考虑美国本身，美国和拉美国家的利益"相互交织"。

8月21日，特朗普发表电视讲话，宣布美国对阿富汗和南亚新战略。他表示，美军从阿富汗匆忙撤军会造成权力真空，使得包括"伊斯兰国"和"基地"组织在内的恐怖组织迅速填补权力真空。美军将依据实际战况、而非提前拟定的时间表做出军事行动选择；将给予军方将领更多权力，以更好打击"在阿富汗国内散布暴力和混乱的"武装组织网络；强调阿富汗政府须承担相应责任，美国期待看到阿富汗真正的改革和进展；美国将整合外交、经济和军事力量，并对在将来达成一个包括塔利班在内的政治解决方案持开放态度；美国在阿富汗不寻求国家重建，而将重点放在打击恐怖分子上；加大对巴基斯坦施压，促巴基斯坦改变为恐怖分子提供庇护策略，并进一步发展与印度的战略伙伴关系。

8月21日，美俄在白俄罗斯首都明斯克举行关于乌克兰问题的首次闭门会谈。俄罗斯总统助理苏尔科夫与美国政府乌克兰问题特别代表沃尔科在首次闭门会谈中表示，目前乌克兰东南部地区的局势难以令人满意，并就继续举行会谈达成共识，并确定下次会谈的主题。

8月22日，针对朝鲜日前试射弹道导弹，美国财政部颁布对朝鲜新制裁措施。美国财政部列出10家公司和6名个人，其中包括中国的煤炭、钢铁和金融公司，及俄罗斯的3名个人。

8月22日，美国务院宣布削减对埃及6570万美元军事援助及3000万美元经济援助，另有1.95亿美元军援将有条件发放。美国务院将重新规划总价9570万美元援助款项用途，可能用以援助它国。美国国务卿蒂勒森将在9月30日2017财年结束前重新审核埃及人权状况。若埃及届时已符合条件将发放1.95亿美元军援，否则该款项将被收缴国库。

8月24日，特朗普的女婿、白宫高级顾问库什纳访问巴勒斯坦和以色列，并分别会见巴以双方领导人，就推动双方重启和谈进行斡旋。这是他自2017年5月以来的第三次访问巴以两国。

8月25日，特朗普签署行政令，对委内瑞拉实施金融制裁，禁止美国金融机构参与委内瑞拉政府和国有的委内瑞拉石油公司新的债务和股权交易，禁止美方机构参与委内瑞拉公共部门现已发行的部分债券交易等。为减轻此次制裁对美国和委内瑞拉民众造成的影响，美国财政部将签发一般许可证，允许包括与委内瑞拉石油进出口贸易在内的多数商品贸易的融资交易、对人道主义物资进行的融资交易等继续进行。

8月25日，美国代表美国常驻联合国代表妮基·黑利呼吁国际原子能机构加强对伊朗核设施的检查。她表示，伊朗方面给国际原子能机构的核查设置了障碍，国际原子能机构值得信任，美国鼓励国际原子能机构倾尽其职权以全面落实2015年的伊核协议。

8月27日，美国国务卿蒂勒森表示美方继续寻求和平方式解决朝核问题。蒂勒森接受美国福克斯新闻专访时说，朝鲜试射任何弹道导弹都违反了联合国安理会相关决议，是针对美国及其盟友的"挑衅行为"，但国际社会希望在朝鲜半岛实现无核化，美方将继续同盟友及各方进行合作，采取和平的方式向朝方施压，以期能使朝方重回谈判桌。

8月30日，针对朝鲜8月29日试射中远程导弹，特朗普与日本首相安倍晋三通电话，双方表示在解决朝核问题上将保持"持续而紧密"的合作。特朗普随后表态称，朝鲜的行为是对其邻国和国际社会的"蔑视"，并再次声明"一切选项都在桌面上"。特朗普发推文称，美国在过去25年里一直在和朝鲜对话，但"对话并不是（解决问题的）答案"。

9月

9月3日，针对朝鲜当日进行的核试验，特朗普发推文称，"朝鲜进行了一次重大核试验，其言行继续对美国充满敌意并构成很大威胁。""朝鲜是个无赖国家，已成为中国的严重威胁和尴尬。中国努力帮助美国，但收效甚微。""美国正在考虑停止与任何与朝鲜做生意的国家进行贸易往来。"白宫发表声明称，特朗普已与日本首相安倍晋三就朝鲜宣称的氢弹试验进行通话。双方谴责朝持续的不稳定和挑衅行为，重申两国相互防御承诺，并将继续密切合作。特朗普重申美国要用全部外交、常规和核能力等手段来保卫美国本土、领土和盟友的承诺。

9月11日，针对朝鲜最新核试验，联合国通过对朝鲜新制裁决议，主要内容包括：对朝鲜纺织品贸易实行禁运、对朝鲜船只进行检查和监控、除非基于人道主义理由不得雇佣新的朝鲜籍劳工、禁止所有对朝鲜凝析油和液化天然气出口、对朝鲜成品油出口上限为每年200万桶等。

9月12日，特朗普在白宫会见访美的马来西亚总理纳吉布。特朗普高度赞扬美马关系，称赞马来西亚在反恐和朝核等问题上予以美国大力协助。纳吉布称，此次访美是希望为美国经济添砖加瓦，包括未来五年购买约100亿美元的波音飞机，追加政府公积金和主权基金投资美股的数额等，并愿帮助维护美国安全、助力美国在全球推动美式价值观，如支持温和且进步的伊斯兰政权等。

9月14日，美国财政部对伊朗实施新制裁，将11个伊朗个人和经济实体列入制裁名单，包括给伊朗革命卫队的弹道导弹计划提供支持的伊朗公司，将武器和人员运往叙利亚的航空公司以及对美国实施网络攻击的伊朗黑客等。制裁将冻结他们在美国司法管辖范围内的财产并禁止美国公民与之进行交易。

9月14日，美国国务院发表声明，谴责朝鲜当天发射导弹，称朝鲜"已直接威胁到美国盟友日本的安全"，"这种挑衅行为只会使朝自身的外交和经济孤立雪上加霜"，呼吁各国对"金氏政权"采取新的措施。声明特别提到，中国是朝鲜最大的石油供应方，俄罗斯则是朝鲜劳工的最大雇主，中俄"必须通过直接行动证明他们绝不容忍朝鲜一系列不计后果的导弹发射行为"。

9月17日，国务卿蒂勒森接受美国哥伦比亚广播公司采称，美国在气候变化问题上"想要有所作为"，特朗普也并未排除与其他国家在气候变化问题上合作，但前提是协议条款有利美国人民和经济。

9月17日，美国国务卿蒂勒森在接受美国哥伦比亚广播公司采访时称，美方已经将部分感觉身体不适的美国驻古巴外交人员接回国内治疗。他表示，事态严重，美方目前正在考虑是否关闭美国驻古巴大使馆。美国国务院此前透露说，至少21名在美国驻古巴大使馆的美国人身体出现异常症状，包括头晕、恶心、短暂失聪或失忆等。还有5名加拿大人也出现了类似症状。

9月18—19日，特朗普率美国代表团出席在纽约召开的第72届联合国大会。特朗普在联大发表演讲，表示联合国近年来预算和雇员增速飞快，但"因官僚政治和管理不善而未能释放全部潜能"。因此，一方面"各国应承担适当的财政和军事责任"并在联合国框架下大胆创新，不要墨守成规；另方面联合国秘书长应"充分运用权威整肃官僚政治、改革老旧体系、推动联合国核心目标"等。

9月18日，美国国务卿蒂勒森在纽约参加美、日、印三边部长级会议时谈南海和朝核，称三方一是重申"海上航行与飞越自由"应在全球范围内得到保证，强调"中国南海也不例外"；二是呼吁国际社会继续对朝施压，迫其弃核；三是承诺今后在海上安全和人道主义救援等方面扩大合作。

9月21日，特朗普签署扩大对朝制裁的行政命令，授权美国相关部门制裁与朝鲜有经贸往来的个人或实体，但将美国政府机构和联合国排除在外。一是制裁部分个人和实体，包括在朝经营建筑、能源、渔业、矿产、医疗、纺织、运输、制造业、金融服务和信息技术的；拥有、控制或运营朝鲜港口的；曾与朝鲜有进出口贸易关联的；成为朝鲜公民或获得朝鲜永久居留权的外国人，以及为朝鲜政府及朝鲜劳动党商业活动工作的外国人等。相关个人将被禁止入境美国，相关实体在美资产将会被冻结。二是限制入境。任何外国人若曾入境朝鲜，在离境180天内不得入境美国；任何外国船只若曾在朝鲜港口停靠或与朝鲜商船进行货物转运，在离境180天内不得入境美国。该行政令授权美国财政部长在与国务卿协商后负责全权执行。

9月26日，特朗普会见西班牙首相拉霍伊。会后，双方共同出席记者会。特朗普对美西关系高度评价，称西班牙是美国的伟大朋友和亲密盟友，高度赞赏西班牙在朝鲜、委内瑞拉、"伊斯兰国"等问题上的立场，感谢西班牙驱逐朝鲜驻西大使、与美国站在同一立场的做法，并对西班牙打击"伊斯兰国"、支持委内瑞拉人民的做法表示高度肯定。拉霍伊希望在反恐、朝核、经济等领域与美国继续加强合作。

9月26日，美国财政部宣布，针对朝鲜利用国际金融体系为发展大规模杀伤武器和弹道导弹计划融资，对8家朝鲜银行和26名金融从业代表进行制裁，冻结其相关资产和利润。

10月

10月3日，美国通知古巴政府，命令15名古巴驻美国大使馆官员在

7天内离开美国。不到一周前,美国宣布减少在美国驻古巴大使馆的外交人员,原因是此前发生了神秘的针对美国驻古巴人员的攻击事件。美国国务卿蒂勒森发布声明称,"做出这项决定是由于古巴没有能够按照《维也纳公约》规定的义务,采取适当的措施保护我们的外交官。这项命令将确保我们各自外交机构人员的对等。"同时蒂勒森也指出,美国将保持与古巴的外交关系,并将继续与古巴合作调查袭击事件。

10月7日,特朗普发表推特称,美国对朝鲜问题的处理20多年来一直是失败的。"我们国家25年来一直没能成功处理朝鲜问题,给了(他们)数十亿美元,什么也没有得到,政策不对!"10日,美国国务院称,自2017年1月以来有20多国限制朝鲜的外交活动,目的是为了让朝鲜领导人金正恩知道,只要他继续寻求研发能搭载核弹头的导弹,美国就会紧追不舍,让他无处可躲。13日,白宫办公厅主任凯利表示,特朗普最担心的事情是朝鲜的核威胁。保持美国强大的军事力量就是一种吓阻,而不是真正的要用来对朝作战。

10月13日,特朗普称伊朗"违反协议精神",正式宣布"不认可"伊朗履行协议,要求美国国会对伊朗施加新制裁。依照美国国会2015年通过的《伊朗核协议审议法案》,他将会核实伊朗的核项目,同时会给予国会60天的时间考虑是否有必要采取进一步的措施;若国会拿不出解决方案,他将行使总统权力终止该协议。特朗普还责成美国财政部对整个伊斯兰革命卫队实施制裁。蒂勒森表示,特朗普政府希望能更全面地处理伊朗政权的各项议题,包括人权,支持如"真主党"、伊斯兰革命卫队等恐怖组织,对也门输出不稳定力量和向外国输出战士等问题。

10月18日,美国国务卿蒂勒森在美国与印度建交70周年之际,在美国国际战略与研究中心发表题为《界定我们与印度下一个世纪的关系》的演讲。他称,特朗普政府决定大幅深化与印度关系,以确保印度—太平洋地区继续保持自由与开放,并明确批评中国没有像印度那样负责地维护而是损害了基于准则的国际秩序,中国虽然像印度那样从这个国际秩序中受益,但却没有像印度那样负责,有时甚至损害这个秩序,美国"不会从中国对基于规则秩序的挑战中退缩"。

10月20—22日,美国国务卿蒂勒森启程前往中东,参加与沙特和伊拉克的政府间会议,探讨改善两国关系的途径。此后他访问了卡塔尔,敦促卡塔尔与海湾邻国弥合分歧。他表示,"海湾纠纷已经快五个月了,美国仍然关注。这一纠纷对相关方造成了负面的经济和军事后果,美国当然也感受到了。"

10月23日，特朗普在白宫会见到访的新加坡总理李显龙。特朗普表示，美新的共同价值观和利益带来了这一重要的安全关系，在整个东南亚，美国和新加坡目前正在加强执法能力，打击恐怖主义，加强网络防御，两国也分享了反对朝鲜威胁，以及促进南海航行自由的不懈承诺。李显龙表示，新加坡谴责朝鲜的挑衅行为，并希望与美国、中国、日本等国合作解决朝鲜问题；良好的美中关系对亚太地区非常重要，希望美国能够与中国保持稳定、有建设性的关系。

10月27日，美国国务卿蒂勒森与缅甸国防军总司令敏昂莱通话。蒂勒森表示，对若开邦发生的人道主义危机和种种暴行表示严重关注，敦促缅甸军方为流离失所的罗兴亚人提供援助、允许媒体进入若开邦，并和联合国合作，调查有关侵犯人权的指控。

11月

11月4日，特朗普与沙特国王萨勒曼通电话，表示期待同沙特加强反恐合作。特朗普感谢萨勒曼支持美国打击极端组织"伊斯兰国"，称赞沙特履行2017年初在利雅得反恐峰会上做出的承诺，如发起建立打击恐怖分子融资中心和打击极端思想全球中心。

11月5日，特朗普抵达日本，开始对日本国事访问。特朗普与日本首相安倍晋三在2020年东京奥运会高尔夫赛场打高尔夫，安倍还特邀世界排名第四的高尔夫名将松山英树作陪。6日，特朗普在与18家日本主要企业和9家美国企业的高管早餐会上，表达了对美日贸易问题的不满。他还与进行安倍会谈，并出席联合记者会，表示两人讨论的重点是朝鲜问题。两人均使用强硬措辞抨击朝鲜的核野心，展示美日同盟应对威胁的决心。特朗普还会见了明仁天皇，并与朝鲜绑架受害者家属会面。

11月7日，特朗普对韩国进行国事访问。他会晤了韩国总统文在寅，讨论朝鲜问题，两人散步、饮茶，召开联合记者会，傍晚参加了国宴。特朗普在记者会上表示，美韩两国不能允许朝鲜威胁60多年前朝鲜战争以来我们所取得的建设成就。8日，特朗普在韩国国会发表演说，呼吁国际社会共同对朝鲜施加最大压力，然后到首尔国家公墓献花圈。

11月10日，特朗普前往越南岘港市出席亚太经合组织（APEC）年度峰会。他在工商领导人峰会上称整个亚太地区已经崛起，并且仍在崛起过程中，长期以来美国一直向世界开放自己的市场，但是一些国家却对美国施加重重贸易限制。特朗普下午在岘港的凯悦度假中心会见了7名越战老兵，并签署公告纪念越战50周年。晚上，特朗普参加了APEC欢迎活动以及晚宴。

11月11日，特朗普在岘港太阳半岛度假村洲际酒店参加亚太经合组织经济领袖会议，并与俄罗斯总统普京在会议期间举行会晤。双方达成一致意见，认为解决叙利亚冲突没有军事选项，必须依照联合国安理会第2254号决议，在日内瓦进程框架内制定"最终政治解决方案"。特朗普中午参加领导人午餐会。

11月12日，特朗普与越南国家主席陈大光举行会谈，双方就维护"印度洋—太平洋"地区和平、稳定与发展的各项倡议进行了讨论。双方表示将巩固现有合作机制，继续促进高层接触和代表团互访。特朗普与俄罗斯总统普京在亚太经合组织领导人峰会上照"全家福"时交谈，称他相信普京所说的，俄罗斯没有干涉美国大选。同日，特朗普抵达菲律宾，在出席东盟成立50周年的晚宴与菲律宾总统杜特尔特会晤。

11月13日，特朗普与澳大利亚总理特恩布尔、日本首相安倍晋三在菲律宾参加东盟系列峰会期间举行三边会谈。特朗普还与菲律宾总统杜特尔特举行双边会谈。

11月15日，特朗普在白宫外交厅针对他的亚太之行宣读声明，称他完成了一个历史性的12天亚太之行，访问了五个国家，会见了多国领导人，还进行了几个国事访问。他表示，这是四分之一个世纪以来美国总统出访亚太地区时间最长的行程，并自称所到之处都受到尊重，彰显了美国是世界上最自信、最强大的国家。他的亚太之行实现了三大目标：一是联合所有国家一起对抗朝鲜；二是增强美国盟友以及印太地区的自由；三是坚持公平、互惠的贸易。

11月20日，特朗普在白宫举行的内阁会议上宣布，将朝鲜重新列入美国的"支持恐怖主义国家"名单，进一步加大对朝鲜施压力度。

11月20日，美国财政部宣布对4家实体和2名个人实施制裁，理由是他们利用欺骗手段规避欧洲出口法规，购买先进设备和材料印制伪钞支持"圣城旅"活动。根据制裁措施，受到制裁的实体和个人在美国境内的资产将被冻结。

11月21日，美国财政部宣布，对与朝鲜资助核武器和弹道导弹计划有关的13家企业和20艘船只实施制裁。制裁对象是贸易和劳工承包商，包括一家在中国、柬埔寨、波兰和俄罗斯经营的朝鲜公司。

11月21日，白宫发布声明称，特朗普当天与俄罗斯总统普京通了1个多小时电话，讨论叙利亚危机、反恐、乌克兰和平进程和朝核等问题。在叙利亚问题上，两人强调要执行联合国安理会第2254号决议，和平解决叙利亚问题，结束人道主义危机并尽快让叙利亚难民重返家园。两人重申在中东和中亚地区打击恐怖主义的重要性，并同意美俄在打击"伊斯兰国"等恐怖组织方面加强合作。

11月28日，美国副总统彭斯在纽约对以色列驻联合国使团的外交官发表讲话时称，特朗普政府将坚定支持以色列，特朗普本人正在"积极考虑"将美国驻以色列大使馆从特拉维夫迁至耶路撒冷的时间和方式。特朗普支持中东和平，但"绝不会拿以色列的安全作妥协"，特朗普政府正和美国国会密切合作起草法案，以修补伊核协议中的"漏洞"，美国发誓决不允许伊朗拥有核武器。

12月

12月2日，美国总统国家安全事务助理麦克马斯特表示，朝核导行动使半岛爆发战争步步逼近，解决朝核问题的和平途径仍存在，但所剩时间已不多。为阻止朝获得导弹发射燃料，他敦促中国对朝实行全面石油禁运。

12月2日，美国常驻联合国大使黑利表示，美国常驻联合国代表团已通报联合国秘书长美国退出《全球移民协议》的决定。美国须自主决定移民政策，将决定如何以最好方式控制边界，决定谁能进入美国。美国国务卿蒂勒森发表声明称："该协议多项条款与美国移民和难民政策不符。美国将继续参与联合国事务，但美国无法支持一个可能损害美国主权、妨碍美国执行移民法和保障边界的进程。美国支持在移民问题上的国际合作，但主权国家的主要责任是帮助确保移民工作安全、有序和合法"。

12月4—8日，美国国务卿蒂勒森相继访问比利时、奥地利和法国。美国国务院称，此行目的是向欧洲盟友重申美国对跨大西洋联盟、西方机制和共同利益及价值观的承诺。5日，蒂勒森与欧盟外交与安全政策高级代表莫盖里尼会谈，讨论中东和平进程、伊核、朝核和叙利亚问题等议题。6日，蒂勒森参加北约外长会后表示，美欧共同努力打击恐怖主义并应对俄罗斯入侵欧洲边界等全球性问题。7日,蒂勒森出席欧安组织部长级会议发言称,美国承诺维护乌克兰主权、独立和领土完整,呼吁全面执行《明斯克协议》,美国不接受俄罗斯吞并克里米亚,美国将维持对俄制裁直至克里米亚回归乌克兰及俄罗斯从乌克兰东部地区撤军。

12月6日,特朗普在白宫发表讲话,宣布已指示美国国务院启动将美国驻以色列大使馆由特拉维夫迁往耶路撒冷的计划。他表示,这是"承认现实"的正确之举,符合美国的利益,有助于以新方式推进中东和平进程,美国继续支持解决巴以问题的"两国方案",美国对耶路撒冷最终边界问题不持立场,需巴以协商解决。

12月8日,美国国务卿蒂勒森表示,耶路撒冷最终地位等问题应由巴以谈判解决。蒂勒森在会晤法国外长勒德里昂后的新闻发布会上称,"特朗普总统宣布承认耶路撒冷是以色列首都,指示国务院将美国驻以色列大使馆迁至此,这些都不能决定耶路撒冷的最终地位。我认为,总统明确表明,耶路撒冷的最终地位及边界问题将由争议双方谈判解决"。他指出,美国驻以色列大使馆搬迁工作或将耗时超过一年。

12月12日,美国国务卿蒂勒森蒂在美国大西洋理事会发表演讲时表示,为实现半岛无核化,美国不会接受朝鲜拥核,但只要朝鲜愿意,美国随时愿进行"不设前提的对话";只要能"面对面谈谈",甚至可以"聊聊今天的天气或者桌子形状是方还是圆"。他强调,美国不愿看到某些人拥有核武,当务之急是确保朝鲜核武器不落入那些人之手,且美国已就此与中国进行多次对话。白宫发言人桑德斯表示,特朗普对朝鲜的立场"丝毫未变"。

12月15日,特朗普表示,14日与俄罗斯总统普京通话主要讨论朝核问题,除中国外,美国还希望俄罗斯提供帮助。美国国防部长马蒂斯表示,朝鲜11月试射的洲际弹道导弹未显示出对美国本土构成威胁,美国将继续评估局势,仍坚持外交途径解决朝核问题,特朗普和国务卿蒂勒森在该问题上仍保持一致。当日,在联合国安理会部长级会议上,蒂勒森表示,美国永不接受朝鲜拥核;朝鲜发展核武是对美国的直接威胁,美国将采取一切必要措施自卫,但不寻求、不希望对朝鲜开战,希望通过外交途径解决朝核问题;美国对与朝鲜对话持开放态度,但朝鲜须先停止核导试验等威吓行为,为对话创造条件;美国不接受"双冻结"、放松对朝鲜制裁和恢复人道主义援助等作为对话的先决条件。他敦促国际社会认识到朝鲜核导威胁紧迫性,并共同加强对朝鲜施压,直到朝鲜实现无核化。

12月24日，联合国大会批准了2018—2019年53.95亿美元的常规预算，比2016—2017年减少2.85亿美元。美国常驻联合国大使黑利发声明称："我们削减了联合国臃肿的管理、支持职能，加强对美国在全世界关键优先事项的支持，并在整个联合国系统中加入更多问责制。联合国存在低效、预算超支等问题，美国不会再让其人民的慷慨遭利用或透支。美国将继续寻求在保护美利益时以各种方式提高联合国的效率"。

2017年美国安全大事记

1月

1月4日，美国海军学会新闻网站称，"哥伦比亚"级弹道导弹核潜艇（之前称作"'俄亥俄'级替换项目"）通过"里程碑B"审核，将正式进入下一阶段。这意味着美国通用动力公司可以开始详细的设计和工程规划，准备生产美国海军有史以来最昂贵、最致命的弹道导弹核潜艇。

1月7日，美国候任总统唐纳德·特朗普提名前印第安纳州联邦参议员丹尼尔·科茨为新任国家情报总监，总管美国情报系统。科茨属于共和党温和保守派，长期在国会和政府工作，经验丰富，属于各方都能接受的人选。

1月11日，美国候任总统特朗普承认俄罗斯在2016年美国大选期间对美国民主党实施了网络攻击。此前他一直不愿接受美国情报机构做出的这一判断。

1月14日，美军"大西洋决心"行动第一批部队抵达波兰，共有87辆坦克，该行动属于计划驻扎在波兰和波罗的海国家的4000人部队的一部分。波兰国防部长安东尼·马切雷维奇在西部小镇扎甘向美军表示："我们等这一天等了几十年！"

1月16日，约300名美国海军陆战队军人当天抵达挪威，开始进行为期半年的部署。他们来自美国北卡罗来纳州勒琼军营。

1月18日，美国海军陆战队一组F-35B型隐形战机傍晚飞抵日本，这是美国首次在本土以外部署该机型。年内还将有6架同款战机飞抵日本，届时，美军驻日本岩国基地F-35B战机总数将达到16架。

1月19日，乌克兰议会通过一项法案，允许包括美国在内的北约多国军队携带装备进入乌克兰领土参加军事演习。这是乌克兰自2013年底爆发政治危机爆发以来，首次允许北约军队进入乌克兰参加军演。根据该法案，2017年将有最多3000名北约军事人员和6架战斗机、直升机等各型装备进入乌克兰，参加"海风2017"和"急速三叉戟2017"军事演习，入境期限全年有效。

1月20日，美国空军从B-52H战略轰炸机上试射了3枚未携带弹头的AGM-86B空射巡航导弹。AGM-86B是在A型基础上的改进，导弹长6.36米，弹径0.693米，翼展3.66米，发射重量1.458吨，最大射程为2500千米，命中精度为30米，巡航高度为7.6—152.4米，巡航速度为0.6—0.72倍音速。制导系统采用地形匹配辅助惯性导航系统。战斗部采用W80-1小型核弹头，重122.5千克，核当量20万吨。AGM-86B导弹于1982年首次服役，当时预期的使用寿命为10年。在其预定退役期之后的第6年即1998年，空军开始了该型导弹的延寿计划。目前，该导弹预期将一直服役至2030年。

1月21日，特朗普总统在美国中央情报局发表演讲，称将大力支持美国情报机构，并重申要打击极端组织"伊斯兰国"。"我们必须除掉'伊斯兰国'，我们别无其他选择"，特朗普面对数百名中情局员工重申了在就职典礼时关于打击宗教极端主义的承诺，"极端伊斯兰恐怖主义必须要从地球表面上被清除"。

1月22日，也门安全部门消息人士称，美军在该国中部地区发动多次无人机空袭，共打死4名疑似"基地"组织成员。该匿名消息人士表示，美军21日在南部贝达省发动无人机空袭，打死3名"基地"组织成员。此外，还有1名军事指挥官在20日的空袭中丧命。

1月27日，韩国陆军航空作战司令部的两个营已经装备本月初从美国引进的36架阿帕奇攻击直升机。至此，韩军和驻韩美军拥有的阿帕奇直升机总数达到84架。韩联社当天援引一名军方消息人士的话，韩军已经完成部署美方交付的36架AH-64E型阿帕奇攻击直升机。但报道没有说明直升机部署在哪些军事基地。韩国防卫事业厅2013年与美国波音公司敲定这项军购合同，斥资1.8万亿韩元（约合16亿美元）。

1月29日，美国在也门开展针对"基地"组织的突袭行动。此次突袭于2016年开始筹划，但直到特朗普上任后才获批准，也成为其任内首次重大的军事行动。随后有消息称，这次行动的目标是也门"基地"组织头目卡西姆·拉伊米。白宫发言人斯派塞宣布，这次袭击共击毙14名"基地"组织成员，目的主要是为了收集情报。此次突袭不但导致平民伤亡、3名美国人受伤,还损失了一架价值7500万美元的直升机,但五角大楼否认此次突袭的目标是"基地"组织高层,这引发了民众对行动合理性的质疑。

2月

2月2—3日,美国新任国防部长马蒂斯访问韩国。韩国《东亚日报》称,马蒂斯就职后首访韩国,是1997年时任美国国防部长科恩之后第一次。2日,马蒂斯先听取驻韩美军司令布鲁克斯有关朝洲际弹道导弹威胁的报告,后会见韩国代总统、总理黄教安及国家安保室长金宽镇;3日会见韩国外长尹炳世,并与韩国国防部长韩民求会谈。马蒂斯强调,亚太、美韩同盟是美国新政府优先事项,将继续坚守包括延伸威慑在内的对韩国安全承诺。黄教安称,此行向外界传递"美韩同盟很重要、发展前景可观的信号",两国是"追求半岛和平与统一的同盟"。在马蒂斯启程访韩之际,美国务院宣布一项1.4亿美元的对韩国军售,包括"响尾蛇"空空导弹、"小牛"空地导弹。双方重申,在美韩密切合作的基础上应对朝鲜核导威胁,维护半岛和平与稳定,若朝鲜发起挑衅将严惩不贷。马蒂斯表示,美国将把朝核威胁视为最重要的国家安全事务,"太平洋西北部及两个强有力的盟国"是美国的关注重点,美日韩将共同应对朝局势。马蒂斯声称,唯朝鲜是需害怕"萨德"的国家,美国的目标是保卫盟友安全,若非朝鲜挑衅,根本无需部署。韩国国防部表示,美韩计划年内在庆尚北道星州部署"萨德",最早6月、最晚8—9月完成。

2月3—4日,美国国防部长马蒂斯首访日本。3日下午,马蒂斯从韩国抵达驻日美军横田基地,与安倍晋三在首相官邸会晤,与日本内阁官房长官菅义伟、外相岸田文雄会谈,并出席防卫大臣稻田朋美主持的晚餐会。4日上午,两国防长举行会谈。安倍高度重视,与马蒂斯会谈时长50分钟。马蒂斯表示,将亚太作为出访首站,是希望在特朗普政府过渡期内,不让任何人对美日同盟坚定性产生任何误解。美国国防部发言人罗斯称,此访意在展示新政府对亚太及美日同盟的重视,表明美将继续坚守对日安全承诺。马蒂斯重申"钓鱼岛适用于《美日安保条约》第5条",并称其重要性"一如既往",10年后也不会改变。双方就减轻美国驻冲绳基地负担达成共识,并确认推进基地搬迁事宜。马蒂斯此次未就驻日美军军费分担问题对日本施压,赞扬日本是"盟国分担驻军费用的典范",但强调"不能满足现状,未来应继续相互投资"。此外,双方还就强化导弹防御系统达成一致,以威慑朝鲜。

2月3—4日,据美国国防部消息,3日美军对叙利亚 Idlib 附近的"基地"组织目标实施空袭,消灭了10名恐怖分子。4日美军实施第二次行动,将与"基地"组织高层有关联的 Abu Hani al-Masri 消灭,此人20世纪八九十年代曾在阿富汗负责"基地"组织训练营,也是埃及"伊斯兰圣战运动"的创始人之一。

2月6日,特朗普在美军中央司令部发表讲话,讲话重点是北约和反恐议题。北约方面,特朗普称:"我们强力支持北约,我们只是要求所有成员为北约做出充分和适当的财政贡献,而许多国家并没有这样做。"反恐方面,特朗普称:"自由、安全和正义终将获胜。我们将击败激进伊斯兰恐怖主义,我们不会听任它在我们国家生根。我们不会听任这种情况发生。"

2月15日,据《华盛顿邮报》透露,美国防部承认,美军在2015年11月对叙利亚境内的"伊斯兰国"目标实施打击时,动用了贫铀弹。

2月15—20日,美国副总统彭斯、国防部长马蒂斯、国土安全部长凯利赴欧洲参加系列会。15日,马蒂斯参加北约防长会;17日,彭斯、马蒂斯、凯利参加慕尼黑安全会议;19日,彭斯赴比利时与比首相米歇尔共进晚餐;20日,彭斯分别与欧盟主席容克、欧洲理事会主席图斯克、欧盟外交和安全政策高级代表莫盖里尼、北约秘书长斯托尔滕贝格会晤。彭斯呼吁欧洲盟国履行承诺,将 GDP 的2%用于国防,称"美国总统希望盟国信守诺言、兑现承诺,这意味着要做更多"。彭斯强调,即使美俄寻求新共识,在乌克兰问题上也会向俄"问责",要求俄遵守《明斯克协议》。马蒂斯在北约国防部长会议上称,在美俄开展任何军事合作前,俄必须"证明自己"能遵守国际法。

2月16日,美军参联会主席邓福德与俄罗斯国防部第一副防长、总参谋长格拉西莫夫在阿塞拜疆首都巴库举行会晤。这是2014年1月以来美俄两军首次举行该级别的会谈,也是两人首次会谈。双方主要讨论美俄两军关系态势,旨在确保两军联系渠道的畅通

2月18日,美军太平洋舰队在其网站上宣布,"卡尔·文森"号航母已抵达中国南海,开始执行巡逻任务,称此次巡逻为"例行行动"。这是"卡尔·文森"号第17次前往中国南海。

2月20日,特朗普任命赫伯特·麦克马斯特出任总统国家安全事务

助理,接替13日宣布辞职的弗林。麦克马斯特现年54岁,是西点军校毕业生,拥有北卡罗来纳大学查珀尔希尔分校美国历史专业博士学位。他曾在2014年入选《时代》杂志的100位最有影响力人物,曾在海湾战争中率领美国第二装甲机械化团的一小支部队打败人数远超于己的伊拉克共和国卫队,被认为是二战结束以来规模最大的一场坦克战。他因此声名远扬并获颁银星勋章。

2月27日,美国国防部新闻发言人杰夫·戴维斯称,国防部长马蒂斯向白宫提交了打击"伊斯兰国"的新计划。新计划的内容属于机密,但该计划是一个广泛的、全球性的,不仅是军事计划,也不仅限于伊拉克和叙利亚。但熟知该计划的官员透露,该计划可能意味着增加美国在叙利亚的军事行动,可能包括动用更多地面部队;以及更加重视非军事手段,如切断"伊斯兰国"的资金链,限制其招募和宣传。

2月27日,特朗普在会见美国全国州长协会代表时表示,美国将空前地增加军费开支,以重建美国军力。此外,特朗普还表示要加大对国内暴力犯罪的打击力度。新增开支来源主要是节省开支、压缩国内开支以及对外援助等。白宫发布消息称,特朗普2018财年将增加540亿美元军费开支,相当于增加10%,并相应压缩国内项目和对外援助项目,但不触及社会安全或医保开支。

3月

3月2日,美国有线电视新闻网(CNN)报道称,美国对数百名"基地"组织"联系人"展开定位和监测行动,这些信息是2月在也门针对"基地"组织阿拉伯半岛分支突袭中获取情报的一部分。

3月3日,5位国会众议员以及8位国会参议员分别致信国防部长马蒂斯,表示支持1月由参议院军事委员会主席麦凯恩提出的"亚太地区稳定倡议"。这些议员来自共和、民主两党。他们在信中呼吁马蒂斯将麦凯恩的提议整合到2018至2022财年的国防预算中。信件中称:"亚太地区保有美国外交政策中的许多利益,我们的政府必须要优先将我们的时间、精力和资源放在这个地区",并且强调"美国对于该地区军事和经济平衡受到的破坏感到担忧",称中国过去20年的军事现代化造成了这一失衡。

3月7日,美军太平洋司令部司令哈里斯称,美国已经将其"萨德"

导弹防御系统的第一部分部署到了韩国，以反击朝鲜的挑衅行为。他表示，"朝鲜继续挑起事端，包括昨天发射多枚导弹，这证明2016年我们联合决定在韩国部署'萨德'系统是经过深思熟虑的。"

3月11日，美国一位军事官员称，根据美国反击在叙利亚和伊拉克的"伊斯兰国"的新计划，美国将向科威特派驻1000名美军。该计划正在等待特朗普政府的最后批准。驻扎在北卡罗来纳州布拉格堡基地的第82空降师的第二战斗营的美军士兵已得到陆军部长的批准，一旦计划签署，他们就将被派往科威特。与此同时，约300名海军陆战队员已经抵达叙利亚，为正努力把"伊斯兰国"赶出其在叙利亚事实上的首都拉卡提供增援力量。

3月13日，韩国与美国开始为期两周的"关键决断"年度联合军演。参加此次演习的美国"卡尔·文森"号航母和F-35B隐形战机等美军装备陆续抵韩。与此同时，代号为"鹞鹰"的美韩联合军演已于3月1日启动。美国特种作战部队同时参加"关键决断"和"鹞鹰"两项军演，并将假设摧毁朝鲜的战争指挥部的情况实施训练。韩国联合参谋本部议长李淳镇和美韩联合司令部司令布鲁克斯3月12日访问了正在参加韩美联合军演"鹞鹰"的"卡尔·文森"号航母。

3月21日，韩国国防部官员称，美国"哥伦布"号快速攻击核潜艇参加美韩年度军事演习。这是继"卡尔·文森"号航母和两架B-1B战略轰炸机之后参加美韩军演的第三批战略军事装备。

3月26日，美国国防部发表声明称，"基地"组织的恐怖头目卡里·亚辛3月19日在阿富汗帕克蒂卡省的袭击中丧生。此人对两名美军人员的死亡负有责任，并且被指控在2009年参与袭击了一辆载有斯里兰卡板球队员的汽车，造成人员死亡。美国国防部长马蒂斯在声明中称："亚辛的死证明，给伊斯兰教抹黑并且故意以无辜者为袭击目标的恐怖分子，终究逃脱不了正义的制裁。"

4月

4月1—2日，美军对也门东部的"基地"组织阿拉伯半岛分支目标实施了空中打击。自2017年1月底以来，美军共对也门境内恐怖组织目标实施了约70次行动。

4月4日，美军参联会主席邓福德、白宫高级顾问库什纳、总统国土安全事务助理博塞特三人联袂视察驻扎于伊拉克摩苏尔附近的美军，听取美军对打击"伊斯兰国"形势的简报。

4月5日，美国国防部长马蒂斯在五角大楼会见新加坡国防部长黄永宏。马蒂斯表示，亚太是"美国关注的优先地区"，美国对新加坡对美军的支持，包括接受美军濒海战斗舰、P－8反潜巡逻机的轮换部署表示感谢；新加坡是第一个加入美国领导的反"伊斯兰国"联盟的亚太国家，美国珍视新加坡在地区层面和全球层面的反恐努力。

4月7日，当地时间凌晨3时45分，美国部署于地中海的两艘驱逐舰向叙利亚霍姆斯附近的叙利亚政府军控制的希拉特空军基地发射了59枚"战斧"式巡航导弹，以报复4月4日的化武事件。这是2011年叙利亚危机以来美国首次对叙利亚政府军目标实施打击。特朗普称，空袭旨在防止阿萨德政权再次使用化武，并呼吁其他国家一道结束叙利亚的屠杀和流血。

4月11日，据美国《防务新闻》周刊报道，美国参议院军事委员会主席麦凯恩、参议院外交委员会拨款小组委员会主席格雷厄姆联合要求特朗普政府加大对叙利亚政府的军事行动，包括摧毁叙利亚空军、在叙利亚建立安全区，以保护叙利亚人民，反对阿萨德政权。两人表示，只要阿萨德主导战场，叙利亚问题就无法获外交解决。同日，美国国防部长马蒂斯称，对叙利亚空袭意在威慑阿萨德政权不再使用化武。

4月13日，美国国防部长马蒂斯在五角大楼与土耳其国防部长伊席克举行会谈，议题包括双边防务关系、恐怖主义威胁等。马蒂斯对土耳其在阿富汗、巴尔干等问题以及打击"伊斯兰国"的作用表示肯定，伊席克对美国空袭阿萨德政权的机场表示"支持和感激"。

4月13日，美军向位于阿富汗楠格哈尔省一处"伊斯兰国"组织武装分子使用的隧道投放了GBU－43大型空爆炸弹。此次空袭旨在最大程度摧毁"伊斯兰国"武装分子和设施的同时，将军事行动可能对阿富汗军队和美军构成的威胁最小化。特朗普称，此次行动"非常、非常成功"。该炸弹被称为"炸弹之母"，装有全球定位系统（GPS），是美军目前威力最大的非核炸弹，其威力等同于约11吨TNT炸药。

4月16日，美国总统国家安全事务助理麦克马斯特抵达阿富汗首都喀布尔，这是特朗普政府首位访问阿富汗的高官。此行旨在评估阿富汗形势，以确定特朗普政府对阿政策。麦克马斯特与阿富汗总统加尼举行会谈，并会见美国驻阿富汗大使、驻阿富汗美军司令尼科尔森等。报道称，美国国防部及阿富汗驻美国大使馆事先对麦克马斯特的阿富汗之行毫不知情。

4月18日，美国总统国家安全事务助理麦克马斯特访问印度，这是特朗普政府首位访问印度的高官。麦克马斯特会见了印度总理莫迪、印度国家安全顾问多瓦尔、印度外交国务秘书苏杰生，并重申美国将印度视为"主要防务伙伴"。

4月18日，约300名美军海军陆战队士兵将于4月底前被派往阿富汗南部赫尔曼德省进行为期9个月的轮换部署，以接替部署于当地的美国陆军，其主要负责为阿富汗政府军提供射击、间接火力和小型战术等方面的培训。这是2014年以来美国海军陆战队在阿富汗的最大规模部署。

4月18—23日，美国国防部长马蒂斯访问沙特、埃及、以色列、卡塔尔和吉布提五国，意在展示美国对中东和北非盟友的承诺，并探讨合作应对不稳定因素，打败极端恐怖组织等。马蒂斯18日赴沙特，20日赴埃及，21日赴以色列，22日赴卡塔尔，22日赴吉布提。在访问以色列期间马蒂斯表示，伊核协议仍然有效，伊朗似乎仍遵守该协议。但这并不影响美国对伊朗其他行为的判断。

4月24日，美国国防部长马蒂斯突访阿富汗，这是马蒂斯上任后首次访阿。马蒂斯与阿总统加尼、首席执行官阿卜杜拉等举行会谈，听取了驻阿美军司令、北约"坚定支持任务"司令尼科尔森的汇报，以评估阿富汗局势并向总统汇报。马蒂斯称，塔利班若想加入和平进程，必须摒弃暴力和恐怖主义，这是一个非常低的要求。

4月25日，美国国防部官员称，美国战略导弹核潜艇"密歇根"号将访问韩国釜山。"密歇根"号可携带154枚"战斧"巡航导弹，其访韩意在向朝鲜释放强硬信号。

4月26日，据美国《军事时报》《华盛顿邮报》报道，美国已开始在韩国部署"萨德"系统的核心装备。当地时间凌晨4时30分左右，驻韩美军向"萨德"系统部署地星州高尔夫球场运送"萨德"相关装备。约有20多辆卡车和军用拖车进入，其中装有两台导弹发射架、X波段雷达及作战指控中心等装备。

4月26日，北约宣布于本周在爱沙尼亚举行大规模网络防御演习，为保护网络安全的专业人员提供训练。根据北约发布的新闻公报，代号为"锁定的盾牌2017"的演习是世界上规模最大、最先进的网络防御演习，来自25个北约成员国及伙伴国的近800人参加为期5天的演习，其中包括美国、英国、芬兰、瑞典和爱沙尼亚等国的安全专家以及军事和司法工作人员。公报说,演习设置了一个虚拟的国家空军基地,模拟其电网系统、无人机、军事指挥和控制系统等遭遇网络攻击的场景。参演人员将设法维护基地的网络系统安全,预计演习中将模拟发起超过2500次网络攻击。

4月27日,美国国防部长马蒂斯在参议院军事委员会就"美军太平洋司令部与驻韩美军"作证。马蒂斯将朝鲜、中国、领土纠纷和海洋权利声索(南海、东海)、俄罗斯、"伊斯兰国"和暴力极端组织、跨国犯罪、扩散问题、自然灾害、预算不确定性等九项内容列为美国在印太地区面临的主要挑战。

5月

5月1日,美国太空探索技术公司(SpaceX)成功用"猎鹰9号"运载火箭完成一次发射,而这是该公司首次为美国军方发射绝密的间谍卫星。

5月3—22日,日美英法四国联合演习举行,这是日本与美、英、法实施四国框架下的首次联合军演。据《日本时报》报道,700人参与演习,包括220名日本自卫队队员、60名英国海军士兵,以及美军、法军士兵。演习地点包括日本近海、关岛和北马里亚纳群岛附近海域。本次演习内容除常规海上训练,还包括相对敏感的两栖登陆演习,即"夺岛"演习。

5月3日,美国空军从加利福尼亚州范登堡空军基地再次发射一枚"民兵"III型洲际弹道导弹。这是美空军一周内第二次试射洲际弹道导弹。导弹飞行约4200英里(约合6759千米)后落入太平洋马绍尔群岛夸贾林环礁的预定目标区。

5月6日,被美国海军指涉间谍案的台湾出生的美国海军少校爱德华·林(Edward Lin)在美国弗吉尼亚州诺福克海军基地军事法庭与军方达成认罪协议。美国《海军时报》报道,依据认罪协议,爱德华·林的间谍罪指控被撤销。

5月7日,美国空军的空天飞机X-37B返回地球。据美国空军发表的声明称,X-37B轨道测试飞行器当天在美国佛罗里达州肯尼迪航天中心成功降落,它在太空度过了718天,开展了在轨试验,同时把X-37B

在轨总时间延长至 2085 天。X-37B 飞行器 2010 年首飞,迄今共执行 4 次在轨试验任务,每次任务时间都在延长,第一次在轨飞行 224 天,第二次 468 天,第三次则达到 674 天。

5 月 8 日,美国参议院批准前众议院共和党女议员希瑟·威尔逊出任空军部长。56 岁的威尔逊毕业于美国空军军官学校,曾是一名罗德学者。1998—2009 年担任新墨西哥州众议员,曾在小布什总统国家安全委员会工作,自 2013 年起担任南达科他矿业学院院长。

5 月 10 日,美国中央情报局发表声明称,该局已设立一个特别中心,专门应对朝鲜"核武器的威胁",这是中央情报局首次成立仅针对一个国家的任务中心。声明称,设立该中心旨在利用中央情报局所有资源、能力和权限,以解决朝鲜核与弹道导弹威胁问题。声明表示,该中心将与美国情报界和所有国家安全部门紧密合作。

5 月 12 日,"叙利亚民主军"(SDF)人士向卫星通讯社表示,根据特朗普向库尔德人提供重武器的命令,由库尔德人和阿拉伯人为基础组成的"叙利亚民主军"获得了美国提供的武器和装甲车。

5 月 12 日,美国海军称,俄罗斯一架苏—27 战机在黑海上空过度接近美国 P-8"海神"反潜巡逻机。这是美俄一周内在黑海海域的第二次"亲密接触"。美国海军代表表示,美国巡逻机当时在距离克里米亚海岸约 160 千米黑海上空的国际空域飞行。俄罗斯战机与 P-8 巡逻机并排飞行,两机距离不到 12 米。俄罗斯战机还携带了导弹。

5 月 17 日,一些美国国会议员以及国会下属的政府问责局(GAO)提议美军设立一个单独的太空司令部,以便更好地综合资源,统筹规划应对策略,维护美军的太空能力。参议院军事委员会就这项提议举行听证会,并召集政府问责局官员和军方多位高级官员到场作证。空军参谋长古德芬表示,现在不是单独设立太空司令部的时机。军方官员们说,在美国政府文职领导人继续探讨太空作战如何定位的同时,空军正在努力采取行动,将太空逐渐发展成一个正常的作战领域。

5 月 18 日,特朗普在美国康涅狄格州新伦敦的美国海岸警卫队学院向毕业生发表讲话,美国海警队是美军唯一一支能在北极地区冲破厚实冰层、开辟航道的部队,对保护国家安全至关重要。他称,美国正在建造 40 年来第一艘新的破冰船。特朗普在讲话中称赞自己领导的政府上任近四个月来取得的成就,包括为他所称的重建美军计划大幅度增加军费。

5 月 20 日,美国军方表示,两架中国空军苏-30 战斗机在东海国际水域对美国一架探测放射性物质的飞机进行了"不专业的"拦截。美国空军发言人霍奇表示,"该问题已经通过适当的外交和军方渠道向中国提出。"霍奇说称"飞机之间的距离总是跟我们对飞机间的互动的描述判定有关。"一架中国战机上下翻转,从美军机上空45米处掠过。

5月21日,特朗普和沙特国王萨勒曼签署了将近1100亿美元的协议,加强沙特的军事能力。该防务协议立即生效,它是两国为加强军事和经济伙伴关系而签署的一系列协议之一,其中有第二个防务协议,包括在未来10年内价值高达3500亿美元的选项。白宫在早些时候发表的声明中表示,这笔国防交易将为美国公司在中东地区创造新的机会,并支持美国国防工业"数以万计"的新工作岗位。

5月23日,美国国防部官员在新闻发布会上说,白宫正式提出将2018财年基本国防预算从本年度的5220亿美元提升到5740亿美元,年度增幅达10年来新高。加上主要用于反恐的海外应急行动经费650亿美元,特朗普政府提出将2018财年的军费总额增加至6390亿美元,达到自2013财年以来的最高点。依照这份国防预算,美军计划在下一个财年中添置的尖端武器装备包括70架F-35第五代战机,7架P-8A型反潜侦察机和2艘弗吉尼亚级核潜艇。为了节省防务开支,特朗普政府还提议将美国向友邦国家提供武器装备的方式从目前的无偿援助改为无息或低息贷款。

5月24日,美国驻越南大使馆发表声明说,美国向越南海岸警卫队转交了六艘巡逻艇,以帮助建立两国间的安全合作。送交仪式在越南中部的广南省举行。这几艘巡逻艇是"金属鲨鱼"型快艇。美国使馆的声明说,这些巡逻艇是美越两国2011年签署的国防合作备忘录的一部分,将帮助海岸间巡逻和执法。声明还说,交送巡逻艇深化了两国在越南领水及专属经济区内有关海上执法、搜救和人道救援行动领域的合作。

5月24日,美国海岸警卫队负责指挥、控制和通信的莱特尔中将在国会参议院听证会上表示,美军具备在网络空间给敌人造成破坏性打击的能力。美国海军网络司令部指挥官格尔代称,美军正在硅谷、波士顿和奥斯汀这些科技人才聚集的地方做出更多投入。

5月24日,美国海军"杜威"号导弹驱逐舰在南海进入了中国拥有主权的美济礁12海里以内,进行了美国总统特朗普就职以来的首次自由航行行动(FONOPS)。"杜威"号不仅进入美济礁12海里以内水域,还进行了"人员落水"救援行动。美国海军作战部长理查森在华盛顿称,美国海军"杜威"号导弹驱逐舰驶入南中国海,并靠近中国控制的一处岛礁并非是"对抗性的"。

5月25日,特朗普在布鲁塞尔的北约峰会上称,"未来的北约必须重点关注恐怖主义、移民、来自俄罗斯的威胁,以及北约东部和南部边界所受到的威胁。由于这些都是重大安全问题,所以我对斯托尔滕贝格秘书长和北约成员国非常直截了当。我说,北约成员必须最终缴纳自己的公平份额,履行自己的财政义务。"特朗普说,北约28个成员国中有23个没有缴纳应付的费用,这对美国人民是"不公平的"。

5月27日,美国驻越南大使馆发表声明称,美国海岸警卫队在夏威夷檀香山把效力了近50年的"汉密尔顿"级高耐力巡逻舰"摩根索"号移交给越南海岸警卫队。"该舰是美越全面伙伴关系的一个具体而重要的象征。"这次移交是"美国剩余国防物资项目"的一部分。

5月31日,美国海军第三舰队发言人佩里称:"所有参加2016环太军演的26个国家已被邀请继续参加2018环太军演。"五角大楼遵循国会制定的有关美中两军接触的指导原则,已批准将中国纳入参加6月在加利福尼亚州圣迭戈举行的筹划会议的国家。

5月31日,美国国防部发表声明称,美军首次涉及一枚洲际弹道导弹的导弹防御试验取得成功。测试包括分别两次发射导弹。先是一次模拟洲际弹道导弹袭击,导弹从太平洋一个小岛发射。第二枚导弹从加利福尼亚州范登堡空军基地发射升空。第二枚导弹成功在大洋上空拦截了正在飞行途中的第一枚导弹,并将其摧毁。

6月

6月3日,美国国防部长马蒂斯在新加坡香格里拉对话会发表演讲,主要谈两大问题:一是美国对亚太地区所面临挑战的看法;二是美国的应对措施。对于挑战,亚太和平与安全面临的最急迫和危险的威胁是朝鲜。然后,马蒂斯对中美关系发表看法,宣称中美注定要竞争,冲突也不可避免,但也能在共同利益领域开展合作。对南海问题,马蒂斯呼吁所有国家"以2016年南海仲裁案结果为起点和平解决纠纷",宣称"在国际水域开展岛礁建设和军事化将破坏地区稳定";中国南海岛礁工程在范围和影响方面都不同于其他国家;美国将继续在国际法允许的地方进行飞越、航行和行动,并通过在南海开展行动展示决心。马蒂斯还认为"伊斯兰国"

正试图在亚太获得立足点。

6月6日，美国国防部发布2017年度《涉华军事与安全发展报告》（《2017年度中国军力报告》）。报告称，由于防务开支保持强劲势头，2016年中国军力建设在各个领域全面推进，包括空中、海上以及在海外军事基地建设方面。中国的军费开支可能已超过1800亿美元，高于官方宣布的大约1404亿美元的水平。报告认为，中国领导人似乎致力于为"可预测的将来"提高军费开支。报告多次提到中国在吉布提建设的首个海外海军基地，并称"中国很可能还会寻求在与其长期保持友好关系以及有着类似战略利益的国家，建设更多的军事基地，比如巴基斯坦"。报告还重点着墨中国在空中和海上取得的军事方面的进步，提到中国在2016年首次发射了量子通信实验卫星，这标志着中国"在密码学研究领域取得了令人瞩目的进步"。报告预测称，中国首艘自主设计并建造的航母可能会在2020年具备初始作战能力。与以往报告不同的是，五角大楼这份新的对华评估报告并没有过多关注中国在东海和南海建造大量人造岛屿的问题，而是将焦点对准了中国在南沙群岛加强军力建设的问题。

6月11日，美国国防部网站消息，美军与地区伙伴一起对索马里首都摩加迪沙西南方向约185英里（296千米）的索马里"青年党"目标实施了打击，作为对该组织近期活动的回应。此次打击根据特朗普3月的授权实施，该授权允许美国国防部对索马里"青年党"在特定区域内的敌对行动进行打击，以支持美国伙伴的行动。

6月13日，特朗普授权国防部长马蒂斯决定驻阿富汗美军数量。总统的授权将使驻阿美军拥有更大灵活性来开展行动、调整军事态势。

6月13日，美军参联会主席邓福德在美国参议院军事委员会作证时表示，对美军投放能力和竞争对手遏阻能力的现状和发展做了深入评估，结果很不乐观。"我们对自己在过去10年中优势不断减弱的状况做了评估，我们的评判是，在未来5年内，我们在投放军力以达到预期目标的时候可能会遭受重大伤亡和长时间延迟"。邓福德称，中国是威胁美军投放军力的主要国家，中国军事能力的重要性在于它属于反介入与区域拒止阻能力范畴，中国的导弹和火箭的确会在我们试图投放军力时对我们形成挑战。

6月14日，美国与卡塔尔达成总额120亿美元军售协议，主要为F-15QA战机。

6月19日，美国海军F/A-18战机18日击落了叙利亚政府军的一架苏-22战机,这是美军自1999年以来首次击落有人战机。俄罗斯国防部称,叙利亚战机飞行员成功跳伞,但降落在"伊斯兰国"控制区,命运未知。作为回应,俄罗斯宣布,任何飞越幼发拉底河以西的飞行器都会遭防空系统跟踪,以防美俄两军发生冲突。

6月28日,美军太平洋司令部司令哈里斯在澳大利亚战略政策研究所发表演讲时公开将朝鲜、中国和"伊斯兰国"列为三大挑战。对中国,哈里斯称,中国劝说朝鲜停止核武试验的努力应受到表扬,但中国"违反国际法和规则的行为,特别是在南海的行为应受到批评"。中国正在发展军力以将南海争议岛屿和区域变为自己的领土,任何人都不应承认这些人造岛礁。美国在南海没有主权声索,在争议岛礁主权归属问题上也不持立场,但坚决反对以强制、恐吓、威胁或武力来支持本国主张,这些分歧应依国际法来解决。美国不会允许这些公共区域被某国单方面关闭,因此,美国会继续在需要的领域与中国进行合作,同时必要时做好对抗准备。

6月26日,美国众议院军事委员会通过总额为6965亿美元的《2018财年国防授权法案》,比特朗普所提预算多285亿美元。其中包括6215亿美元基础预算,750亿美元海外应急行动预算。

6月28日,美国参议院军事委员会通过一项约7000亿美元的《2018财年国防授权法案》。与众院版本相比,参院版本要求更多基础预算(特朗普版本是6030亿美元,众议院版本是6215亿美元,参议院版本则增至6400亿美元),但要求压缩军队数量、减少军人工资上涨幅度。与特朗普计划相比,该版本要求多购买54架战机和5艘军舰。

6月28日,美国总统国家安全事务助理麦克马斯特在新美国安全中心的年会上称,美国的国家安全利益所面临的最为严重的威胁有两类,第一类威胁是以新的方式挑战美国及其盟友的敌对国家和"修正主义大国"所构成的威胁,"它们试图做的就是摧毁或者至少是削弱二战后以及冷战后的政治、经济和安全秩序,以更加迎合它们利益的新秩序取而代之。当然,我所说的是中国和俄罗斯。"

6月28日,美国参议院军事委员会通过《2018财年国防授权法案》,内容包括重启美国海军军舰定期停靠台湾高雄港或其他适当港口,以及允许美军太平洋司令部接受台湾进港停泊请求。其他内容还包括,指示国防部执行相关技术支持方案,以支持台湾发展水下作战能力的努力。这是继2016年美国前总统奥巴马签署《2017财年国防授权法》,明确规定五角大楼应推动美台高级军事将领及资深"国防"官员交流后,美国国会再度主动展现对台湾的支持。

6月29日,美国与澳大利亚开展两国有史以来最大规模的联合演习"护身军刀",共约3.3万名美澳士兵参演。此次演习在澳大利亚水域举行,将持续一个月,双方将展开包括陆地和空中的演练。美军太平洋司令部司令哈里斯称,此次演习规模之大,是旨在对外发出信号,展示力量,这个信号是向我们的盟友、伙伴和潜在对手发出的。

6月30日,特朗普签署行政令,要求恢复国家航天委员会。特朗普称,"我们今天正迈出至关重要的一步,为美国在太空的未来提供保障"。该委员会已经休眠了大约25年。该委员会的复苏"向世界发送了一个清晰的信号———我们正在重建美国在太空令人自豪的领导力"。副总统彭斯将担任该委员会的主席。该委员会将包括国务卿、国防部长、商务部长、同太空有联系的政府机构的领导人、美国国家航空航天局局长和其他政府官员。

7月

7月5日,为了回应朝鲜进行的洲际弹道导弹实验,美韩在半岛东海岸实施进行了反弹道导弹演习。韩国联合参谋本部表示,演习中,韩军的"玄武-2A"战术弹道导弹和美军陆军战术导弹系统(ATACMS)同时发射并击中目标,展示了"联军在紧急情况下打击敌军指挥部"的能力。

7月5日,22个国家的40多名与会者被邀请参与了"网络护卫2017"高级训练营,由美国网络司令部、国土安全部、联邦调查局在弗吉尼亚州萨福克的联合参谋部演示了美国应对关键基础设施破坏性网络攻击的过程。

7月6日,美国国防部长马蒂斯与韩国国防部长官韩民求通电话,就朝鲜4日试射洲际弹道导弹一事进行协商。马蒂斯重申美方对美韩同盟的坚定承诺,以及包含美国所有手段在内的"延伸威慑"承诺。马蒂斯也与日本防卫大臣稻田朋美就朝鲜试射洲际导弹一事进行了电话协商。马蒂斯强调了美国将坚定防卫日本的承诺,以及将向日本提供包含所有手段在内的"延伸威慑"。

7月6日,美军太平洋司令部声明,一架美军B-1B型超音速战略轰炸机于当日从关岛起飞，先是在东海上空与2架日本航空自卫队的F-15J战斗机进行了夜间联合训练，然后南下穿越南海进行"南海飞跃自由"行动。

7月10—18日，美国、印度和日本在印度孟加拉湾举行"马拉巴尔"年度海上联合军事演习，这次演习是这项军演史上规模最大的一次。此次军演的最大看点是，美国派出了"尼米兹"号核动力航母，印度派出了由俄罗斯航母改装而成的"超日王"号航母，日本则派出了准航母"出云"号。这是美日印三国在"马拉巴尔"海上联合军演中首次同时出动航母。此外，上述三国还派出了两艘潜水艇和超过95架飞机参加此次军演。

7月10—23日，美国、乌克兰、格鲁吉亚、罗马尼亚和土耳其等国的30余艘军舰参加在乌克兰举行的"海上微风—2017"军演。据欧洲司令部消息，美国"休城"号（Hue City）和"卡尼"号（Carney）导弹驱逐舰、P-8A"海神"反潜巡逻机和约800名美军士兵参加了此次联合军演。演习包括潜水救援、排除水雷、反潜、反舰和防空行动。按照乌克兰与美国国防部签署的军事领域互谅合作备忘录，"海上微风"军演自1997年来每年举行一次。

7月11—20日，"军刀卫士2017"军演在保加利亚、罗马尼亚和匈牙利3国境内举行，来自22个北约成员国及伙伴国的约2.5万名军人参演。演习旨在通过欧洲地区部队的快速动员和集结能力来展示其威慑力。据报道，北约2017年在黑海地区共将举行18次军演，共有来自23个国家的4万名军人参演，而"军刀卫士2017"是上述系列演习中规模最大的一次。

7月15日，美国海军最新一艘"伯克"级导弹驱逐舰"芬恩"号在夏威夷珍珠港举行服役典礼。美国太平洋司令部司令哈里斯在仪式上表示，新军舰的问世向美国在亚太地区的盟友和对手发出信号，表明美国在该地区"存在利益"。

7月20日，美国中央情报局局长蓬佩奥在科罗拉多州的阿斯彭安全会议上表示："如果能实现半岛无核化、能将那些武器清除掉，则再好不过。但半岛核问题最危险的地方在于控制那些武器的人。所以从美国政府的角度讲，最重要的事是将武器和人分开，对吗？"蓬佩奥这番话被认为是暗示美国有意"除掉"金正恩。

7月22日，美国最新型航母"杰拉尔德·福特"号（USS Gerald R. Ford）正式服役。当天，特朗普专程前往诺福克，为该航母举行服役仪式并发表讲话。他赞称"福特"号是"世界历史上最新、最大、最先进的航母"。"当这艘航母出现在地平线上时，我们的敌人会因恐惧而瑟瑟发抖"。美国国防部此前表示，美国海军计划斥资 430 亿美元开发建造三艘新型"福特"级航母，除了"杰拉尔德·福特"号，另两艘分别为"约翰·肯尼迪"号和"企业"号。"福特"号的航行速度达到 30 节（约合 55.6 千米/时）以上，同时可运行长达 20 年不需补给燃料。此外，"福特"号摒弃了蒸汽弹射器，启用了电磁弹射器，舰载机的日出动量将因此大幅提高。

7 月 25 日，美国国防部一位官员表示，一艘美国巡逻舰 25 日在波斯湾海域向一艘伊朗革命卫队舰艇开火示警，因为伊朗舰艇已进入美国巡逻舰 140 米安全范围之内。美军中央司令部公布的一段现场视频显示，一艘美国巡逻舰发射数枚警示弹，方向是一艘被认为属于伊朗革命卫队的舰艇。事件发生在当地时间 25 日凌晨 3 点，地点是波斯湾北部海域。在美舰开火示警之后，伊朗舰艇停了下来，美国海军的"雷电"号巡逻舰则继续行驶。伊朗革命卫队对此进行了反驳。

7 月 30 日，美国全国广播公司报道称，美国在阿拉斯加成功进行了"萨德"反导防御系统试验。据报道，美军向太平洋发射了一枚中程弹道导弹，被位于阿拉斯加科迪亚克岛的"萨德"系统成功检测并拦截。美国"萨德"系统负责人山姆·格里夫斯在声明中表示，此次试验将帮助美国提前准备好应对"不断演化的威胁"。

7 月 30 日，韩美军方称，两架美军 B–1B 轰炸机当日飞抵朝鲜半岛上空，以此作为对朝鲜试射洲际弹道导弹的回应。

8 月

8 月 2 日，美国参议院外交委员会与政府官员召开闭门会议，试图说服政府官员在中东等地依据《战争权力法》出兵需要经过新的国会授权，国务卿蒂勒森、国防部长马蒂斯参会。特朗普上台后，进一步加强了前总统奥巴马任期内开始的对"伊斯兰国"的打击行动。这类行动的依据是"9·11"恐怖袭击发生后美国国会 2011 年对追捕恐怖分子的不设限授权。

8 月 6 日，美国陆军下令停止使用中国大疆创新公司生产的无人机，陆军的一份内部备忘录称，该产品存在网络安全漏洞，要求陆军各部门停止使用，并卸载所有大疆应用软件。

8月11日，"约翰·S.麦凯恩"号驱逐舰在南沙群岛美济礁附近12海里范围内开展了"航行自由行动"。美国国防部官员对法新社说，美舰收到了来自中国护卫舰的至少10次警告，要求离开中国领土。

8月16日，美军参联会主席邓福德与中国人民解放军总参谋长房峰辉在北京会谈后发表讲话。邓福德称，美中两国之间"有很多棘手的问题"需要解决。美国国防部一名高级官员表示，双方签署的"中美两军联合参谋部对话机制框架文件"为两军之间建立信任和了解打开了大门，但是"只有当双方进行有意义的对话，减少误判风险的时候，协议才是有用的"。协议签署后的首次会谈定于11月举行，负责军事战略、计划和政策建议的两国军事官员将出席会议。

8月19日，特朗普宣布，他已下令将美国网络司令部升格到联合作战司令部级别。白宫发表声明称，网络司令部的升格显示美国加强了抗击网络威胁的决心，并将帮助美国的盟国和合作伙伴安心，同时震慑美国的对手。升格后的网络司令部将把网络作战整合到一个指挥系统之下，这将帮助精简时间敏感性很强的网络作战的指挥和控制。特朗普指示国防部长马蒂斯探讨把美国网络司令部同美国国家安全局分开的可能性，并将在今后宣布有关建议。

8月21日，美国海军下令对海军运作展开全面调查，调查频繁发生的撞舰事故。正在约旦访问的美国国防部长马蒂斯称，他完全支持海军作战部长理查森"将对所有海上有关事故"进行的调查。美军太平洋舰队司令斯威夫特解除了第七舰队司令奥库安的职务，理由是"丧失对其领导能力的信心"。

8月21日，美韩启动"乙支自由卫士"联合军演，5万名韩国军人和1.75万名美国军人参加这次为期10天的军演。较2016年军演，韩军参演人数大致相当，但美军兵力减少7500人。从18日开始，韩方在板门店用高音喇叭向朝鲜喊话，告知有关此次军演的计划和目标。

8月26日，美国国防部长马蒂斯在访问乌克兰时，重申美国恢复乌克兰主权和领土完整性的承诺。马蒂斯会晤了乌克兰总统波罗申科和国防部长波尔托拉克。

9 月

9月1日，美国《华尔街日报》援引匿名的特朗普政府官员的话称，美军太平洋司令部已首次制定南海巡航计划表，相比奥巴马政府的南海巡航计划，即将实施的新计划表将更具制度性和常态化，美军将在数月内执行两到三次"航行自由"行动，美军机"飞越自由"行动频率也将加强。该计划表有助于回应中国称美巡航破坏地区稳定的指责，符合特朗普政府给予军方指挥官更多决策余地的理念。该媒体称，根据美军不事先宣布军事行动的政策，匿名人士拒绝透露美军未来在南海巡航的时间和地点。

9月3日，美军方回应朝进行第六次核试验。国防部长马蒂斯在美军参联会主席邓福德陪同下做简要表态称，任何攻击美、日、韩行为都会招致有效的、压倒性的大规模军事回应。美国有很多军事选项，特朗普总统将逐一听取这些方案的具体细节。

9月5日，特朗普发推特称，"我批准日韩向美大幅度购买先进的军事装备"，以回应朝鲜最新核试。但白宫未说明美国将出售何种程度的武器。白宫新闻发言人桑德斯表示，特朗普政府最优先目标是朝鲜半岛无核化，而包括外交、经济等各种选项仍在桌面上。

9月14日，美国国务院发表声明，谴责朝鲜当天发射导弹。美国防部同日也发表声明强调，美国对朝鲜的弹道导弹威胁正进行"全天候实时监测"，以确保不错过任何潜在威胁。

9月15日，美国总统国家安全事务助理麦克马斯特表示，朝鲜问题是"朝鲜和全世界的矛盾"，承认美国对朝"确有军事选项"。17日，他接受美国广播公司采访时威胁称，美国要求朝鲜自动弃核，美国保留采取一切必要措施的可能，"所有选项都已摆上台面"。

9月18日，美国国防部长马蒂斯确认，美国将向阿富汗增派超过3000名美军人员。他表示，最终的增兵命令虽还未签署，但增兵计划是确定的。

9月19日，美国国防长部马蒂斯表示，美、日等国的反导系统正常运转，朝鲜导弹对美国"不构成任何直接威胁"。若导弹威胁到日本或关岛，美国不会坐视不理，美国也有能力确保韩国规避"重大风险"；联合国对朝鲜制裁决议"颇有成效"，已清楚地向朝鲜传达了"挑衅有代价"的信息。

9月20日，美国战略司令部司令海顿发表演讲称，美国强大的导弹防御体系和核威慑力量完全可以应对朝鲜可能发动的袭击，且美国军方还在加大针对朝鲜的预警和防御投入，朝鲜对美国动用核武器的企图不会得逞。美国已将对朝鲜威慑的信息传递给朝鲜，目的恰是不使用武力、在朝鲜配合下和平解决问题。

9月23日，美国国防部发言人怀特称，美军若干架B-1B轰炸机和F-15C战斗机当天分别从关岛和冲绳起飞，在朝鲜东部的国际空域执行飞行任务。此次飞行系21世纪以来美军战机在朝鲜附近非军事区最靠北的一次飞行，意在向朝鲜传达明确信息，即美国有多种对朝鲜的军事选项，并将"动用一切手段捍卫自身及盟友"。

9月26日，特朗普在白宫与西班牙首相拉霍伊举行的联合记者会上表示，美国完全做好了对朝鲜动武的军事选项准备，并宣布了针对朝核导活动新的制裁措施。特朗普说，"我们完全准备好了实施第二个选项，虽然不是理想的选项，但是如果我们采取那个选项，那将是毁灭性的。那个选项被称为军事选项，如果迫不得已，我们将实施那个选项"。特朗普表示，绝不允许朝鲜"以无法想象的生命代价来威胁整个世界"。

9月26日，美国国防部长马蒂斯正式访问印度，这是特朗普1月上台以来首位访印的特朗普政府内阁成员。当天，马蒂斯先后与印度防长西塔拉曼和印度总理莫迪会谈，阿富汗问题、反恐与加强两国防务等领域合作成为会谈重点。

9月26日，美军参联会主席邓福德在美国参议院军事委员会的听证会上表示，目前朝鲜对美国构成最大的威胁，但俄罗斯在整体上仍是美国的最大威胁，到2025年中国将成为美国的最大威胁。他称，中国正集中于限制美国投放军力的能力以及削弱美国在太平洋的同盟关系。

9月26日，美军太平洋舰队司令斯威夫特发表声明称，在美国海军领导层表示不会提名他接替哈里斯担任美军太平洋司令部司令后，他做出了辞职决定。他表示，"根据惯例和对舰队的忠诚，我已提交辞职申请"。他未说明确切的辞职日期，因为"在太平洋还有很多事要做"。

9月27日，美国国防部长马蒂斯访问阿富汗首都喀布尔时表示，随着美国为打破与塔利班激进分子的僵局而采取新的策略，美国不会放弃在阿富汗的战斗。他称"我们采取审时度势的南亚新战略后，随着你们的部队在打击恐怖分子的战役中得以扭转局势，我们会对阿富汗提供更好的支持，我们不会把阿富汗丢给一个无情的、试图以杀戮夺得政权的敌人。"

9月27日，美国参议院以口头表决方式通过邓福德继续担任美军参联会主席，任期两年。

10月

10月2日，美军第七舰队"尼米兹"级核动力航母"里根"号离开日本横须贺基地赴中国南海巡航，2日上午驶抵香港访问补给，逗留4—5天，船上的5000千多名官兵分批上岸休息，参与官方交流及社区活动，包括到访学校等。

10月4日，美国非洲司令部发表声明称，3名美国陆军特种部队军人4日在尼日尔西南部遭袭身亡，另有两人受伤。他们是在尼日尔首都尼亚美以北靠近马里边界的地区与尼日尔军队联合执行巡逻任务时遇袭的。

10月6日，美军联合参谋部主任麦肯齐称，受正在波多黎各进行的救灾行动的影响，美军推迟了向阿富汗增兵的行动。延误的部分原因是美军的运输机数量有限。

10月9日，美国国防部长马蒂斯接受采访时表示，美军面临着比以往更加复杂环境的挑战。美军当前的首要任务是加强杀伤力，第二是加强联盟，第三是改革军方与商界的关系。

10月10日，美日韩战机在日本海附近进行了飞行军事演练。美军两架B-1B轰炸机当天从关岛美军基地出发，日本航空自卫队和韩国空军分别派出两架战斗机和两架F-15K战斗机参加演练。这是美军太平洋司令部B-1B轰炸机首次和日韩空军进行联合夜间飞行演练。

10月12日，美国白宫和国务院分别发表声明称，在巴基斯坦政府的协助下，已成功解救被塔利班分支机构"哈卡尼网络"绑架5年的凯特兰·科尔曼、乔舒亚·博伊尔夫妇和他们的3个孩子。美国国务卿蒂勒森称，美国对巴基斯坦政府和军方的合作深表感谢。特朗普政府新南亚战略认为，巴基斯坦应对该地区的稳定与和平发挥重要作用。美国希望巴方的行为将进一步推动两国关系发展。

10月13日，美军"密歇根"号核动力潜艇驶入韩国釜山港。此前，美军"图森"号核动力潜艇驶入韩国庆尚南道镇海港，美军"里根"号核动力航空母舰也计划在下周与韩国军舰进行联合演习。美国海军将此次访问称为"例行活动"。

10月22日,特朗普就多国部队收复"伊斯兰国"的重要据点拉卡发表讲话,称"对抗'伊斯兰国'的行动很快就会进入新阶段,美国将会支持当地安全部队,缓和叙利亚全境暴力,并推进持久和平的各种条件,让恐怖分子无法卷土重来,再度威胁我们的集体安全。"

10月23日,美国国防部长马蒂斯访问菲律宾,并参加于23—25日召开的东盟防长论坛。马蒂斯称,美国高度支持东盟,东盟打造了一种"新的模式",各国相互尊重,不以经济或军事手段掠夺对方。马蒂斯表示,继续支持南海的"自由航行"。马蒂斯还与日本和韩国国防部长会晤,讨论朝鲜局势。三方一致同意要阻止朝鲜继续采取挑衅性举动,关注朝核导威胁,加强防务合作和立场协调。

10月27日,美国副总统彭斯视察美国北达科他州迈诺特空军基地。彭斯发表讲话称,特朗普总统承诺美国将继续提升核武器水平,迈诺特基地的核武力量足够保障美国人民的安全。

10月28日,美韩在首尔的韩国国防部大楼举行第49届美韩安保会议。两国防长在会后签署共同声明,称绝不再容忍朝鲜任何形式的侵略和军事挑衅。双方商定在韩国部署更多美军战略武器,应对朝鲜任何挑衅。双方将共同致力于早日完成基于条件的作战指挥权移交工作。两国防长还商定,采取必要措施加强美韩日三国情报共享及应对能力,加强三方安全合作,共同维护亚太地区的和平与稳定。

10月30日,两架美国空军最新型F-35A隐形战机飞抵日本冲绳县的美军嘉手纳基地。这是美军公布的在6个月内轮流部署的12架战机中的两架。美军太平洋司令部首次向亚太地区部署美国空军最先进的第五代F-35A战机。

11月

11月1日,美国《防务新闻》等媒体报道称,美国海军最新调查报告显示,"菲茨杰拉德"号、"麦凯恩"号驱逐舰撞船事故,都是由于不遵守海军操作规程、人为处置失当造成。美海军已确定两起事故是"可预防的"和"可避免的",与先前关于中俄黑客等传闻无关。调查报告认定,两艘"宙斯"盾军舰的舰员都存在严重失职问题,撞船前后均未与邻近民船进行无线电沟通,也没有向全舰人员发出安全警报,严重违背美国海军标准操作规程。

11月2日，美国总统国家安全事务助理麦克马斯特在白宫接受韩联社等外国媒体采访时表示，将努力让朝鲜政权更孤立，以非军事手段解决朝核问题，最重要的是，继续推进针对朝鲜的外交孤立和经济制裁，让朝鲜领导层认识到发展大规模杀伤性武器无助于维护其安全，走无核化道路才是明智之举。至于韩中"萨德"矛盾出现转机，麦克马斯特表示，半岛需要的是对朝鲜制裁，而不是对韩国制裁。中国可能已认识到，中韩关系比中朝关系更重要。

11月2日，美国海军作战部部长理查森在美国国防部就西太平洋撞船事故调查结果举行记者会，公布了全面汇总事故发生背景等的报告。理查森表示，第七舰队在日本周边海域任务量急增，部队的负担加重，维持舰艇安全航行的能力有所降低，这都是事故连发的背景。理查德森表示，目前部署的舰艇数量不足以应对任务急增的情况，只有增加舰艇的数量才能解决这一问题。

11月2日，美国空军宣布，两架B1-B战略轰炸机从关岛起飞，由韩国和日本战机护航飞越朝鲜半岛，进行了空对地轰炸演习。虽然此次演习是在特朗普总统出访亚洲五国前一天进行的，但美国空军方面称，出动这两架轰炸机不是对"任何当前事件"的反应，这次演习是以前计划好的。

11月3日，美国总统国家安全事务助理麦克马斯特表示，特朗普出访亚洲五国有三大目的，第一是推动朝鲜永久性的无核化；第二是强调印度洋—太平洋地区的自由，包括自由航行权、主权等等；第三个重要目的是公平与自由的贸易。

11月3日，美国海军宣布，由美军网络司令部核准，海军40个网络行动分队全部获得完全运作能力资质，这比原先设定的目标时间提早了一年。拥有这项资质意味着网络行动分队在人员配置、行动能力和培训方面都全部达到了要求。

11月3日，美军非洲司令部发布公告称，首次对索马里东北部境内"伊斯兰国"武装分子进行了两轮空袭，用无人机消灭了数名恐怖分子。

11月9日，美国国防部长马蒂斯在比利时布鲁塞尔北约总部回答记者提问时表示，让俄罗斯遵守它已经签署的条约是一项重要任务。俄罗斯已经部署了巡航导弹，违反了《中导条约》。

11月11—14日，美韩海军在朝鲜半岛东部海域进行航母战斗群联合演习。这是韩国建军以来,韩国海军首次与3艘美国航母"罗纳德·里根"号、"尼米兹"号和"西奥多·罗斯福"号一起进行联合演习。这也是2007年在关岛近海进行演习以来,美国时隔10年再次同时派出3艘航母参与军演。本次演习内容包括防空演练、海域监视、海上航行补给、防御性空战训练、近距离协同作战及其他训练。

11月13—19日,美军太平洋司令部陆军部队和中国南部战区的陆军人员在西海岸的俄勒冈州举行年度救灾交流活动。双方各派出96名军人以及多名政府相关部门的文职人员参加。活动包括专家学术讨论、室内推演和野外实践等三个阶段。中方称,这是一次联合实兵演练和研讨交流活动,但美方称这是一次年度交流活动,并非联合演练。"美国之音"报道称,美中两军对于双方互动的定义和理解存在落差,折射出两军在南中国海等一些重大安全问题上更大的分歧。

11月14日,美国国会数十年来首次审议总统下令使用核武器的权限,特别是讨论特朗普是否有权下令对朝鲜发动"先发制人"的核打击。上一次国会审议总统下令使用核武器的权限还是在41年前。

11月15日,美国海军陆战队的3架最新型隐形战机F-35B飞抵驻日本岩国的美国海军陆战队航空基地,总计16架部署完成。2017年1月有10架飞抵该基地,11月9日又有3架抵达。美国军方完成了首次第五代战机飞行中队的常态化海外部署。美军方表示,部署完成后将大大提升美日军事同盟的战斗力。

11月18日,美国哥伦比亚电视台报道称,美军战略司令部司令海顿在加拿大东部哈利法克斯召开的国际安全论坛上表示,即使特朗普下达核攻击命令,若认为其违法,就将提议其他选项。前美国核导弹发射官布鲁斯·布莱尔19日表示,特朗普一旦做出核打击的决定,几乎不可能被推翻。"总统拥有不受审查的权力,可以单方面向五角大楼作战指挥中心发出任何他想要的'先发制人'核打击命令。"

11月23日,韩国军方官员称,美国打算派6架F-22"猛禽"战机赴韩,这是美国首次同时向韩国派出6架该型号战机。它们将从美军驻日本冲绳嘉手纳基地出发,参加于12月8日举行的美韩"警惕王牌"联合军演。美军战机编队将在演习中与韩国战机共同参加"敌方渗透""精确打击"等课目演练。

11月28日,朝鲜时隔75天试射射程可覆盖美国本土的"火星—15"新型洲际弹道导弹。特朗普发推文回应称,此举未改变美国对朝核导问题的严肃立场，美国能够处理该局面，尤为重要的是增加对美国政府和军队拨款。美国国防长部马蒂斯表示，这枚导弹飞行的距离和高度都超过朝鲜以往试射的导弹。这是朝鲜制造能够"威胁世界任何地方"的导弹的努力之一，朝鲜是对世界和平的威胁。美国国防部的初步评估是，朝鲜在平壤以北发射了一枚洲际弹道导弹，这枚导弹飞行了大约 1000 千米后坠落在日本海日本专属经济区。

11 月 29 日，中美两军高级将领在华盛顿举行了一次不公开的会议。这是两军建立联合参谋部对话机制后的首次会议。美军参联会策划事务负责人克拉克和中国中央军委联合参谋部副参谋长邵元明分别代表两国军方出席此次会议。美联社援引五角大楼消息称，此次会议让美中双方有机会讨论"如何在危机中采取行动，如何避免误判和降低误解风险"。中国国防部新闻发言人吴谦表示，此次对话就两军联合参谋部交流合作和改进危机管理与沟通等议题进行讨论。两国都表示，此次会议早在计划日程之中，并非专门针对朝鲜问题。

11 月 30 日，美国参议院军事委员会口头表决通过美国 2049 项目研究所首席执行官薛瑞福（Randy Schriver）出任美国负责亚太事务的助理国防部长的提名。

12 月

12 月 2 日，美国国防部长马蒂斯启程访问中东和中亚，将与相关国家就特朗普的南亚战略进行对话。在约旦，马蒂斯将参加一个旨在协调各国在西非打击暴力极端主义的会议，该会议此前聚焦在东非、东南亚和巴尔干地区的反恐行动。

12 月 4 日，美国国防长马蒂斯与马来西亚国防防部长希山慕丁·侯赛因通电话，马蒂斯对马来西亚支持国际社会向朝鲜施压、促其放弃核导项目所作出的贡献表示感谢；两人还讨论了地区反恐合作问题，双方重申将努力阻止"伊斯兰国"在东南亚获得立足点；双方还讨论了美马双边防务合作问题。

12 月 11 日，特朗普签署太空政策指令，要求美国国家航空航天局（NASA）让美国宇航员重返月球，并对火星及广阔的太阳系进行探索。特朗普称，这是自 1997 年以来让美国宇航员重返月球的重要一步。

12 月 12 日，特朗普在白宫签署了总额约 6920 亿美元的《2018 财年国防授权法案》，该法案授权国防部和能源部的国家安全项目在2018财年支出6260亿美元的基础预算和660亿美元的海外应急行动预算。该法案拨款262亿美元用于海军购买舰只，包括弗吉尼亚级核潜艇；拨款101亿美元用于购买90架F-35战机；批准美军增加2万多名士兵，并将军人工资提高2.4%。法案将拨款44亿美元加强导弹防御系统，新增28个陆基拦截系统，在美国西海岸额外部署拦截导弹。

12月18日，特朗普发布其任内首份《国家安全战略》报告，明确提出维护美国国家安全的四大支柱及美国在全球各地的地区战略（印太、欧洲、中东、中南亚、西半球、非洲）。四大支柱包括：一是保护美国人民、国土安全和美国人的生活方式；二是促进美国的繁荣；三是以实力谋和平；四是提升美国影响力。该报告宣称"属于旧时代的大国竞争重新出现"，并有33处提及中国，将中国定义为"修正主义大国""挑战者""竞争者"。

12月19日，依照美国国防部国防人力数据中心的最新资料，当前美军约有130万现役部队，其中包括47.6万陆军，32.3万海军，18.4万海军陆战队，32.16万空军（四者相加为130.46万人）。此外，另有4.15万海岸警卫队，81.08万精选预备役部队。

12月21日，美国国防部负责采购、技术与后勤的副防长艾伦·罗德宣布任命新美国安全中心高级研究员本·菲茨杰拉德为战略与设计办公室主任，该任命将于2018年1月2日生效。

12月22日，美国国务院发言人纳乌特在接受俄新社采访时表示，美国政府已决定向乌克兰提供防御性武器，以确保其领土和主权的完整，但并未透露关于所提供武器种类和数量的具体细节。美国官员披露，特朗普同意向乌克兰提供致命性武器装备，包括"标枪"反坦克导弹。美乌已就美国向乌克兰提供价值4700万美元、210枚反坦克导弹和35套发射装置的事宜进行了磋商。

2017年中美关系大事记

1月

1月9日，美国贸易代表办公室向国会递交了《2016年中国世界贸易组织合规报告》，报告认为中国在知识产权、工业、农业、贸易透明等方面取得进步，总结了美国政府在监督中国遵守入世承诺方面做出的做法。报告称，中国自入世以来，美国对华商品出口增长505%，服务业出口增加802%，但指责中国在保护知识产权和开放服务业市场等方面仍做得不够，认为中国对出口企业大量补贴有违透明和公平竞争的原则等已经成为明显的贸易壁垒。

1月9日，中国外交部发言人对美国国会议员及州长与过境得克萨斯州的台湾地区领导人会面一事表示不满，称中国"坚决反对台湾地区领导人"利用所谓"过境"之机"与美国官方人士"进行任何形式的接触，从事"干扰和破坏"中美关系的活动，敦促美国政府遵守"一个中国"政策及三个联合公报，妥善处理台湾问题。美国国务院发言人同日就此回应称，美国的"一个中国"政策没有改变，美国政府也未在其中扮演任何角色。

1月10日，即将卸任的美国国务卿克里分别在美国和平研究所和美国海军学院发表演讲，称南海争端需要各方和平解决，确保公海航行自由的权利，建议美国下届政府为解决朝核问题继续与中国有效合作。

1月11日，被提名为美国新任国务卿的蒂勒森在国会参议院听证会上称，新政府未计划改变"一个中国"政策。他还表示，中国已成为全球贸易一大经济力量，美中之间是友好与敌对并存，需要看到其中的积极方面，两国经济福祉紧密联系，不应让分歧影响双方在一些领域开展建设性合作。此外，他还称会在南海问题上对中国更强硬，为此将阻止中国使用"人造岛礁"。

1月12日，被提名为美国新任国防部长的马蒂斯在国会参议院军事委员会听证会上称，由于俄罗斯、恐怖组织以及中国在南海的行动，二战后建立的全球力量平衡正受到前所未有的威胁。他称，美国为应对中国构成的安全挑战，一方面应努力管控双方分歧，另一方面要以军事实力积极应对，并在南海问题上对中国采取更强硬立场。

1月12日，被提名为新任中央情报局局长的蓬佩奥在国会参议院情报委员会听证会上称，"伊斯兰国"、叙利亚冲突、伊朗、俄罗斯、中国、朝鲜以及来自网络黑客的威胁是美国面临的最大安全挑战，中央情报局将致力于应对这些威胁以保护美国安全。

1月17日，中国国家主席习近平在瑞士达沃斯会见美国副总统拜登。习近平指出，中美建交38年来，两国关系历经风雨，但总体不断向前发展。在双方共同努力下，中美关系沿着正确方向发展，并取得重要积极成果。两国双边贸易、双向投资存量、人员往来均创下历史新高。两国和世界人民的根本利益需要中美共同努力，构建长期稳定的合作关系。拜登表示，美中关系是极为重要的双边关系。在21世纪，美中两国的增长和繁荣对世界都至关重要。美方希望美中两国能够继续加深互信、扩大合作。

1月18日，中国外交部发言人就台湾当局会派所谓"代表团"参加美国新任总统特朗普就职典礼一事表态，称反对台湾当局以任何借口派人赴美从事干扰和破坏中美关系的活动，希望美方不允许台湾代表团参加美国总统就职仪式，不与台湾进行官方接触。

1月21日，白宫发言人在特朗普就职后的首场新闻发布会上回答有关中国的问题时称，美国将"确保在南海国际水域和国际活动地区的利益"，"确保我们保卫国际领域不被一个国家所占领"，并称特朗普总统高度重视中国市场，但将重新评估两国贸易关系，因为美中贸易关系"不是一种双行道关系"，因为中国企业和人员能很容易地进入美国市场，但美国企业和个人在中国无法享受这种待遇，美方为此将重新审视此问题。

2月

2月1日，中国驻美国大使馆举行"2017欢乐春节—中国文化之夜"活动，特朗普的女儿伊万卡出席该活动并恭贺农历新年。

2月3日，中国国务委员杨洁篪与美国总统国家安全事务助理弗林应约通电话。杨洁篪表示，中美拥有广泛共同利益和巨大合作潜力，双方继续开展合作，符合两国和两国人民的实际利益。希望美国新政府与中国共同努力"维护两国关系政治基础"、"管控好分歧和敏感问题"。弗林表示，美国政府致力于发展"强有力的美中关系"，愿与中国加强高层交往、开展互利合作、妥善处理敏感问题。双方可在双边、地区和国际事务中展开广泛合作，希望与中国继续保持密切沟通。

2月3日，美国财政部宣布对伊朗实施新的制裁措施，被制裁的13名个人和12家实体中，有2家中国公司和3名中国人。

2月3—4日，美国新任国防部长马蒂斯在访问日本期间，称中国"想在邻国外交、安全和经济事务中拥有否决权"，"南海和东海已出现各种以武力改变现状的现象"，"必须认识到基于法治的国际秩序须得到维护"，指责"中国在南海推进军事基地化"，称"美军未来会继续实施航行自由行动"，并称钓鱼岛适用于《美日安保条约》第5条。中国外交部发言人就此回应称，马蒂斯言论将地区稳定置于险境，敦促美方采取负责任的态度，停止在钓鱼岛主权问题上发表错误言论，避免使有关问题进一步复杂化，给地区形势带来不稳定因素，《美日安保条约》是冷战时期的产物，不应损害中国的领土主权和正当权益。

2月7日，美国新任国务卿蒂勒森在与日本外相岸田文雄电话会谈时，称钓鱼岛属于《美日安保条约》第5条适用对象，表示"反对一切试图损害日本施政权的单方面行动"。中国外交部发言人就此称，钓鱼岛及其附属岛屿自古以来就是中国领土，敦促美方停止发表错误言论，而日方试图寻求外援是徒劳。

2月7日，中国外交部长王毅在澳大利亚堪培拉参加第四轮中澳外交与战略对话后举行的记者会上，针对有关中美关系的提问，称中美发生冲突，将是两败俱伤，双方都不可承受。对于美国的对华政策，中方更重视的是美国新政府成立后的正式政策宣示。特朗普先生当选后，习近平主席与他有过一次重要通话，基调十分积极。美国新执政团队对中国可能需要一个了解和熟悉的过程，相信随着时间的推移，只要双方恪守迄今作出的有关承诺，维护好两国关系的政治基础，中美关系就能较快渡过磨合期，走上更好的发展道路。

2月7日，美国商务部公布的2016年贸易统计数据（通关）显示，美国在商品贸易中对华贸易逆差3470亿美元，占整体贸易逆差的47%。中国是美国最大逆差来源国，其次是日本、德国和墨西哥。

2月8日，美国总统特朗普致信中国国家主席习近平，感谢习主席祝贺他就任总统，祝愿中国人民元宵节快乐，鸡年兴旺。他称期待同习近平主席共同推动惠及两国的建设性美中关系。白宫发言人次日就此表示，特朗普了解美中关系对美国非常重要，希望与中国发展富有成果和建设性的关系，推动美中关系向前发展。中国外交部发言人也就此表示，中方已收到特朗普总统致习近平主席的信函，高度赞赏特朗普总统对习近平主席和中国人民的节日祝贺。

2月8日，美国海军一架P-3巡逻机近距离接近正在黄岩岛附近空域执行例行任务的中国预警机，中方飞行员采取合法专业措施予以应对。

2月10日，中国国家主席习近平同美国总统特朗普通电话。习近平祝贺特朗普正式就任美国总统，感谢他2月8日来信就元宵节和中国农历鸡年向中国人民致以节日祝福，对特朗普表示愿意努力拓展中美合作、发展惠及中美两国和国际社会的建设性双边关系表示高度赞赏。中方愿意加强同美方在经贸、投资、科技、能源、人文、基础设施等领域互利合作，加强在国际和地区事务中沟通协调，共同维护世界和平稳定。特朗普表示，很高兴同习近平主席通话，美中保持高层沟通十分重要，对上任以来双方保持密切联系感到满意，钦佩中国发展取得的历史性成就，向中国人民致意。发展美中关系受到美国人民广泛支持。美中作为合作伙伴，可以通过共同努力，推动双边关系达到历史新高度。美方致力于加强两国在经贸、投资等领域和国际事务中的互利合作。美国政府坚持奉行"一个中国"政策。两国元首同意保持密切联系，就共同关心的问题及时交换意见，加强各领域交流合作，并期待早日会晤。

2月10日，特朗普与访美的日本首相安倍晋三发表联合声明，双方确认钓鱼岛适用于《美日安保条约》，反对任何破坏日本对这些岛屿行政管辖的片面举动；双方强调要依照国际法维持海上秩序、包括航行与飞越自由的重要性，"美日反对任何企图透过使用恐吓、胁迫或武力来主张海上声索的方式"。对于南海，称"相关国家要避免包括采取军事化、将南海紧张局势升级的举动"。特朗普还表示，9日他与习近平主席的电话交谈十分"良好"和"热切"，讨论了许多问题，称美中正处于友好相处过程之中，美国与许多中方代表就诸多问题举行会谈。美中相处好了，对中国、日本、美国等亚太地区各国都有益。

2月17日，中国外交部长王毅在德国波恩出席二十国集团外长会期间会见了美国国务卿蒂勒森。王毅表示，习近平主席前不久同特朗普总统进行的通话十分重要。美方明确表示继续坚持一个中国政策，两国元首一致认为中美完全能够成为很好的合作伙伴，应在新起点上推动两国关系取得更大发展。这一重要共识维护了两国关系的政治基础，给新时期中美关系的发展指明了方向，也为双方在双边、地区和全球范围内开展全方位战略合作创造了必要条件。中方愿与美方按照两国元首达成的共识，沿着不冲突不对抗、相互尊重、合作共赢的方向，加强沟通，增进互信，管控分歧，深化合作，确保中美关系在特朗普总统任内取得更大发展。蒂勒森表示，定义美中关系的只能是友好，美方重申奉行一个中国政策，这不仅对两国关系非常重要，也对地区稳定发展有利。美方期待与中方开展高层交往，增进相互理解，维持、完善和加强各领域对话合作机制，在经济、金融、安全等领域加强合作，推动两国关系实现更大发展。双方还就朝鲜半岛核问题深入交换了意见。

2月17日，中国国务院副总理汪洋、中共中央财经领导小组办公室主任刘鹤、中国人民银行行长周小川和中国财政部长肖捷应约分别与美国财长姆努钦通电话。

2月18日，美国海军发布声明，称美军"卡尔·文森"号核动力航母战斗群进入南海巡逻。这是美国海军在特朗普上台后首次在南海采取此类行动。

2月21日，中国国务委员杨洁篪应约与美国国务卿蒂勒森通电话。杨洁篪表示，"希望双方按照两国元首通话精神，秉持不冲突不对抗、相互尊重、合作共赢原则，加强高层及各级别交往，拓展各领域务实合作，妥善处理敏感问题。"蒂勒森称，"美方愿同中方一道继续增进两国互信，推进双边关系发展。"双方同意需要处理朝鲜对区域稳定构成的威胁，讨论了经济、贸易以及两国在反恐、执法和打击跨国犯罪方面的潜在合作。

2月23日，特朗普在白宫称，中国加入世贸组织后已经导致美国约7万家工厂倒闭，称中国是"货币操纵大冠军"。美国财政部长姆努钦称，美国将采取更有条理的方式来分析中国的外汇操作，按照财政部程序判断中国是否通过操纵货币获取不公平贸易优势的行为。中国外交部发言人24日在例行记者会就此表示，中方将继续推进将人民币汇率形成机制的改革，同时保持人民币汇率在合理均衡水平上的基本稳定。中方无意通过竞争性的货币政策获取贸易优势，人民币也不存在持续贬值的基础。希望有关方面客观、正确地看待人民币汇率问题，多做有利于双方互信、合作的事情。

2月23日，被提名为美国新任驻华大使的艾奥瓦州州长布兰斯塔德表示，上任后的工作重点之一是为美国牛肉和农产品打开中国市场。

2月27日，特朗普在白宫会见了到访的国务委员杨洁篪。双方一致同意加强双边关系，加强高层交往及在各领域的合作，拓展在重大国际地区问题上的协调与合作。同日，杨洁篪还会见了白宫高级顾问库什纳、白宫首席战略师班农、总统国家安全事务助理麦克马斯特等美方高级官员，就进一步发展中美关系和其他共同关心的问题交换了意见。

2月28日，中国国务委员杨洁篪在美国国务院与国务卿蒂勒森会谈，双方一致认为中美关系应该按照两国元首确定的方向前进，加强高层及各级别交往，深化双边各领域交流合作，拓展国际地区和全球问题上的沟通协调，尊重彼此的核心利益和重大关切，推动中美关系持续健康稳定发展，惠及两国和世界各国人民，并就共同关心的国际地区问题交换了意见。

2月28日，中国驻洛杉矶总领馆与美国理查德·尼克松基金会在加利福尼亚州约巴林达市尼克松图书馆举行了尼克松总统访华暨"上海公报"发表45周年纪念仪式。

3月

3月13日，美国国务院就国务卿蒂勒森上任后的首次亚洲行（日本、韩国与中国）举行吹风会，负责东亚和太平洋事务的代理助理国务卿苏珊·桑顿（中文名董云裳）称，特朗普政府正迅速采取行动与中方建立良好沟通渠道，寻求与中国建立非常建设性的关系，目的是"与中国建立一个以结果为导向的关系，一个使美国人民受益、对盟友保持忠诚并促使中国遵守国际准则的关系"，希望能与中国进行建设性讨论，使双方在有问题的领域内取得进展，包括矫正近年来的美中经贸关系失衡，为两国贸易与投资营造公平的竞争环境等等，并重申了对一个中国政策的承诺。

3月14日，被提名为美国贸易代表的莱特希泽在美国参议院金融委员会听证会上称，他将与国会一道通过强有力的新手段并动用各种杠杆，使中国以及美国其他贸易伙伴对其不公平贸易做法负责，称美国"须考虑更系统性的办法"，在世贸规则、双边贸易协议等所允许的范围内采取尽可能多的贸易执法行动。

3月18—19日，美国国务卿蒂勒森访华，先后与中国外交部长王毅、国务委员杨洁篪和国家主席习近平会谈，就双边关系交换了看法，双方同意就两国元首会晤事宜做好各项准备工作。

3月24日，美国国务院宣布，美国政府已在3月21日对违反禁令向伊朗、朝鲜和叙利亚出售相关设施的单位和个人实施制裁，其中包括中国公司和个人，该制裁有效期为两年。

4月

4月3日，特朗普接受英国《金融时报》专访时称，除非中国对朝鲜加大施压，否则美国将单方面采取行动消除朝鲜核威胁，称"中国对朝鲜有重大影响力。中国可能在朝鲜问题上帮忙，也可能不帮"，"如果中国决定帮忙，那对中国很好；如果中国决定不帮，那对任何人都不好"，但无论中国是否帮忙，他都会解决朝鲜问题。

4月4日，特朗普与美国商界领袖座谈时称，美国对华贸易逆差总体规模还是过大，称将在美中元首会晤时就此向中方表达关切，相信与习近平主席的会晤会取得很好成果。同日，白宫就美中元首会晤举行吹风会，称即将举行的峰会是一次两国元首相互了解、完善美中对话机制的机会，双方将讨论朝鲜、美中贸易、和南海等问题。

4月6—7日，中国国家主席习近平应邀访问美国，在佛罗里达州海湖庄园与美国总统特朗普举行了会晤。两国元首进行了深入、友好、长时间的会晤，双方高度评价中美关系取得的历史性进展，同意在新起点上推动中美关系取得更大发展，更好惠及两国人民和各国人民。双方同意继续通过各种方式保持密切联系，建立外交安全对话、全面经济对话、执法及网络安全对话、社会和人文对话4个高级别对话合作机制，并在会晤期间启动了外交安全、全面经济两个对话机制，并同意尽早启动其他两个对话机制。中方欢迎特朗普总统年内对中国进行国事访问，欢迎美方参与"一带一路"框架内合作。双方愿加强两军交往，同意建立联合参谋部对话机制新平台，深化执法司法、网络安全、追逃追赃、非法移民、卫生等领域的合作。双方同意采取更多实际举措拓展中美人文交往，扩大两国人民往来，不断夯实中美关系的社会基础。两国元首同意通过会晤、通话、通信等方式继续保持密切联系，并就朝鲜等重大国际地区问题交换了意见，同意就半岛问题保持密切沟通与协调。双方同意拓展在防扩散、打击跨国犯罪等全球性挑战上的合作。

4月12日，中国国家主席习近平同美国总统特朗普通电话。习近平强调，两国元首"海湖庄园会"中取得重要成果，双方下一步要通过外交安全对话、全面经济对话、执法及网络安全对话、社会和人文对话4个高级别对话机制，推进经济合作"百日计划"实施，拓展两军、执法、网络、人文等方面交流合作，加强在重大国际和地区问题上的沟通协调，争取尽可能多的早期收获，为两国关系发展注入新的动力，为促进世界和平和发展而共同努力。双方工作团队要密切合作，确保总统先生年内访华取得丰硕成果。特朗普表示，"海湖庄园会"很成功，两国元首保持密切联系十分重要，赞同美中双方应该共同努力，拓展广泛领域务实合作，期待对中国进行国事访问。两国元首并就地区热点等共同关心的问题交换了意见，并同意通过各种方式保持密切联系。

4月16日，中国国务委员杨洁篪应约与美国国务卿蒂勒森通电话，就双边关系和朝鲜半岛局势交换了看法。

4月17日，特朗普接受采访时称赞习近平主席是一个"很棒的人"，称两人在海湖庄园首日的会晤原本只安排谈15分钟，结果聊了三个小时，第二天也是如此，经过两天多的接触，两人已建立起很好的关系，称美方正与中方合作应对朝核威胁，为此不能在此时与中方打一场贸易战。

4月24日，中国国家主席习近平与美国总统特朗普通电话。习近平指出，中美双方要落实好两国元首"海湖庄园会"达成的共识，巩固两国关系稳定发展势头。双方工作团队要加强协调，做好特朗普总统年内访华筹备工作，早日开启中美首轮外交安全对话、全面经济对话、执法及网络安全对话、社会和人文对话相关安排，推进经贸、两军、执法、网络、人文、地方等领域交流合作，加强在国际和地区问题上的沟通，推动中美关系不断取得新发展。特朗普表示，对两国关系发展感到满意，美中双方就重大问题保持沟通和协调十分重要，期待尽快同习近平主席再次见面，并期待着对中国的国事访问。两国元首就朝鲜半岛局势交换了意见，同意通过各种方式保持密切联系，及时就共同关心的问题交换意见。

4月26日，美国商务部宣布发起一项以确定从中国及他国进口的铝产品是否威胁美国国家安全的调查。商务部长罗斯表示，不公平的进口贸易对美国铝工业构成严重竞争压力，导致多家美国铝厂关闭或停产，美国大量国防应用中都需要高纯度铝，但由于来自海外的激烈竞争，目前仍在生产高纯度、航天质量级别铝的美国冶炼厂只有一家，"这从国家安全角度看是非常危险的。"罗斯称，虽然中国是全球铝产品产能过剩的主要国家，但此调查不应被看作是对中国的攻击，其他国家包括俄罗斯的进口铝也是引起此次调查的原因。

5月

5月2日，被提名为美国新任驻华大使的布兰斯塔德在国会参议院外交委员听证会上，称会致力于传达美国将持续信守一中政策，美国也将致力于见到两岸问题能以双方民众都能接受的方式和平解决。其上任后将会为美国产品寻找更多进入中国市场的机会。针对南海问题，他称"不允许"中国以人造岛礁强迫或限制邻国的航行与飞越自由，美国将在国际法允许的范围下持续捍卫航行与飞越自由。

5月3日，针对美国次日在华盛顿与东盟国家外长举行非正式会晤并讨论南海问题一事，中国外交部发言人称，南海问题是中国与部分东盟国家间的问题，不是东盟与美国间的问题。这段时间以来，在中国和东盟国家共同努力下，南海局势不断趋稳向好，这一形势来之不易，值得各方共同珍惜与维护，希望有关域外国家尊重地区国家共同维护南海和平稳定的努力。

5月3日，美国国会与行政部门中国委员会举行题为"主权回归20周年，香港模式能否持续"的听证会，对香港回归20年来落实"一国两制"的情况进行指责。中国外交部发言人就此称，该听证会是对包括香港事务在内的中国内政的公然干涉，对此表示强烈不满和坚决反对。香港回归20年来，"一国两制""港人治港"高度自治方针得到切实贯彻落实，这是任何不带偏见的人所公认的客观事实。香港是中国的特别行政区，香港事务纯属中国内政，坚决反对任何外国以任何方式干涉香港事务。

5月8日，美军太平洋舰队司令斯科特·斯威夫特在新加坡声称，美军在特朗普政府时期也不会改变在南海实施"航行自由的行动"政策。

5月11日，美国国家情报总监、中央情报局、联邦调查局和国家安全局等情报机构负责人在国会听证会上表示，中国的行动被认为是解决朝鲜核导问题关键因素，但中方做得还不够。他们还称，中国正通过在美国进行商业投资、派送人员进入美国的教育和研究机构等方式，收集情报，窃取高科技。中国越来越熟悉美国的外国投资委员会的运作和投资审批办法并加以利用，美国需重新评估该机构的运作。

5月12日，中国财政部副部长朱光耀在国新办发布会上表示，中美元首海湖庄园会晤期间提出的中美经济合作百日计划已达成早期收获，双方在农产品贸易、金融服务、投资和能源等领域达成共识，未来还将讨论中美经济合作一年计划。早期收获共包括10项内容，多数最迟将在2017年7月16日之前完成。包括中国将尽快允许进口美国牛肉，美方尽快实现中国禽肉出口美国，美国欢迎中国等贸易伙伴自美进口液化天然气，中方将允许在华外资全资金融服务公司提供信用评级服务等。美方认识到中国"一带一路"倡议的重要性，将派代表出席"一带一路"国际合作高峰论坛。

5月16日，美国财政部宣布对伊朗的新制裁措施，被制裁对象包括1名中国公民和3家中国公司，理由是它们支持伊朗弹道导弹项目并为其提供装备。中国外交部对这种单边做法表示反对，并向美方提出交涉，希望美方通过对话合作解决有关防扩散的关切。

5月17日，中国派出战斗机对一架进入中国黄海相关空域的美军核爆探测机进行识别和取证。美官员称中方行为"不专业"，美飞机是按照国际法进行操作的。中国国防部在18日和25日回应称，中方飞行员操作安全专业，是美方在黄海相关海域实施侦察活动。美军舰机频繁对华抵近侦察活动是造成中美海空安全问题的根源，希望美方停止有关侦察活动，避免此类事件再次发生。对于美方频繁对华抵近侦察带来的安全风险，中方已多次向美方表明了立场，今后还将继续利用相关渠道与美方进行沟通，消除引发中美海空安全问题的隐患。

5月22日，美国国会参议院以82∶13票的表决结果批准艾奥瓦州州长特里·布兰斯塔德出任美国驻华大使。

5月25日，美军导弹驱逐舰"杜威"号在中国南沙群岛美济礁海域实施所谓航行自由行动，这是特朗普上任以来的首次此类行动。中国海军"柳州"号导弹护卫舰、"泸州"号导弹护卫舰对美舰进行识别查证并予以警告驱离。中国国防部就此称，中国对南沙群岛及其附近海域拥有无可争辩的主权。对于美军方这种炫耀武力，推动地区军事化，且极易引发海空意外事件的行径，中国军队表示坚决反对并已向美方提出严正交涉。

6 月

6月3日，美国国防部长马蒂斯在新加坡参加香格里拉对话会期间，称美国欢迎中国的经济发展，承认中国在亚太地区取得合法的影响力，但批评"中国不应该从事破坏国际秩序的活动"。

6月5日，美国国务卿蒂勒森在访问澳大利亚期间声称，在朝鲜加紧核武器和导弹研制项目之际，美国和盟国以及国际社会认为中国应当对朝鲜施加更大压力。他还就南海问题称，"反对中国建设人工岛礁，反对中国在国际水域将那些人工岛礁军事化"，"中国是一个重要的经济和贸易国，美国希望与中国有建设性的关系"，但"中国必须认识到，作为一个正在成长的经济和贸易大国，中国也有安全方面的责任"。

6月5日，中国国家主席习近平在人民大会堂会见了到访的美国加利福尼亚州州长布朗。

6月7日，美国国务院发表了截止2017年3月有关美国和香港关系的审议报告，称美国在香港拥有历史悠久的经济和文化利益，美国政府和香港特区政府的合作是广泛的、有效的、互利的。报告对所谓内地"干预"香港自治表示担心，称中国政府的某些行动看起来"不符合在基本法中作出的承诺，即准许香港实行高度自治"，但是香港总体在"一国两制"的框架下维持着高度自治。

6月7—8日，中国国务院副总理张高丽会见了来华参加第八届清洁能源部长会议的美国能源部长里克·佩里。

6月12日，作为中美全面经济对话成果的一部分，美国宣布与中方达成重新允许对华出口牛肉的技术性文件。

6月16日，中国人民解放军海军司令沈金龙会见了到访的美国太平洋舰队司令斯威夫特。

6月20日，中国国务院总理李克强会见到访的美国商界代表团，鼓励他们积极向中国投资并为扩大中美经贸合作做出贡献。

6月21日，中国国务委员杨洁篪同美国国务卿蒂勒森、国防部长马蒂斯在华盛顿共同主持了首轮中美外交安全对话。

6月22日，特朗普在白宫会见了出席首轮中美外交安全对话的国务委员杨洁篪。双方围绕中美关系、朝鲜半岛局势等问题交换了看法，同意就两国元首在二十国集团领导人汉堡峰会期间再次会晤以及特朗普总统对华国事访问做好准备工作。

6月29日，美国财政部宣布针对朝鲜的制裁措施，被制裁对象包括中国丹东银行。中国外交部发言人就此表示："中方一贯反对在联合国安理会框架外实施单边制裁，尤其反对任何其他国家根据其自己的国内法对中方实体或个人实施'长臂管辖'"，"敦促美方立即纠正有关错误，以免影响双方在有关问题上的合作。"

6月29日，美国国务院通知国会将向台湾出售总值约14.2亿美元的军售计划。中国外交部为此在北京和华盛顿向美方提出严正交涉，敦促美方撤销售台武器计划，停止美台军事联系，以免对中美关系和双方重要领域合作造成进一步损害。

7月

7月2日，中国国家主席习近平应约与美国总统特朗普通电话。习近平强调，近期两国关系受到一些消极因素的影响，中方已向美方表明了立场。我们很重视总统先生重申美国政府坚持奉行一个中国政策，希望美方切实按照一个中国原则和中美三个联合公报妥善处理涉台问题。特朗普重申，美国政府继续坚持一个中国政策的立场没有变化，同时期待在德国汉堡举行的二十国集团领导人峰会上与习近平主席会晤。双方还谈及朝鲜半岛和平稳定等问题，同意在德国汉堡举行会晤，就共同关心的问题继续交换意见。

7月2日，美军导弹驱逐舰"斯塔西姆"号借口"航行自由"行动擅自进入中国西沙群岛中建岛12海里，中国派出军舰和战斗机实施警告驱离。中国外交部发言人表示，强烈敦促美方立即停止此类严重侵犯中国主权、威胁中国安全的挑衅行动，中方将继续采取一切必要措施捍卫国家主权和安全。

7月5日，特朗普在启程参加二十国集团峰会前，在推特账户连发两条推文就朝核问题指责中国，称"中国和朝鲜的贸易在第一季度增长了近40%，中国与我们的合作不过如此，但我们不得不试试！"

7月7日，美国空军两架B-1B轰炸机在南海实施"飞越自由"行动。中国外交部发言人就此称，"中方一贯尊重和支持各国依据国际法在南海享有的航行和飞越自由，坚决反对个别国家打着'航行和飞越自由'的旗号，炫耀武力，损害中国主权和安全。"

7月8日，中国国家主席习近平在二十国集团领导人汉堡峰会闭幕后会见了美国总统特朗普，就中美关系及共同关心的重大国际和地区问题深入交换意见。双方商定首轮全面经济对话于7月19日举行，并举行首轮执法及网络安全对话、社会和人文对话。双方将充分发挥4个高级别对话机制作用，增进相互了解，推进务实合作。双方就朝鲜半岛核问题深入交换了意见，同意继续就此保持密切沟通与协调，讨论了其他共同关心的问题，并就加强中美在二十国集团框架下的协调与合作交换了意见。

7月19日，首轮中美全面经济对话在美国华盛顿举行，中国国务院副总理汪洋与美国财政部长姆努钦、商务部长罗斯共同主持。

7月23日，美军一架EP-3侦察机对中国进行抵近侦察，遭到中国战机近距离拦截后被迫改向。中国外交部发言人25日就此称，美国军舰军机长时期高频度抵近中国沿海实施侦察活动，严重威胁着中国海空安全。敦促美方立即停止有关抵近侦察活动，这样可能也有助于避免类似事件再次发生。中国国防部新闻发言人也称，中国空军对美军抵近侦察依法依规进行了处置，中方飞行员的操作是合法、必要、专业的。美军飞机抵近侦察威胁中国国家安全，损害中美海空军事安全，危及双方飞行员人身安全，是造成中美海空意外事件的根源，美方应立即停止此类活动，采取切实措施为中美两军关系发展增添正能量。

7月25日，中国驻美大使崔天凯在华盛顿出席有关中美关系的研讨会时，告诫美国不要动摇一个中国原则这一中美关系的基础，希望中美在朝核问题上相向而行，警告美国不要利用所谓"航行自由"推动南海问题升温，不要在别国海域搞军事和政治挑衅。

7月25日，美国商务部长罗斯称，中美元首在4月会晤中敲定了有关双边贸易的"百日计划"，美国牛肉在被禁14年后重回中国市场，中美在生物科技和金融方面也有进一步合作。中美贸易关系因此取得一些进展，但也进入一个更困难的阶段，需要去解决那些棘手的、更深层次的问题，但这需要时日。同日，美国国际贸易委员会公布《2016贸易年度报告》，称2016年美国钢铁生产商和出口能力在全球范围内下降，原因主要是中国在全球市场的钢铁出口量上升，以及中国和其他国家对钢铁进行补贴而导致的钢铁价格下降。

7月25日，美国贸易代表莱特希泽对媒体称，特朗普政府将挑战中国使用"不公平的补贴"和"非经济性"的产业政策，要求中国遵守世贸组织贸易规则，确保中国不会采取不公平的手段。

7月25日，美国负责东亚和太平洋事务的代理助理国务卿苏珊·桑顿（中文名董云裳）在美国参议院作证时称，美国为遏制朝鲜核武器计划将实施新的制裁措施，惩罚中国某些金融机构，为此正在审议有关问题。她还就中国军机绕飞台湾的问题表示，台海持续保持稳定是美国利益所在，不希望看到任何可能引起紧张的情况，希望两岸恢复沟通，不要破坏区域稳定。

7月29日，针对朝鲜28日晚上试射导弹一事，特朗普在推特发文称，"对中国感到很失望，中国在朝鲜问题上什么也没做，美国还让中国通过贸易获得成百上千亿的美元，不会再让这种状态延续下去。中国本可以轻而易举地解决这个问题。"美国副总统彭斯同日也称，中国在朝鲜问题上应做更多的事情。美国国务卿蒂勒森也发表声明，称"作为朝鲜核武器以及弹道导弹研发计划的主要经济支柱，中国和俄罗斯对这一日益增长的对地区乃至全球的威胁负有独特的特殊责任"。

8月

8月1日，美国国务卿蒂勒森称美中关系正处在转折点，双方一直讨论如何定义未来50年的双边关系；中美将以不需公开冲突的方式处理分歧，过去的成功做法须延续，朝鲜问题并未定义美中关系，美中关系更广泛，自尼克松历史性访华以来、采取一个中国政策、三个文件或协议，让中美长时间未发生冲突，也为中国经济成长和繁荣创造了条件，美国和世界也受益。蒂勒森称，美中正广泛讨论如何定位未来50年的双边关系，并确保让两国和世界受益的经济繁荣能持续下去。

8月1日，中国国务院总理李克强在中南海紫光阁会见了到访的美国密歇根州州长斯奈德。

8月1日，美国参议院少数党领袖舒默致函特朗普，呼吁他透过美国外国投资委员会（CFIUS）封锁中国在美部分投资，以此施压中国在遏制朝鲜的问题上提供帮助。

8月10日，美军"约翰·S. 麦凯恩"号驱逐舰在中国美济礁附近实施所谓"航行自由"行动，中国舰船依法对其驱离。中国外交部发言人称，此举严重伤害了中国的主权和安全，中方对此强烈不满并向美方提出严正交涉。

8月12日，中国国家主席习近平应约同美国总统特朗普通电话。双方就双边关系、特朗普对华国事访问以及朝鲜半岛局势交换了看法,强调要加强两国在各层级和各领域的交往,同意继续就共同关心的重大国际和地区问题保持密切沟通。

8月13日,美国总统特朗普签署一份行政备忘录,授权美国贸易代表审查所谓的"中国贸易行为",包括中国在技术转让等知识产权领域的做法。中国外交部发言人就此称,在中美利益已经形成你中有我、我中有你的紧密格局下,打贸易战没有前途,没有赢家,只会双输。希望美方能实事求是看待有关问题,客观评价中国在保护知识产权方面所做的努力和取得的进展,以及中国通过自主创新驱动发展经济这方面取得的成就。

8月15日,美军参联会主席邓福德访华并与中国军方领导人会谈,双方就中美关系、两军关系等问题交换了意见,签署了《中美两军联合参谋部对话机制框架文件》。邓福德随后赴沈阳观阅了北部战区军事演习。17日,中央军委主席习近平在北京接见了邓福德。

8月15日,美国商务部长罗斯在英国《金融时报》撰文,批评中国"要求美国企业转让知识产权和先进技术的做法"。

8月18日,美国贸易代表莱特希泽宣布对中国正式启动301调查,称"将要查看有可能伤害美国知识产权、创新或技术发展的中国法律、政策和做法"。中国商务部21日就此发表声明,对美方做法"强烈不满",批评美方无视世界贸易组织规则,依据国内法对华发起贸易调查,是不负责任的,对中方的指责是不客观的。对美方这种单边主义、保护主义的做法表示强烈不满。敦促美方尊重事实,尊重双方业界希望加强合作的强烈愿望,尊重多边贸易规则,审慎行事。中方将密切关注调查的进展,并将采取所有适当措施,坚决捍卫中方合法权益。

8月22日,美国财政部宣布了对朝鲜的制裁措施,包括6家中国企业和1名中国公民在内的对象被施以制裁。中国外交部发言人称,制裁无助于美中合作努力制止朝鲜的核活动,美国应该立即纠正错误,并呼吁有关各方克制,进行对话,以缓和目前朝鲜半岛的局势。

9月

9月6日,中国国家主席习近平应约同美国总统特朗普通电话。双方一直认为要积极筹备并确保特朗普总统年内对华国事访问活动取得成功,召开首轮中美社会和人文对话、执法及网络安全对话,并重点就朝鲜半岛局势交换了看法。习近平强调，中方坚定不移致力于实现朝鲜半岛无核化，维护国际核不扩散体系。同时，始终坚持维护朝鲜半岛和平稳定，坚持通过对话协商解决问题。要坚持和平解决的大方向，解决朝鲜半岛核问题，归根结底要靠对话谈判、综合施策，积极探寻长久解决之道。特朗普表示，美方对当前朝鲜半岛形势的发展深感关切，重视中方在解决朝核问题上的重要作用，愿加强同中方的沟通，尽早找到解决朝鲜半岛核问题的办法。

9月12日，美国众议院外交委员会就朝鲜核问题召开听证会，美国负责东亚和太平洋事务的代理助理国务卿苏珊·桑顿作证时称，美国正用多管齐下方式对朝鲜施压，但任何国际制裁都需要各国全力配合落实才有效，中国的行动尤为重要，称期待中国有更多作为，美国将持续跟中俄合作向朝鲜施压。

9月12—13日，中国国务委员杨洁篪在访问牙买加后过境华盛顿，会见了美国国务卿蒂勒森、总统国家安全事务助理麦克马斯特和总统高级顾问库什纳。双方就中美关系以及共同关心的国际和地区问题交换意见。双方同意加强高层及各级别沟通，拓展合作，共同做好特朗普总统年内对华国事访问准备工作，推动中美关系健康稳定向前发展。双方还就共同关心的国际地区问题交换了意见。

9月15日，美国国务卿蒂勒森针对朝鲜当日清晨试射导弹的行为发表声明，敦促中国与俄罗斯对朝鲜的导弹试射采取直接行动。

9月18日，美国贸易代表莱特希泽在战略与国际研究中心发表演讲，阐述了特朗普政府的贸易观，称近年来的自由贸易体系发展对美国是不公平的。美国可与世界任何经济体成功地竞争，但前提是要有公平的竞争环境，许多市场仍非自由公平，有些国家试图通过补贴、关闭市场、监管限制，以及其他多种类似策略确保达到其目的。他称当前主要任务是如何在全球贸易体系中应对中国构成的挑战。

9月18日，中国国家主席习近平与美国总统特朗普通电话。双方都表示期待特朗普对华国事访问取得成功，愿意就共同关心的问题保持经常性沟通，并就朝鲜半岛局势交换看法。

9月20日，中国外交部长王毅在纽约出席第72届联大会议期间会见了美国副总统彭斯。双方认为要确保特朗普总统年内访华取得成功，推动两国务实合作，为双边关系注入新的动力。双方还就朝鲜半岛核问题交换了看法，一致认为中美在实现半岛无核化，维护国际核不扩散体系方面具有重要共识，双方应就此加强沟通。中方重申和平解决半岛核问题符合国际社会的普遍愿望。

9月24—27日，美国商务部长罗斯率团访华。中国商务部部长钟山、工业和信息化部部长苗圩等先后与其举行工作会谈，双方就中美经贸关系、特朗普总统访华经贸成果准备、中美工业和信息通信领域关注等议题深入交换意见。25日，李克强总理接见了罗斯一行。27日，罗斯接受采访称，中国在贸易上已不需要享有"最惠国待遇"，美国不惧怕竞争，但要求在公平及平等规则下竞争，即不要贸易壁垒、不要保护主义、不要为外资营运制造障碍、不要强迫技术转移等。

9月25—28日，中国国务院副总理刘延东访美并在美国国务院出席了首轮中美社会与人文对话。

9月26日，美军参联会主席邓福德在美国参议院军事委员会出席为其举行的连任听证会上称，中国聚焦于削弱美国在太平洋地区的势力和美国的国际影响力。美国最大优势是能在世界任何地方部署并维持军力，但近年来俄罗斯和中国不断加大对军事建设的投入，试图缩小与美国的差距。为因应中俄军事现代化，美国应在未来五年增加年度国防预算约3%至7%，以确保至2020年前后仍维持竞争优势。2007年至2016年的国防预算年均增长率应达8.5%。

9月27日，特朗普的女儿伊万卡与其丈夫、白宫高级顾问丈夫库什纳到访中国驻美大使馆，参加中华人民共和国68周年国庆暨首轮中美人文与社会对话招待会和国庆酒会。

10 月

10月12日，"美国在台协会"理事主席莫健在布鲁金斯学会称，中国军事扩张"对台湾安全构成威胁"，但台湾防务支出未能反映其面临的安全环境，台湾须为自身安全防卫"付出更多"。美国将继续向台湾提供必要的防御性武器，同时鼓励两岸"以耐心、灵活性和创意进行对话"。

10月17日，美国财政部在每半年一次向国会提交的报告中，决定不把中国列为"汇率操纵国"，但把拥有巨额对美贸易顺差的中国、德国、日本、韩国和瑞士列入特别观察名单。

10月18日，美国国务卿蒂勒森在战略与国际问题研究中心发表演讲，称美国"决心大幅深化"与印度的战略伙伴关系，批评中国未像印度那样负责地维护基于规则的国际秩序。美国寻求与中国发展建设性关系，但当中国"对基于规则的秩序发起挑战，破坏邻国主权，并使美国及其朋友处于不利位置时"，美国不会退缩。

10月19日，美国国务卿蒂勒森接受采访时称，在从对朝政策到美中贸易等一系列问题上，美国对中国"正愈发失去耐心"。同日，美国中央情报局局长蓬佩奥称，中国在帮助美国抑制朝鲜核威胁方面已经取得"真正进展"，鉴于两国元首已经建立起良好关系，美国希望中国能做更多。

10月22日，特朗普接受采访时表示，美国对朝鲜的核导威胁已经"完全做好准备"，称中国在制裁朝鲜方面给予美方有益协助，赞赏中方对朝鲜采取的行动，称中美两国领导人都为本国利益服务，相互建立了非常好的关系。

10月25日，美国商务部长罗斯在纽约称，特朗普总统下月访华期间将寻求与中方在贸易问题上达成"切实"协议，但两国在市场准入和知识产权保护等关键问题上要取得结果可能需要更长时间。

10月25日，中国国家主席习近平应约同美国总统特朗普通电话。特朗普祝贺中共十九大胜利闭幕，祝贺习近平再次当选中共中央总书记。特朗普表示，中共十九大举世瞩目，我也密切关注习主席在会上发出的重要政策信息。美国人民都在热议我即将对中国进行的国事访问，期待同习主席在北京会面，就加强美中合作及共同关心的国际和地区问题充分交换看法。习近平感谢特朗普来电祝贺。习近平指出，刚刚闭幕的中共十九大绘制了中国未来发展的宏伟蓝图，是一次十分重要的大会。我在十九大所作报告中明确指出，中国将始终不渝走和平发展道路、奉行互利共赢的开放战略，扩大同各国利益的交汇点，推进大国协调和合作。习近平强调，中方高度重视发展中美关系，愿同美方在相互尊重、互利互惠的基础上推动两国关系长期健康稳定发展。总统先生不久将对中国进行国事访问，我期待着在北京同你共同规划中美关系未来发展，推动中美开展更多互利合作，给两国人民带来更多实实在在的利益，为地区及世界和平、稳定、繁荣作出更大贡献。

11月

11月8—10日，应中国国家主席习近平邀请，美国总统特朗普对中国进行了国事访问。双方高度评价两国元首海湖庄园会晤以来中美关系发展取得的重要成果，将共同努力推动两国关系取得更大发展。双方将进一步发挥元首外交对中美关系的战略引领，加强高层及各级别交往，在互利互惠的基础上拓展广泛领域合作，在相互尊重的基础上管控好分歧，加强两国人民间的相互了解和友谊，合作应对重大国际、地区问题和全球性挑战。两国元首一致同意继续通过通电话、通信、会晤等方式保持密切联系，及时就共同关心的重大问题交换意见。双方认为中美外交安全、全面经济、社会和人文、执法及网络安全 4 个高级别对话机制对于拓展两国交流与合作具有重要意义，同意继续充分用好对话机制，取得更大成果。双方愿进一步加强宏观经济政策的协调，并就各自结构性改革和全球经济治理有关问题保持沟通与协调。双方将共同努力推动全球经济强劲、可持续、平衡和包容增长。双方欢迎两国民航当局签署《适航实施程序》。双方将就中美经济合作一年计划或中长期合作规划保持沟通。双方将继续致力于互利共赢的中美经贸合作，两国元首见证了两国企业签署多项商业合同和双向投资协议，涉及总金额超过 2500 亿美元。两国元首重申了两军关系的重要性，致力于扩大两军各级层交往与对话。双方同意两国继续执行 2015 年达成的网络安全合作五点共识，用好打击网络犯罪和网络安全热线机制，加强在打击网络犯罪和网络保护问题上的合作。双方计划继续开展定期会晤和建立工作组，确定重点案件，减少藏匿在本国的对方国家逃犯数量。双方同意推动在遣返非法移民方面取得积极进展，并按商定的时间建立相关长效合作机制。双方同意继续加强在新精神活性物质及其前体管控和禁毒执法领域合作。双方同意采取必要措施，加强对在本国的对方国家公民和机构的保护，有力打击侵害两国公民安全的刑事犯罪活动。双方同意年内举行中美境外非政府组织管理工作磋商。习近平主席阐述了中方在台湾问题上的原则立场。特朗普总统重申美方将继续奉行一个中国政策。两国元首同意，双方将共同努力促进中美双向留学，推动两国教育机构和学者间的交流合作。双方同意加强在重大国际、地区和全球性问题上的沟通与合作，共同推动有关问题的妥善处理和解决，促进世界和地区的和平与稳定。两国元首重申致力于促进亚太地区的和平、稳定与繁荣，决定继续探讨关于改善两国互动的基本原则。习近平主席重申了中方在南海问题上的一贯立场。两国元首表示支持维护南海和平稳定，支持根据公认的国际法，包括 1982 年《联合国海洋法公约》，基于友好谈判协商和平解决争议，支持通过对话管控争议。双方支持维护各国依据国际法享有的航行和飞越自由，同意在海洋环保等领域开展更多对话与合作。习近平主席全面阐述了中方在朝鲜半岛核问题上的一贯立场。双方同意致力于维护国际核不扩散体系，重申致力于实现全面、可核查、不可逆的半岛无核化目标，不承认朝鲜拥核国地位。双方认为朝鲜进行核导试验违反联合国安理会相关决议，同意继续通过全面、严格执行联合国安理会各项涉朝决议，对朝核导活动保持压力，同时推动通过对话谈判和平解决问题，解决各方合理关切。双方同意就下步半岛形势发展及中美应采取的措施保持沟通，并继续通过现有机制加强沟通与合作。双方强调在通过对话谈判最终解决半岛核问题上有共同目标，并致力于维护半岛和平稳定。双方重申反对一切形式的恐怖主义，同意在双向互利的基础上拓展反恐合作，包括开展反恐情报交流等。

11月16日，被提名为负责亚太事务助理国防部长的兰迪·施赖弗（中文名薛瑞福）在美国参议院军事委员会听证会上称，支持美台军舰相互进港停靠的做法，因为"这完全符合美国自己定义的一个中国政策"，称中国崛起是他这一代人必须面对的重要挑战，尽管美中在彼此共同利益之处必须合作，但中国就亚太地区未来的安全架构愿景与美国并不一致，美国必须在与中国的长期战略竞争中找到有利位置。

11月21日，美国财政部宣布对朝鲜的制裁措施，被制裁对象包括中国公司和公民在内的1名个人、13个实体以及20艘船只。

11月28日，美国商务部宣布对从中国进口的通用铝合金板自主发起反倾销反补贴调查，这是美国商务部25年来首次自主发起此类调查。次日，中国商务部回应称，美方的做法在国际贸易历史上也是罕见的，对美方此举表现出的贸易保护倾向表示强烈不满，并称将采取必要措施，维护中国企业的合法权益。

11月29日，中美两军在华盛顿举行首次联合参谋部对话机制会议，就两军联合参谋部交流合作和改进危机管理与沟通等议题进行了讨论。

11月29日，中国国家主席习近平在北京钓鱼台国宾馆会见了美国前总统奥巴马。

12月

12月8日，中国驻美公使李克新在华盛顿出席会议时表示，美国国会《2018财年国防授权法》要求美国国防部评估美台军舰相互停靠的可能性，若美国把军舰派去台湾，中方就会启动《反分裂国家法》，"美国军舰抵达高雄之日，就是我解放军武力统一台湾之时。"12月11日，美国国务院发言人回应称，"美国对台海地区的和平稳定有深远的利益，我们鼓励北京与台北当局进行建设性对话，寻求通过台海两岸人民都可以接受的方式和平解决分歧。"中国外交部发言人同日也称，中国政府持续坚持"和平统一、一国两制"方针，推动两岸关系和平发展，推进祖国和平统一进程，中国将坚决维护国家主权和领土完整，绝不容忍国家分裂的历史悲剧重演，坚决反对美台有任何形式的官方往来和军事联系。

12月12日，美国贸易代表、欧盟贸易委员和日本经济产业大臣在阿根廷布宜诺斯艾利斯举行的世界贸易组织峰会上发布联合声明，以不点名方式批评中国，称将联手在政府政策和资金支持导致关键行业出现产能严重过剩的国家创造更公平的经济环境。三方同意适度加强在世界贸易组织框架内及其他平台的合作，以消除第三国以上述以及其他扭曲市场的保护主义和不公平行为。同日，美国商务部长罗斯在华盛顿批评中国等国通过政府计划和国有企业"倾销产品""补贴商品""操纵货币"，为在贸易上获取优势而"无视规则"，在外国投资和市场准入方面人为设立障碍，称美国无法继续容忍这些行为，为此正进行仔细审查以找出问题症结和解决方法。

12月12日，美国国务卿蒂勒森称，美国无意阻止中国经济发展，但对"一带一路"倡议保持"密切关注"，因为该倡议如何影响美国经济发展和国家安全利益是值得关注的问题。他还援引美国国防部长马蒂斯的话称，中国有"一带一路"，美国和全球经济有"多带多路"，这都是全球秩序、国际规范和标准体系的一部分。中国可选择在其中实施"一带一路"倡议，也可尝试重新定义这一体系。他表示，美中间许多讨论都是关于如何相处、共同繁荣，美国希望与中国能实现相互尊重、互不冲突、互利双赢的局面，但两国在南海问题上存在"非常严重的分歧"，在经贸领域也存在问题。

12月14日，中国外交部发言人就特朗普签署生效的《2018财年国防授权法案》含有涉台条款表示，美国有关法案涉台条款虽不具法律约束力，但严重违背一个中国原则和中美三个联合公报规定，是对中国内政的干涉。中方对此坚决反对，并已向美国政府提出严正交涉。一个中国原则是中美关系的政治基础。中方坚决反对美台进行任何形式的官方往来和军事联系，反对美售台武器。中方要求美方充分认清有关条款的严重危害性，按照一个中国原则和中美三个联合公报规定，妥善处理涉台问题，以免损害中美合作大局和台海和平稳定。

12月18日，美国政府公布特朗普上任后的首份《国家安全战略》报告，该报告认为"属于旧时代的大国竞争重新出现"，称中国与俄罗斯正持续挑战美国的国力、影响力和利益，试图破坏美国的军事优势，批评中国正对美国开展不公平的贸易和经济竞争，称美国过去几十年的对华政策已经失败，中国是"修正主义国家"并成为美国的"战略竞争者"。报告还称美国必须为这种竞争做好准备，为此将"联手伙伴国与中国的不公平的贸易和经济行为竞争，限制中国获得敏感技术"等等。同日，中国驻美国大使馆发言人就此谈话称，中美如何看待彼此，如何定义两国关系，不仅涉及两国人民的利益，也关乎国际社会福祉。美方一方面宣称"要同中国发展伙伴关系"，一方面把中国放在对立面，是自相矛盾的，不仅不符合中美两国利益交融、相互依存的现实，与双方在双边和国际领域开展合作的努力也背道而驰。希望美方摒弃零和博弈的陈旧思维，同中方相向而行，求同存异，合作共赢，共同推动构建人类命运共同体，实现人类共同繁荣与进步。

12月19日，中国外交部发发言人就美国《国家安全战略》报告涉华内容回应称，中国人民对自己选择的发展道路中国特色社会主义充满信心。历史和现实已经证明，这是一条符合中国国情、实现国家富强和人民幸福的成功之路。中国取得的发展成就是举世公认的，任何人、任何国家想歪曲事实都只能是白费心机。任何人、任何国家都阻挡不了中国人民沿着中国特色社会主义道路坚定不移地走下去，取得更大的成就。中国始终不渝走和平发展道路，坚定不移奉行互利共赢的对外开放战略。中国积极发展全球伙伴关系，扩大同各国的利益交汇点，推进大国协调和合作，按照亲诚惠容理念和与邻为善、以邻为伴周边外交方针深化同周边国家关系，秉持正确义利观和真实亲诚理念加强同亚非拉广大发展中国家团结合作。中国秉持共商共建共享的全球治理观，倡导国际关系民主化，坚持国家不分大小、强弱、贫富一律平等，支持联合国发挥积极作用，支持扩大发展中国家在国际事务中的代表性和发言权。中国始终是世界和平的建设者、全球发展的贡献者、国际秩序的维护者，中国在世界各地的经济和外交活动受到各国普遍欢迎。国际社会对此是有目共睹的，任何国家、任何一个什么报告想歪曲事实、恶意诋毁都是徒劳的。中国绝不会以牺牲别国利益为代价发展自己，也绝不放弃自己的正当权益。中国坚定捍卫自己的主权、安全和发展利益,任何人都不要幻想让中国吞下损害自身利益的苦果。中国的发展主要依靠全体中国人民自身的努力,同时也得益于中国同世界各国的互利合作。近几年来,中国每年为世界经济增长率的贡献超过30%,这就是一个有力的证明。中国将继续同世界各国在互利互惠的基础上开展各种务实合作,造福中国人民和世界各国人民。中方一贯认为,作为最大的发展中国家与最大的发达国家、世界前两大经济体,中美两国在维护世界和平稳定、促进全球发展繁荣方面肩负着重要的责任,拥有广泛的共同利益。合作是中美唯一正确选择,共赢才能通向更好未来。作为两个大国,中美之间存在一些分歧不足为怪。对此,应该在尊重彼此核心利益和重大关切基础上,采取建设性方式妥善处理。中方敦促美方停止故意歪曲中方战略意图,摒弃冷战思维和"零和"博弈等过时观念,否则只会损人害己。"我们希望美方顺应时代潮流和民心所向,客观、理性地看待当今世界和中美关系,恪守有关承诺,同中方相向而行,维护中美关系健康稳定发展,这才是符合两国人民和世界各国人民利益的正确选择。"

12月20日,中国驻美大使崔天凯接受美国有线电视新闻网采访,就如何看待美国刚出台的《国家安全战略》报告、中美关系、朝核等问题谈了看法。崔天凯就其中的涉华内容表示,称得上"战略性"的报告需体现几个原则,一是要有真正的全球视野,二是要有长远的眼光,三是要有建设性和合作态度。该报告在以上三个方面都有值得改进之处。发展中美关系应把关注重点放在双方不断增长的共同利益和相互需求上。中美两国元首今年在美国海湖庄园和北京进行了很好的会晤,令人鼓舞,双方建立的四个高级别对话机制也发挥了很好的作用。良好的高层交往为两国关系发展营造了积极势头,双方应继续加以维护和发展。在谈及中美经贸关系时,崔天凯说,中美经贸关系日益紧密,相互依存日益加深,既促进了两国经济发展,也为两国人民带来了实实在在的利益。中国将继续向包括美国在内的世界各国扩大开放。一个巨大且不断发展的中国市场能为美国企业提供极大机遇,而中国企业也正在赴美投资并为美创造就业。崔天凯表示,中美应本着积极、合作、建设性的原则处理双边关系,应该在相互理解、尊重彼此利益和关切的基础上,不断推动双边关系发展,只有这样才能带来双赢结果。当被问及朝鲜半岛核问题时,崔天凯表示,中美双方在半岛核问题上拥有广泛共同利益,都坚持半岛无核化,坚持维护半岛和平稳定,以及通过外交手段和谈判协商和平解决有关问题。在国际社会为解决半岛核问题所做的共同努力中,中美间协调合作发挥了重要作用,两国应继续努力。中方深信,战争和冲突不应是解决半岛核问题的选项,中美双方应始终以全力防止朝鲜半岛发生冲突为己任,这符合有关各方的最大利益。

12月21日,中国商务部针对美国《国家安全战略》报告中的涉华内容称,中国在新时代推动建设新型国际关系,其中很重要的内涵就是合作共赢。在国际经贸领域,中国不赞成把经贸关系简单地看作此消彼长的竞争,或是你输我赢的零和游戏。无论是美国还是其他经贸伙伴,中国更倾向于视为合作者,而不是竞争对手。中国自身的经历让我们从来没有、永远也不会实行所谓的经济侵略政策。在当前全球经济缓慢复苏的形势下,稳定的预期对保持复苏势头至关重要。面对全球经济增长的共同挑战,只有各经济体携手共同应对,才能实现互利共赢,共同发展。

第三编

中美关系重要文献

首轮中美外交安全对话期间达成的有关共识

《人民日报》2017年6月24日第3版

当地时间2017年6月21日，国务委员杨洁篪同美国国务卿蒂勒森、国防部长马蒂斯在华盛顿共同主持首轮中美外交安全对话，中央军委委员、中央军委联合参谋长部参谋长房峰辉等参加。双方就中美关系和共同关心的问题深入交换意见，达成以下共识：

双方积极评价中美元首海湖庄园会晤以来两国关系发展，均致力于继续按照两国元首会晤达成的共识，共同努力扩大互利合作领域，并在相互尊重的基础上管控分歧，推动中美关系长期健康稳定发展。

双方均认为保持高层密切交往十分重要，愿共同努力推动两国元首7月汉堡会晤和特朗普总统年内对中国国事访问取得积极成果。

双方愿通过加强对话与合作，努力促进亚太地区和平、稳定、繁荣，双方决定就改善两国互动的基本原则进行讨论。

双方均表示支持维护南海和平稳定；支持根据公认的国际法原则，包括1982年《联合国海洋法公约》，基于友好谈判协商和平解决争议；支持通过对话管控争议。

双方重申致力于全面、可核查、不可逆的方式实现朝鲜半岛无核化的目标，以及维护半岛和平稳定。双方重申联合国安理会有关涉朝决议的目标。双方愿继续为此做出努力，包括全面、严格执行安理会有关决议和推动有关对话谈判。双方决定就半岛核问题继续保持沟通与合作。

双方认识到两军关系是中美关系的重要稳定因素，积极寻求发展建设性的、务实有效和富有成果的关系。双方同意认真落实年度交流合作项目，加强高层交往，尽早实现两国防长互访、美军参联会主席访华。双方致力于深化在人道主义救援减灾、反海盗、军事医学等共同领域的合作。

双方重申建立相互理解、降低两军误判风险的重要性。双方重申致力于落实建立信任措施的谅解备忘录,包括"重大军事行动相互通报机制"和"海空相遇安全行为准则"。

双方决定加强对联合国维和行动的支持,包括快速部署联合国维和部队及保障维和人员的安全。双方同意就加强非洲第三国维和能力建设开展合作,并与非洲伙伴合作于2017年底确定需要维和能力建设的主要薄弱领域。

中美双方确认将在战略安全领域加强沟通与合作,包括探讨新的建立信任措施。双方愿就外空、网络空间国际规则制定等议题加强沟通,并开展相关对口磋商。双方重申致力于防止大规模杀伤性武器及其运载工具的扩散。

双方将继续落实《中美核安全合作联合声明》,开展年度双边对话,深化务实合作,用好中国国家核安全示范中心、海关辐射探测培训中心等平台,为亚太乃至全球提供核安全公共产品。

双方将加强在反恐信息交流、打击利用网络从事恐怖主义活动的行为、防范外国恐怖作战分子跨境流窜、反恐怖融资等领域的交流与合作。

中美重申加强公共卫生和全球卫生安全具体合作。双方鼓励自愿参与世界卫生组织联合外部评估。双方愿加强抗菌素耐药性和其他关切的合作。两国决定加强非洲国家公共卫生能力。

首轮中美全面经济对话成果

《人民日报》2017年7月22日第3版

7月19日，首轮中美全面经济对话在美国华盛顿举行。中国国务院副总理汪洋与美国财政部长姆努钦、商务部长罗斯共同主持，中美双方共约15名部级官员参加。本轮对话日程紧凑，内容丰富，聚焦重点。双方就服务业、中美经济合作百日计划及一年计划、全球经济与治理、宏观经济政策、贸易与投资、高技术产品贸易、农业合作等广泛议题深入交换意见，有效地增进了对相互政策的了解，深化了对分歧的认识，探索了解决问题的时间表、路线图，在一些问题上形成了共识，对话达到了预期的目的。

双方高度评价百日计划取得的重要、平衡的成果。百日计划实施期间，美国牛肉时隔14年重返中国市场，美国液化天然气输华政策障碍开始破冰，中国批准美方5项生物技术产品申请，中国熟制禽肉输美以及有关金融申请逐步落实。上述成果的取得，落实了两国元首海湖庄园会晤的重要共识，延续了两国元首海湖庄园会晤营造的良好合作态势。

对话期间，双方就开展经济合作的未来一年计划进行了讨论，形成工作思路，确定围绕宏观经济和金融、贸易合作、投资合作、全球经济治理等方面开展合作。双方同意本着务实、互利原则，进一步充实和完善一年计划，并争取尽快确定早期收获的内容，为两国工商界提供一个稳定、可预期的双边经贸合作前景。

首轮中美全面经济对话午餐会以"全球经济和治理"为主题。双方分析了当前全球经济形势以及面临的挑战，就中美在全球经济事务上的合作和发展融资交换意见，促进了双方在全球治理重大问题上的政策协调和相互理解。

在宏观经济政策和金融业专题会议上，双方分别介绍了各自的宏观经济形势，并就财政、税收、货币、金融监管等方面的政策以及市场开放等内容进行了建设性的交流。

在本次对话期间，中美双方围绕服务业和服务贸易有关议题进行了专题探讨。双方均认为，服务贸易和投资合作是中美双边经贸关系的重要内容。美方希望中国进一步开放服务业市场。中方虽然在服务贸易领域存在巨大逆差，仍然认为中美服务贸易是互利的，愿意在服务贸易中进行互利共赢的合作。双方服务业的规模和结构有差异，可以实现优势互补，扩大双边服务贸易也可以促进中美贸易的平衡。中方表示将进一步扩大开放，深化与美方合作，形成双边经贸合作新的增长点。

对话期间，双方举行贸易投资平行分会。双方均同意，加强合作，管控分歧，为缩小贸易逆差进行建设性合作。开展坦诚、深入的沟通是深化双边经贸合作的最佳方式，同时也要以问题为导向，通过协商找到解决问题的有效途径。

中美双方重点就钢铁、铝、高技术产品贸易等问题进行深入交流。双方就化解全球钢铁产能问题进行了深入讨论，同意就共同应对，采取积极有效的措施。

在高技术贸易领域，双方认为，加强在民用高技术贸易方面的合作，在确保相关产品的民用性质和实施知识产权保护的前提下放宽出口管制，扩大双边贸易规模，促进双边贸易平衡。

首轮中美全面经济对话期间举行了农业平行会议，双方就中美农业政策和农产品贸易、美禽流感解禁、中美禽肉双向解禁和对等贸易、干玉米酒糟进口增值税、进口食品安全证书、农业生物技术产品审批、中国输美乳制品和水产品、两国大豆合作研究等议题充分交换意见，形成了一些共识。会后，中美两国签署美国大米输华检验检疫议定书。

两国工商界对本轮对话的反响非常热烈。7月18日中午，美中贸委会、美国商会和美国中国总商会共同为汪洋副总理及中方代表团举办工商界欢迎午餐会，两国政要和企业家代表共400多人出席，场面热烈。汪洋副总理发表题为《互利双赢就是最好的合作》主旨演讲，表示中方愿与美方相向而行，找到利己及人、互利双赢的解决方案，达成最好的"交易"。汪洋副总理赞扬两国工商界长期支持并参与中美经贸合作，创造了"要合作、不要对抗"的氛围，促成了中美经贸关系今天的局面。

对话期间，汪洋副总理与姆努钦财长、罗斯部长等举行了多场小范围会谈，就两国间的重要经贸议题深入交换意见，充分体现了相互尊重、互利共赢的精神，彼此增加了了解，增进了互信，圆满完成了首轮全面经济对话任务，为以后的对话开创了成功的工作模式。

本轮对话始终在坦诚、友好的氛围中举行。双方认识到，合作共赢是发展双边经贸关系的基本原则，对话磋商是解决问题的基本方法，就涉及双方的重大经济政策保持沟通是对话合作的重要方式。双方同意，两国经济团队采取后续行动，尽快确定一年计划及早期收获议题，固化对话成果，更好地发挥中美经贸关系在双边关系中的"压舱石"和"推进器"作用。

首轮中美执法及网络安全对话成果清单

《人民日报》2017年10月7日第3版

2017年10月4日,中国国务委员、公安部部长郭声琨和美国司法部部长杰夫·塞申斯、国土安全部代理部长伊莲·杜克共同主持了首轮中美执法及网络安全对话(以下简称"对话")。中美执法及网络安全对话是习近平主席和特朗普总统2017年4月在海湖庄园举行首次会晤时达成共识的4个对话机制之一,是两国政府推动双方在执法和网络安全领域合作的重要平台。双方就以下议题进行了讨论:

一、非法移民遣返。双方确认有必要在非法移民遣返领域继续取得进展。中美双方承诺建立一个可重复的程序,确保及时核实非法移民的身份,并在身份核实后30天内颁发旅行证件。这个程序将在首轮对话后3个月内建立。

二、禁毒。双方愿继续加强在毒品管控和执法领域的合作,包括就打击贩运新精神活性物质和其他合成毒品、阿片类物质和可卡因交换情报和行动信息;打击非法生产和贩运芬太尼及有关物质和化学前体,关注可适用的法律、列管行动、快递包裹和代理服务;就有关科学、法律交换技术信息;开展减少需求行动;通过联合国和其他多边论坛就国际禁毒问题交换意见;分享两国之间包裹的追踪信息,以识别从事贩运毒品的个人或犯罪集团。

三、网络犯罪和网络安全。双方将继续落实2015年中美两国元首达成的中美网络安全合作共识,包括以下五条共识:一是对一方就恶意网络活动提供信息及协助的请求要及时给予回应,二是各自国家政府均不得从事、或者在知情情况下支持网络窃取知识产权,包括贸易秘密,以及其他机密商业信息,以使其企业或商业行业在竞争中处于有利地位,三是承诺共同制定和推动国际社会网络空间合适的国家行为准则,四是保持打击网络犯罪及相关事项高级别对话机制，五是就网络安全案事件加强执法沟通，互相做出迅速回应。

双方重申，2015年以来三次中美打击网络犯罪及相关事项高级别联合对话达成的共识和合作文件依然有效。

双方愿改进与对方在打击网络犯罪方面的合作，包括及时分享网络犯罪相关线索和信息，及时对刑事司法协助请求做出回应，包括网络诈骗（含电子邮件诈骗）、黑客犯罪、利用网络实施暴力恐怖活动、网络传播儿童淫秽信息等。

双方将在网络保护方面继续合作，包括保持和加强网络安全信息分享，并考虑今后在关键基础设施网络安全保护方面开展合作。

双方同意保留并用好已建立的热线机制，根据实际需要，就所涉及的紧急网络犯罪和与重大网络安全事件有关的网络保护事项，及时在领导层或工作层进行沟通。

四、追逃。双方将加强合作，避免各自国家成为逃犯的避罪天堂，并将确定可行的逃犯案件开展合作。双方计划继续开展定期会晤和建立工作组，确定重点案件。双方承诺在相互尊重彼此主权和法律的基础上，开展追逃行动。双方将依法处理违反上述原则的行动。

尽管存在分歧，双方将努力在上述事项上取得切实进展，并争取在2018年举行对话予以评估。

首轮中美社会和人文对话行动计划

《人民日报》2017年9月30日第11版

首轮中美社会和人文对话当地时间9月28日在华盛顿举行。对话通过《首轮中美社会和人文对话行动计划》如下：

中国国家主席习近平和美国总统特朗普于2017年4月在海湖庄园会晤期间共同确定建立中美社会和人文对话。中国国务院副总理刘延东和美国国务卿雷克斯·蒂勒森于2017年9月28日在华盛顿共同主持了首轮中美社会和人文对话。本轮对话包含教育、科技、环保、文化、卫生、社会发展（涵盖体育、妇女、青年、社会组织）、地方人文合作七大合作领域，旨在促进双方在两国全面对话机制框架内进一步推动社会和人文交流。

中美关系是世界上最重要的双边关系之一。人文交流是两国关系的地基。中美关系正常化45年来，中美两国在社会和人文领域的交流有效地增进了双方互信，消除误解，拉近了两国人民的距离。中美社会和人文对话的建立为两国开展积极坦诚的沟通对话，增进两国人民的相互理解和友谊提供了重要的交流平台。本轮对话期间，双方围绕"中美关系未来50年——相互理解、共生共享"的主题，共同探讨如何为两国人民交流拓宽渠道，提供便利，进一步加强人文交流，扩大两国人民友好往来，夯实两国关系民意基础，为中美关系长期健康发展提供更多正能量。

一、教育领域

中美双方一致认为，鼓励两国学生到对方国家留学，推动两国教育机构和学者间的交流合作，可增进双方的相互理解，推动中美人文交流。为中美学生、学者和教育机构创造更多合作机会将为两国发展更紧密的双边关系夯实基础。

双方将共同开展以下合作：

（一）促进中美双向留学，增进两国学生学者对彼此国家的了解和感情。实施中美双向留学"双十万计划"，未来四年中方公派十万人赴美学习，美国十万名学生来华留学；实施中美富布赖特项目，该项目是两国历史最悠久的教育交流项目，双方将共同努力推动项目取得更多成果；鼓励更多优秀美国学生来华短期学习，设立"优秀美国学生短期留学中国计划"，未来四年提供一万个学分生奖学金名额，双方共建信息宣传平台；推动更多中国学生赴美留学，共同支持美驻华使馆在华推广"美国教育"项目；中方继续实施"三个一万"项目，包括"公派万名学生赴美攻读博士学位""万名中美人文交流专项奖学金"和"汉语桥万人来华研修项目"；继续实施"中美人才培养计划""美国传统非洲裔大学与学院学分奖学金项目"等留学项目，共同组织双方留学人员开展活动。

（二）支持两国大学智库开展机制性合作。每年举办中美大学智库对话，加深智库学者之间的交流与互信，共同为中美关系未来50年献计献策。

（三）鼓励两国青少年在创新创业方面开展交流合作。每年在两国举办"中美青年创客大赛"，并在两国新设若干"中美青年创客交流中心"。

（四）深化中美高校间务实合作。实施"中美大学天文领域人才合作培养计划""中美医学领域人才合作培养计划""本科学术互认课程项目""中国大学校长赴耶鲁大学交流研修项目"，建立"中美商学院联盟"，支持中美药学院校人才培养合作，推动双方高校加深专业领域合作，并在课程建设、师资培养等方面开展全面务实合作；支持"清华大学苏世民学者项目"和"北京大学燕京学堂"等中美学生未来领袖培养项目。

（五）鼓励中美学生学者开展多渠道的交流合作。实施"知行中国"系列项目，包括"中美青年菁英项目""中美学术影响力计划"和"中美高校学生领袖学院项目"；实施中美"千校携手"项目、"美中友好志愿者项目""中美高端国际化人力资源人才培养计划""美国优秀高中毕业生访华项目""宏观经济管理高级公务员培训项目"。

（六）推动孔子学院和孔子课堂在美发展。美方为中方派遣汉语教师提供签证便利，双方合作培养培训美国本土汉语教师，实施"孔子学院校友中国行"活动。

（七）推动中美职业教育交流与合作。开展"中美应用技术教育'双百'合作计划""中美高端技能型、应用型人才联合培养百千万交流计划";举办"中美高职院校/社区学院校长对话""中美未来职业之星联合研习营"。

（八）推动中美学校体育教育交流与合作。在华举办"第六届中美大学生体育文艺周系列活动""FUSC/CSSF-NBA 校园篮球教练员培训班""中美大学生女足友谊赛";在美举办"第二届中美高校体育论坛""中国学校体育教师赴美留学项目""中美学校体育交流成果图片展""中美高中男足友谊赛""中美大学女足友谊赛和交流活动"。

二、科技领域

《中美科技合作协定》是两国最早的合作协议之一，由邓小平和吉米·卡特于1979年首次签署。在该协议下，已签署了近50个部门间协议，支持了双方跨部委、跨机构的数千个合作项目。中美科技合作使两国研究人员和政府机构受益，双方在该框架下相互分享有关数据、资源、设备和专长。双方将共同努力推动《中美科技合作协定》续签工作。

双方将共同开展以下合作：

（一）加强中美联合科研，推进两国科技联合研究中心建设。进一步做好"中美清洁能源联合研究中心"和"中美农业科技合作联合研究中心"的建设和发展工作，并将于2016年至2020年通过政府和企业合作方式共同投入至少2亿美元继续支持中美清洁能源联合研究中心发展。

（二）探索部州、省州科技创新合作新途径。落实《中国科技部与美国加州关于推动低碳发展与清洁能源合作的研究、创新和投资谅解备忘录》，支持相关省州建立能源和环保技术领域合作伙伴关系。

（三）推动中美科技人员交流合作。实施"中美科技人员交流计划""中国青年科学家访美计划"及"中美青年科技论坛"，为两国青年科研人员提供交流平台、建立科研合作联系。

（四）开展两国科技部门间的政策交流与对话。召开"中美科技合作执行秘书会"，共同回顾在中美科技合作联委会框架下各领域的合作情况，进一步探讨双方共同关注议题，并对未来双边合作提出建议。

（五）鼓励两国企业在创新创业方面开展交流合作。每年在两国举办"中美创新与投资对接大会"，促进两国企业在创新、技术和投资方面进行对接和务实合作；举办"美创之星"中美创新创业大赛，有力促进两国企业及创业者在创新创业方面进行交流合作。

（六）推动两国科技型智库合作，促进科技政策交流。举办"创新驱动发展研讨会"，促进两国智库研究人员在政策方面进行深入交流研讨，加深对两国科技领域战略和政策的理解。

三、环保领域

环境合作对促进全球环境治理起着至关重要的作用。双方在环境领域开展务实合作，有助于增进两国了解与互信，分享双方环境管理法律、制度、技术经验，促进双方环保技术和产业交流。

双方将共同开展以下合作：

（一）开展两国环保部门间的政策交流与对话。召开"中美环境合作联委会会议"，回顾审议合作进展，制定下一步合作计划。

（二）推进区域空气质量管理、机动车污染控制、非道路移动机械等大气污染控制领域合作。实施"绿色港口和船舶计划"；召开"中美区域空气质量管理国际研讨会""中美机动车污染防治国际研讨会"。

（三）推进饮用水水源地保护、地下水污染防治、水流域和水环境管理等领域的合作。召开"中美水污染防治国际研讨会"；做好"中美地下水采样试点示范项目"后续工作。

（四）推动化学品环境管理（包括现有化学物质风险评估、数据库建设、合格实验室规范管理、风险评估实验室建设等）、固体废弃物管理和土壤污染防治等领域的务实合作。

（五）推动中美环境领域立法执法合作。召开"中美环境立法交流会""中美环境执法研讨会"，组织中方执法人员赴美进行环保执法交流。

（六）推动中美环境保护能力建设，开展智库合作，促进人员往来。通过政府部门搭建平台，开展环境政策联合研究，支持合作项目建设，举办"中美环境智库对话"，支持双方智库研究人员交流和往来；实施"中美环境保护部门官员和专家学者互访项目"；开展中美环境监测能力建设合作。

四、文化领域

中美政府积极推动两国人民间的文化交流，有关交流惠及年轻人和少有机会接触文化艺术的群体。相关交流和合作包括表演和视觉艺术，文化遗产保护，并推动文化机构、文化界代表和学者开展合作。

双方将共同开展以下合作：

（一）支持两国文化机构建立长期交流合作机制。举办"中美文化论坛"，促进两国民众对彼此文化的理解；鼓励和支持双方在遵守对方国家相关法律法规和社会良俗的前提下，在对方国家举办包括图片展在内的文化活动。

（二）支持中美两国艺术机构共同举办文化节和文化交流活动。在美举办"跨越太平洋——中国艺术节""创新中国文化节"，启动中美合作九寨沟地区古代人地关系和文化交流考古研究项目。

（三）支持双方文化机构和企业代表参加对方艺术组织年会、艺术交易会、授权展等活动，加强文化产业合作。中国演艺机构将参加美国中西部艺术联盟第31届年会及演出交易会和美国西部艺术联盟第50届年会及演出交易会；中国歌剧舞剧院舞蹈小组赴休斯敦参加亚美舞蹈节"锦绣中华"专场演出，并举办"艺术进校园工作坊"。

（四）促进两国公共文化机构如图书馆、博物馆之间的交流合作，包括互办展览、专业人员交流等项目。实施中美图书馆管理人员交流项目；鲍尔博物馆与颐和园在美合办《颐和园文物精选展》；费城富兰克林科技馆举办《兵马俑：秦始皇的永恒守卫》；亨廷顿图书馆举办庆中秋系列文化活动；弗吉尼亚艺术博物馆举办兵马俑展。

（五）推动两国优秀艺术作品互访，促进两国民众对彼此文化的理解。中国国家大剧院管弦乐队赴美巡演；"垚也"乐队和周家班鼓乐团参加第19届芝加哥世界音乐节；旧金山歌剧院在华演出英文版歌剧《红楼梦》；第7届"天下华灯"嘉年华大型灯会在加州举行；在华盛顿等多地举办"中华文化讲堂"系列之"筝与诗——中国音乐文化之旅"。

五、卫生领域

过去40年，中美卫生合作成果丰硕，应对了双方共同关切的重要卫生问题，促进了两国的健康和繁荣。卫生领域的重要议程包括传染病监测和防控、生物医学研究、医学教育和食品安全等。中美在卫生领域的合作在中美双边关系中至关重要。

双方将结合"一带一路"倡议，进一步深化合作，促进双方和全球卫生安全、卫生发展与卫生创新，致力于建设人类健康命运共同体。

（一）共护全球卫生安全。双方将实施新发和再发传染病合作、中美艾滋病防治合作等重大传染病防治合作项目。双方继续落实国际卫生条例，并根据"健康一体化"方针，继续落实遏制抗生素耐药多领域国家行动计划。双方共同实施第二期中国西部现场流行病学培训项目。

（二）共促全球卫生发展。继续加强卫生人员交流，共同举办"中美健康二轨对话"，继续实施"中美百名医院院长互访计划"和"中美青年卫生骨干千人交流计划"，举办中美健康研讨会和中美疾控中心主任年会，开展百年协和纪念活动。继续加强中美对非卫生合作，在中美关于共同支持非洲疾病预防控制中心的谅解备忘录下，携手推进非洲国家在后埃博拉时期公共卫生体系建设，深化在非洲疾控中心建设、公共卫生人员培训等方面的合作，共同帮助非洲国家提升公共卫生和疾病防控能力，包括联合开展塞拉利昂新生儿乙肝疫苗接种等公共卫生项目等。

（三）共同推进卫生创新。双方将在医学科研，尤其是心脑血管疾病和癌症等非传染性疾病领域，继续共同策划并执行重要的交流、培训和能力建设项目。继续推进中国—哈佛医学院转化医学联合中心建设，在华举办中美医疗创新研讨会。

六、社会发展领域

中美社会各界积极参与人文交流将增进两国的相互理解。中美人文交流的成功，很大程度归功于双方体育人士、妇女、青年和社会组织的积极参与和贡献，包括大学、博物馆、基金会、文化机构、体育组织和商业机构。

双方将共同开展以下合作：

（一）进一步加强中美全方位、多渠道、多层次的体育交流。以北京2022年冬奥会为契机，加强两国在冬季运动领域的交流与合作。通过举办"中美体育研讨会"继续推动两国体育合作机制化发展。加深两国运动员、青少年在深受两国人民喜爱的篮球、乒乓球等体育项目上的交流，在美举行"中美篮球交流活动""走进北美国际乒乓球训练营"；在华举办"中美滑水明星对抗赛"；中国围棋队赴美参加美国围棋大会。在美宣传推广中华传统健身文化，共同提高两国人民身体健康，中国武术团赴纽约联合国总部表演，中国健身气功协会赴美进行健身气功宣传推广并举办教学培训。

（二）进一步加强中美在促进性别平等和妇女赋权方面的交流与合作。推进两国高层女性领导者和各界妇女的对话，发展中美妇女交流对话机制；加强中美妇女机构和组织的双边交流与人员往来，增进友谊与互信，拓展务实合作新领域；在两国轮流举办中美妇女领导者交流对话会；就妇女参与决策与管理、女性与数字经济等双方共同关心的问题举办中美妇女问题研讨会；推动中美性别平等领域的专家学者交流互访；推动两国女性高校之间的校际交流合作以及女大学生之间的交流互动。

（三）关注和发挥青年在推动中美关系发展中的作用。鼓励和支持中美青年组织积极参与中美人文交流，增强中美青年国际合作和跨文化沟通能力，增加中美青年创新就业和成长发展机会。推动中美青年政治家交流，实施"中美青年政治家互访项目""中美政党青年组织互访项目""中美政党青年组织对话项目"。推动中美青年职业人士交流，实施"中国—耶鲁青年领导者对话项目""中美青年社会组织交流项目"。推动中美青年创新创业交流，举办"中美青年创新创业与新经济机遇论坛"；实施"中美人才交流营"中美青年创新人才挂职项目、"哈佛大学中美大学生社会创新创业交流项目"。推动中美青少年旅游交流，实施"中国青少年赴美游学项目""中国青少年美国宇航游项目""中美春节游客包机项目"。推动中美青少年研究、读物出版、访学交流，实施"中美高中生比较研究项目""中美少儿读物出版双向引进项目""中美青年教师和学生访学项目"。

七、地方人文合作

地方交流合作是中美关系中最积极、活跃的方面之一，显示了两国人文交流的巨大潜力。在全球两个最大的经济体之间推动地方人文合作将造福两国人民。

双方将共同开展以下合作：

（一）推动中美省州和管理部门交流合作。实施"中美城市治理项目"；举办"第二届中美省州立法机关合作论坛""中美友好城市对话会"。

（二）推动中美地方教育交流合作。举办"中美省州教育厅长对话"。推动黑龙江省和威斯康星州执行好《黑龙江省教育厅与美国威斯康星大学系统谅解备忘录》；重庆市与西雅图市执行好《重庆市教委和西雅图市政府合作谅解备忘录》；河北省和艾奥瓦州加强高校和机构间的合作与交流。欢迎美国中小学校长参加"江苏中小学校长论坛"；欢迎芝加哥市师生参加"上海国际友好城市青少年夏令营"。

（三）推动中美地方科技交流合作。推动张江波士顿企业园建设。鼓励民间资本参加中美科技创新合作，推动精准医疗研究院在广东落地。

（四）推动中美地方环保交流合作。支持相关地方和相关企业建立环境合作伙伴关系，实施"友好城市""环保伙伴"等试点示范项目。

（五）推动中美地方文化交流合作。山东省将在旧金山湾区举办"山东文化周"，内容包括青岛歌舞剧院舞剧《红高粱》、山东省美术展、山东省非物质文化遗产展演、文化论坛等。

（六）推动中美地方卫生交流合作。支持天津开展美国得克萨斯医学中心医院管理及应急人员培训班。

双方愿本着相互尊重、平等交流、互利共赢的原则，着眼长远，统筹规划，整合资源，务求实效，保持对话健康持续发展，并逐步探索扩展交流领域，充实对话内容，推动中美人文交流再上新台阶，为两国关系发展作出新的、更大的贡献。

第四编
数据资料

美国政治

2017年美国政府主要内阁成员名录

职务	姓名
国务卿	雷克斯·蒂勒森（Rex Tillerson）
财政部长	史蒂文·姆努钦（Steven Mnuchin）
国防部长	吉姆·马蒂斯（Jim Mattis）
司法部长	杰夫·塞申斯（Jeff Sessions）
内政部长	瑞安·津克（Ryan Zinke）
农业部长	桑尼·珀杜（Sonny Perdue）
商务部长	威尔伯·罗斯（Wilbur Ross）
劳工部长	亚历克斯·阿科斯塔（Alex Acosta）
卫生与公共服务部长	汤姆·普莱斯（Tom Price）[①]
住房与城市发展部长	本·卡森（Ben Carson）
交通部长	赵小兰（Elaine Chao）
能源部长	里克·佩里（Rick Perry）
教育部长	贝思蒂·德沃斯（Besty DeVos）
退伍军人事务部长	戴维·舒尔金（David Shulkin）
国土安全部长	柯尔斯汀·尼尔森（Kirstjen Nielsen）[②]

[①] 普莱斯2017年9月底离任，唐·怀特和埃里克·哈根先后代理部长一职。
[②] 2017年12月6日上任，原国土安全部长约翰·凯利7月转任白宫办公厅主任。

2017年美国国安会主要涉华官员名录

职　务	姓　名
总统国家安全事务助理兼国家安全顾问	迈克尔·弗林（Michael Flynn）①、赫伯特·麦克马斯特（Herbert McMaster）
总统国家安全事务副助理	凯瑟琳·麦克法兰（K. T. McFarland）②、迪娜·鲍威尔（Dina Powell）
负责亚太事务的高级主任	马修·波廷杰（Matthew Pottinger）
负责中国事务的主任	利娅·布雷（Leah Bray）

2017年美国国务院主要涉华官员名录

职　务	姓　名
国务卿	雷克斯·蒂勒森（Rex Tillerson）
常务副国务卿	约翰·沙利文（John J. Sullivan）
负责资源与管理的常务副国务卿	空缺
负责政治事务的副国务卿	空缺
负责管理的副国务卿	空缺
负责公共外交与公共事务的副国务卿	史蒂夫·戈尔茨坦（Steve Goldstein）
负责军控与国际安全的副国务卿	空缺
负责平民安全、民主与人权的副国务卿	空缺
负责经济增长、能源与环境的副国务卿	空缺
负责东亚与太平洋事务的助理国务卿	苏珊·桑顿（Susan A. Thornton，中文名董云裳）（代理）
负责东亚与太平洋事务的助理国务卿首席帮办	马修·马修斯（Matthew J. Matthews）
中国、蒙古事务办公室主任	汉斯康姆·史密斯（Hanscom Smith，中文名史墨客）
台湾协调办公室主任	詹姆斯·海勒（James Heller）

---

① 弗林于2017年2月辞职，麦克马斯特接任。
② 麦克法兰于2017年4月离职。

2017年美国国防部主要涉华官员名录

职　务	姓　名
国防部长	詹姆斯·马蒂斯（James N. Mattis）
常务副部长	帕特里克·沙纳汉（Patrick M. Shanahan）
负责政策事务的副部长	约翰·罗德（John C. Rood）
负责亚太事务的助理国防部长	戴维·赫尔维（David F. Helvey，中文名海戴维）（代理）
负责亚太事务的首席助理国防部长帮办	空缺
负责东亚事务的助理国防部长帮办	空缺
负责中蒙台事务的主任	德鲁·汤普森（Drew Thompson，中文名唐安竹）

第115届国会（2017年）领导层一览表
参议院

	职　务	姓　名	所代表州
	议长	副总统迈克尔·彭斯（Michael Pence）	
	临时议长	奥林·哈奇（Orrin Hatch）	犹他州
共和党	共和党（多数党）领袖	米奇·麦康奈尔（Mitch McConnell）	肯塔基州
	共和党党督（兼助理领袖）	约翰·科宁（John Cornyn）	得克萨斯州
	共和党会议主席	约翰·图恩（John Thune）	南达科他州
	共和党会议副主席	罗伊·布伦特（Roy Blunt）	密苏里州
	共和党政策委员会主席	约翰·巴拉索（John Barrasso）	怀俄明州
	全国共和党参议院委员会主席	科里·加德纳（Cory Gardner）	科罗拉多州

续表

	职务	姓名	所代表州
民主党	民主党（少数党）领袖	查尔斯·舒默（Charles E. Schumer）	纽约州
	民主党党督	理查德·德宾（Richard J. Durbin）	伊利诺伊州
	助理领袖	帕蒂·默里（Patty Murray）	华盛顿州
	民主党政策与交流委员会主席	黛比·斯塔比诺（Debbie Stabenow）	密歇根州
	民主党会议副主席	伊丽莎白·沃伦（Elizabeth Warren）	马萨诸塞州
	民主党会议副主席	马克·沃纳（Mark Warner）	弗吉尼亚州
	民主党指导委员会主席	艾米·克洛布沙尔（Amy Klobuchar）	明尼苏达州
	民主党延展委员会主席	伯尼·桑德斯（Bernie Sanders）	佛蒙特州
	民主党政策与交流委员会副主席	乔·曼钦（Joe Manchin）	西弗吉尼亚州
	民主党会议秘书	塔米·鲍德温（Tammy Baldwin）	威斯康星州
	民主党参议院竞选委员会主席	克里斯·范·霍伦（Chris Van Hollen）	马里兰州

众议院

	职务	姓名	所代表选区
	议长	保罗·瑞安（Paul Ryan）	威斯康星州第1选区
共和党	共和党（多数党）领袖	凯文·麦卡锡（Kevin McCarthy）	加利福尼亚州第23选区
	共和党党督	史蒂夫·斯卡利斯（Steve Scalise）	路易斯安那州第1选区

续表

	职务	姓名	所代表选区
共和党	共和党首席副党督	帕特里克·麦克亨利 (Patrick McHenry)	北卡罗来纳州 第10选区
	共和党会议主席	凯茜·麦克莫里斯·罗杰斯 (Cathy McMorris Rodgers)	华盛顿州 第5选区
	共和党政策委员会主席	卢克·梅瑟 (Luke Messer)	印第安纳州 第6选区
	全国共和党众议院委员会主席	史蒂夫·斯蒂弗斯 (Steve Stivers)	俄亥俄州 第15选区
	共和党会议副主席	道格·柯林斯 (Doug Collins)	佐治亚州 第9选区
	共和党会议秘书	贾森·史密斯 (Jason Smith)	密苏里州 第8选区
民主党	民主党（少数党）领袖	南希·佩洛西 (Nancy Pelosi)	加利福尼亚州 第12选区
	民主党党督	斯坦尼·霍耶 (Steny Hoyer)	马里兰州 第5选区
	民主党党团主席	约瑟夫·克劳利 (Joseph Crowley)	纽约州 第14选区
	民主党众议院竞选委员会主席	本·雷·卢汉 (Ben Ray Lujan)	新墨西哥州 第3选区
	民主党助理领袖	詹姆斯·克莱伯恩 (James Clyburn)	南卡罗来纳州 第6选区
	民主党党团副主席	琳达·桑切斯 (Linda Sanchez)	加利福尼亚州 第38选区
	民主党指导与政策委员会共同主席	罗莎·德劳罗 (Rosa DeLauro)	康涅狄格州 第3选区
		埃里克·斯沃韦尔 (Eric Swalwell)	加利福尼亚州 第15选区

美国50州州长名录

所在州	州长	党籍
亚拉巴马州	凯·艾维（Kay Ivey）①	共和党
阿拉斯加州	比尔·沃克（Bill Walker）	无
亚利桑那州	道格·杜西（Doug Ducey）	共和党
阿肯色州	阿萨·哈钦森（Asa Hutchinson）	共和党
加利福尼亚州	杰瑞·布朗（Jerry Brown）	民主党
科罗拉多州	约翰·希肯卢珀（John Hickenlooper）	民主党
康涅狄格州	丹尼尔·马洛伊（Dannel Malloy）	民主党
特拉华州	约翰·卡尼（John Carney）	民主党
佛罗里达州	里克·斯科特（Rick Scott）	共和党
佐治亚州	内森·迪尔（Nathan Deal）	共和党
夏威夷州	戴维·伊格（David Ige）	民主党
爱达荷州	布奇·奥特（Butch Otter）	共和党
伊利诺伊州	布鲁斯·劳纳（Bruce Rauner）	共和党
印第安纳州	埃里克·霍尔库姆（Eric Holcomb）	共和党
艾奥瓦州	金·雷诺兹（Kim Reynolds）②	共和党
堪萨斯州	萨姆·布朗巴克（Sam Brownback）	共和党
肯塔基州	马特·贝文（Matt Bevin）	民主党
路易斯安那州	约翰·爱德华兹（John Edwards）	共和党
缅因州	保罗·勒佩奇（Paul LePage）	共和党
马里兰州	拉里·霍根（Larry Hogan）	共和党
马萨诸塞州	查利·贝克（Charlie Baker）	共和党
密歇根州	里克·斯奈德（Rick Snyder）	共和党
明尼苏达州	马克·戴顿（Mark Dayton）	民主党
密西西比州	菲尔·布赖恩特（Phil Bryant）	共和党
密苏里州	埃里克·格雷滕斯（Eric Greitens）	共和党
蒙大拿州	史蒂夫·布洛克（Steve Bullock）	民主党
内布拉斯加州	皮特·里基茨（Pete Ricketts）	共和党
内华达州	布赖恩·桑多瓦尔（Brian Sandoval）	共和党
新罕布什尔州	克里斯·苏努努（Chris Sununu）	共和党

① 2017年4月10日上任。
② 2017年5月24日上任。

续表

所在州	州长	党籍
新泽西州	克里斯·克里斯蒂（Chris Christie）	共和党
新墨西哥州	苏珊娜·马丁内斯（Susana Martinez）	共和党
纽约州	安德鲁·科莫（Andrew Cuomo）	民主党
北卡罗来纳州	罗伊·库珀（Roy Cooper）	民主党
北达科他州	道格·布鲁格姆（Doug Brugum）	共和党
俄亥俄州	约翰·卡西奇（John Kasich）	共和党
俄克拉何马州	玛丽·法林（Mary Fallin）	共和党
俄勒冈州	凯特·布朗（Kate Brown）	民主党
宾夕法尼亚州	汤姆·沃尔夫（Tom Wolf）	民主党
罗得岛州	吉娜·瑞蒙多（Gina Raimondo）	民主党
南卡罗来纳州	亨利·麦克马斯特（Henry McMaster）	共和党
南达科他州	丹尼斯·多加德（Dennis Daugaard）	共和党
田纳西州	比尔·哈斯拉姆（Bill Haslam）	共和党
得克萨斯州	格雷格·阿博特（Greg Abbott）	共和党
犹他州	加里·赫伯特（Gary Herbert）	共和党
佛蒙特州	菲尔·斯科特（Phil Scott）	共和党
弗吉尼亚州	拉尔夫·诺瑟姆（Ralph Northam）	民主党
华盛顿州	杰伊·英斯利（Jay Inslee）	民主党
西弗吉尼亚州	吉姆·贾斯蒂斯（Jim Justice）	共和党
威斯康星州	斯科特·沃克（Scott Walker）	共和党
怀俄明州	马特·米德（Matt Mead）	共和党

美国联邦参议员名录

所在州	联邦参议员	党籍
亚拉巴马州	理查德·谢尔比（Richard Shelby）	共和党
	卢瑟·约翰逊·斯特兰奇（Luther Johnson Strange III）①	共和党
阿拉斯加州	莉萨·穆尔科斯基（Lisa Murkowski）	共和党
	丹·苏利文（Dan Sullivan）	共和党

---

① 2017年2月就职，接替被特朗普提名担任司法部长的杰夫·塞申斯（Jeff Sessions）。

续表

所在州	联邦参议员	党籍
亚利桑那州	约翰·麦凯恩（John McCain）	共和党
	杰夫·弗莱克（Jeff Flake）	共和党
阿肯色州	约翰·布兹曼（John Boozman）	共和党
	汤姆·科顿（Tom Cotton）	共和党
加利福尼亚州	戴安娜·范斯坦（Dianne Feinstein）	民主党
	卡玛拉·哈里斯（Kamala Harris）	民主党
科罗拉多州	迈克尔·贝内特（Michael Bennet）	民主党
	科里·加德纳（Cory Gardner）	共和党
康涅狄格州	理查德·布卢门撒尔（Richard Blumenthal）	民主党
	克里斯托弗·墨菲（Christopher Murphy）	民主党
特拉华州	托马斯·卡珀（Thomas Carper）	民主党
	克里斯托弗·孔斯（Christopher Coons）	民主党
佛罗里达州	比尔·纳尔逊（Bill Nelson）	民主党
	马尔科·鲁比奥（Marco Rubio）	共和党
佐治亚州	约翰尼·艾萨克森（Johnny Isakson）	共和党
	大卫·珀杜（David Perdue）	共和党
夏威夷州	布赖恩·沙茨（Brian Schatz）	民主党
	广野庆子（Mazie Hirono）	民主党
爱达荷州	迈克·克拉波（Mike Crapo）	共和党
	詹姆斯·里什（James Risch）	共和党
伊利诺伊州	理查德·德宾（Richard Durbin）	民主党
	塔米·达克沃思（Tammy Duckworth）	民主党
印第安纳州	乔·唐纳利（Joe Donnelly）	民主党
	托德·扬（Todd Young）	共和党
艾奥瓦州	查克·格拉斯利（Chuck Grassley）	共和党
	琼妮·厄恩斯特（Joni Ernst）	共和党
堪萨斯州	帕特·罗伯茨（Pat Roberts）	共和党
	杰瑞·莫兰（Jerry Moran）	共和党
肯塔基州	米奇·麦康奈尔（Mitch McConnell）	共和党
	兰德·保罗（Rand Paul）	共和党
路易斯安那州	比尔·卡西迪（Bill Cassidy）	共和党
	约翰·肯尼迪（John Kennedy）	共和党

续表

所在州	联邦参议员	党籍
缅因州	苏珊·柯林斯（Susan Collins）	共和党
	安格斯·金（Angus King）	无
马里兰州	本·卡丁（Ben Cardin）	民主党
	克里斯·范·霍伦（Chris Van Hollen）	民主党
马萨诸塞州	伊丽莎白·沃伦（Elizabeth Warren）	民主党
	爱德华·马基（Edward Markey）	民主党
密歇根州	黛比·斯塔比诺（Debbie Stabenow）	民主党
	加里·彼得斯（Gary Peters）	民主党
明尼苏达州	艾米·克洛布沙尔（Amy Klobuchar）	民主党
	阿尔·弗兰肯（Al Franken）	民主党
密西西比州	撒德·柯克伦（Thad Cochran）	共和党
	罗杰·威克（Roger Wicker）	共和党
密苏里州	克莱尔·迈卡斯基尔（Claire McCaskill）	民主党
	罗伊·布伦特（Roy Blunt）	共和党
蒙大拿州	乔恩·特斯特（Jon Tester）	民主党
	史蒂夫·戴恩斯（Steve Daines）	共和党
内布拉斯加州	德布·费希尔（Deb Fischer）	共和党
	本·萨斯（Ben Sasse）	共和党
内华达州	迪安·赫勒（Dean Heller）	共和党
	凯瑟琳·科尔特斯·马斯托（Catherine Cortez Masto）	民主党
新罕布什尔州	珍妮·沙欣（Jeanne Shaheen）	民主党
	玛吉·哈桑（Maggie Hassan）	民主党
新泽西州	罗伯特·梅嫩德斯（Robert Menendez）	民主党
	科里·布克（Cory Booker）	民主党
新墨西哥州	汤姆·尤德尔（Tom Udall）	民主党
	马丁·海因里希（Martin Heinrich）	民主党
纽约州	查尔斯·舒默（Charles Schumer）	民主党
	柯尔丝滕·吉利布兰德（Kirsten Gillibrand）	民主党
北卡罗来纳州	理查德·伯尔（Richard Burr）	共和党
	汤姆·蒂利斯（Thom Tillis）	共和党
北达科他州	约翰·霍文（John Hoeven）	共和党
	海迪·海特坎普（Heidi Heitkamp）	民主党

续表

所在州	联邦参议员	党籍
俄亥俄州	谢罗德·布朗（Sherrod Brown）	民主党
	罗布·波特曼（Rob Portman）	共和党
俄克拉何马州	詹姆斯·英霍夫（James Inhofe）	共和党
	詹姆斯·兰克福德（James Lankford）	共和党
俄勒冈州	罗恩·怀登（Ron Wyden）	民主党
	杰夫·莫克里（Jeff Merkley）	民主党
宾夕法尼亚州	罗伯特·凯西（Robert Casey Jr.）	民主党
	帕特·图米（Pat Toomey）	共和党
罗得岛州	杰克·里德（Jack Reed）	民主党
	谢尔登·怀特豪斯（Sheldon Whitehouse）	民主党
南卡罗来纳州	林赛·格雷厄姆（Lindsey Graham）	共和党
	蒂姆·斯科特（Tim Scott）	共和党
南达科他州	约翰·图恩（John Thune）	共和党
	麦克·朗兹（Mike Rounds）	共和党
田纳西州	拉马尔·亚历山大（Lamar Alexander）	共和党
	鲍勃·科克（Bob Corker）	共和党
得克萨斯州	约翰·科宁（John Cornyn）	共和党
	特德·克鲁兹（Ted Cruz）	共和党
犹他州	奥林·哈奇（Orrin Hatch）	共和党
	迈克·李（Mike Lee）	共和党
佛蒙特州	帕特里克·莱希（Patrick Leahy）	民主党
	伯尼·桑德斯（Bernie Sanders）	无
弗吉尼亚州	马克·沃纳（Mark Warner）	民主党
	蒂姆·凯恩（Tim Kaine）	民主党
华盛顿州	帕蒂·默里（Patty Murray）	民主党
	玛丽亚·坎特韦尔（Maria Cantwell）	民主党
西弗吉尼亚州	乔·曼钦（Joe Manchin）	民主党
	谢利·穆尔·卡皮托（Shelley Moore Capito）	共和党
威斯康星州	罗恩·约翰逊（Ron Johnson）	共和党
	塔米·鲍德温（Tammy Baldwin）	民主党
怀俄明州	迈克尔·恩齐（Michael Enzi）	共和党
	约翰·巴拉索（John Barrasso）	共和党

美国联邦众议员名录

所在州	所属选区	联邦众议员	党籍
亚拉巴马州	第1选区	布拉德利·伯恩（Bradley Byrne）	共和党
	第2选区	玛莎·罗比（Martha Roby）	共和党
	第3选区	迈克·罗杰斯（Mike Rogers）	共和党
	第4选区	罗伯特·阿德霍尔特（Robert Aderholt）	共和党
	第5选区	莫·布鲁克斯（Mo Brooks）	共和党
	第6选区	加里·帕默尔（Gary Palmer）	共和党
	第7选区	特里·休厄尔（Terri Sewell）	民主党
阿拉斯加州	单一选区	唐·扬（Don Young）	共和党
亚利桑那州	第1选区	汤姆·奥哈勒伦（Tom O'Halleran）	民主党
	第2选区	玛莎·麦克萨利（Martha McSally）	共和党
	第3选区	劳尔·格力亚尔瓦（Raúl Grijalva）	民主党
	第4选区	保罗·戈萨（Paul Gosar）	共和党
	第5选区	安迪·比格斯（Andy Biggs）	共和党
	第6选区	戴维·施韦克特（David Schweikert）	共和党
	第7选区	鲁本·加莱戈（Ruben Gallego）	民主党
	第8选区	特伦特·弗兰克斯（Trent Franks）	共和党
	第9选区	克丝滕·塞纳姆（Kyrsten Sinema）	民主党
阿肯色州	第1选区	里克·克劳福德（Rick Crawford）	共和党
	第2选区	弗伦奇·希尔（French Hill）	共和党
	第3选区	史蒂夫·沃马克（Steve Womack）	共和党
	第4选区	布鲁斯·韦斯特曼（Bruce Westerman）	共和党
加利福尼亚州	第1选区	道格·拉马尔福（Doug LaMalfa）	共和党
	第2选区	贾里德·赫夫曼（Jared Huffman）	民主党
	第3选区	约翰·加拉门迪（John Garamendi）	民主党
	第4选区	汤姆·麦克林托克（Tom McClintock）	共和党
	第5选区	迈克·汤普森（Mike Thompson）	民主党
	第6选区	多丽丝·松井（Doris Matsui）	民主党
	第7选区	埃米·贝拉（Ami Bera）	民主党
	第8选区	保罗·库克（Paul Cook）	共和党
	第9选区	杰里·麦克纳尼（Jerry McNerney）	民主党
	第10选区	杰夫·德纳姆（Jeff Denham）	共和党
	第11选区	马克·德索尼尔（Mark DeSaulnier）	民主党

续表

所在州	所属选区	联邦众议员	党籍
加利福尼亚州	第12选区	南希·佩洛西（Nancy Pelosi）	民主党
	第13选区	芭芭拉·李（Barbara Lee）	民主党
	第14选区	杰姬·斯皮尔（Jackie Speier）	民主党
	第15选区	埃里克·斯沃韦尔（Eric Swalwell）	民主党
	第16选区	吉姆·科斯塔（Jim Costa）	民主党
	第17选区	罗·卡纳（Ro Khanna）	民主党
	第18选区	安娜·埃舒（Anna Eshoo）	民主党
	第19选区	佐伊·洛夫格伦（Zoe Lofgren）	民主党
	第20选区	吉米·帕内塔（Jimmy Panetta）	民主党
	第21选区	戴维·瓦拉德奥（David Valadao）	共和党
	第22选区	德温·努涅斯（Devin Nunes）	共和党
	第23选区	凯文·麦卡锡（Kevin McCarthy）	共和党
	第24选区	萨鲁德·卡瓦哈尔（Salud Carbajal）	民主党
	第25选区	史蒂夫·奈特（Steve Knight）	共和党
	第26选区	朱莉娅·布朗利（Julia Brownley）	民主党
	第27选区	赵美心（Judy Chu）	民主党
	第28选区	亚当·希夫（Adam Schiff）	民主党
	第29选区	托尼·卡德纳斯（Tony Cárdenas）	民主党
	第30选区	布拉德·舍曼（Brad Sherman）	民主党
	第31选区	皮特·阿圭勒（Pete Aguilar）	民主党
	第32选区	格雷丝·纳波里塔诺（Grace Napolitano）	民主党
	第33选区	刘云平（Ted Lieu）	民主党
	第34选区	吉米·戈麦斯（Jimmy Gomez）[①]	民主党
	第35选区	诺尔玛·托里斯（Norma Torres）	民主党
	第36选区	劳尔·鲁伊斯（Raul Ruiz）	民主党
	第37选区	卡伦·巴斯（Karen Bass）	民主党
	第38选区	琳达·桑切斯（Linda Sánchez）	民主党
	第39选区	埃德·罗伊斯（Ed Royce）	共和党
	第40选区	露西尔·罗伊鲍尔—阿拉德（Lucille Roybal-Allard）	民主党

① 2017年6月经特别选举当选，接替前众议员泽维尔·贝瑟拉（Xavier Becerra）。

续表

所在州	所属选区	联邦众议员	党籍
加利福尼亚州	第41选区	马克·高野（Mark Takano）	民主党
	第42选区	肯·卡尔弗特（Ken Calvert）	共和党
	第43选区	玛克辛·沃特斯（Maxine Waters）	民主党
	第44选区	南妮特·巴拉甘（Nanette Barragán）	民主党
	第45选区	咪咪·沃尔特斯（Mimi Walters）	共和党
	第46选区	卢·科雷亚（Lou Correa）	民主党
	第47选区	艾伦·洛温塔尔（Alan Lowenthal）	民主党
	第48选区	达纳·罗拉巴克尔（Dana Rohrabacher）	共和党
	第49选区	达雷尔·伊萨（Darrell Issa）	共和党
	第50选区	邓肯·亨特（Duncan D. Hunter）	共和党
	第51选区	胡安·瓦尔加斯（Juan Vargas）	民主党
	第52选区	斯科特·皮特斯（Scott Peters）	民主党
	第53选区	苏珊·戴维斯（Susan Davis）	民主党
科罗拉多州	第1选区	戴安娜·德盖特（Diana DeGette）	民主党
	第2选区	贾里德·波利斯（Jared Polis）	民主党
	第3选区	斯科特·蒂普顿（Scott Tipton）	共和党
	第4选区	肯·巴克（Ken Buck）	共和党
	第5选区	道格·兰伯恩（Doug Lamborn）	共和党
	第6选区	迈克·考夫曼（Mike Coffman）	共和党
	第7选区	埃德·珀尔马特（Ed Perlmutter）	民主党
康涅狄格州	第1选区	约翰·拉森（John Larson）	民主党
	第2选区	乔·考特尼（Joe Courtney）	民主党
	第3选区	罗莎·德鲁洛（Rosa DeLauro）	民主党
	第4选区	吉姆·海姆斯（Jim Himes）	民主党
	第5选区	伊丽莎白·埃斯蒂（Elizabeth Esty）	民主党
特拉华州	单一选区	莉萨·罗切斯特（Lisa Rochester）	民主党
佛罗里达州	第1选区	马特·盖茨（Matt Gaetz）	共和党
	第2选区	尼尔·邓恩（Neal Dunn）	民主党
	第3选区	特德·约霍（Ted Yoho）	共和党
	第4选区	约翰·卢瑟福（John Rutherford）	共和党
	第5选区	阿尔·劳森（Al Lawson）	民主党
	第6选区	罗恩·德桑蒂斯（Ron DeSantis）	共和党

续表

所在州	所属选区	联邦众议员	党籍
佛罗里达州	第7选区	史蒂芬妮·墨菲（Stephanie Murphy）	民主党
	第8选区	比尔·波西（Bill Posey）	共和党
	第9选区	达伦·索托（Darren Soto）	民主党
	第10选区	瓦尔·戴明斯（Val Demings）	民主党
	第11选区	丹尼尔·韦伯斯特（Daniel Webster）	共和党
	第12选区	格斯·比利拉基斯（Gus Bilirakis）	共和党
	第13选区	查理·克里斯特（Charlie Crist）	民主党
	第14选区	凯茜·卡斯托（Kathy Castor）	民主党
	第15选区	丹尼斯·罗斯（Dennis Ross）	共和党
	第16选区	维恩·布坎南（Vern Buchanan）	共和党
	第17选区	汤姆·鲁尼（Tom Rooney）	共和党
	第18选区	布莱恩·马斯特（Brian Mast）	共和党
	第19选区	弗朗西斯·鲁尼（Francis Rooney）	共和党
	第20选区	阿尔西·黑斯廷斯（Alcee Hastings）	民主党
	第21选区	洛伊丝·弗兰克尔（Lois Frankel）	民主党
	第22选区	特德·多伊奇（Ted Deutch）	民主党
	第23选区	黛比·沃瑟曼·舒尔兹（Debbie Wasserman Schultz）	民主党
	第24选区	弗雷德丽卡·威尔森（Frederica Wilson）	民主党
	第25选区	马里奥·迪亚兹—巴拉特（Mario Diaz-Balart）	共和党
	第26选区	卡洛斯·柯贝洛（Carlos Curbelo）	共和党
	第27选区	伊利安娜·罗斯—莱赫蒂宁（Ileana Ros-Lehtinen）	共和党
佐治亚州	第1选区	巴迪·卡特（Buddy Carter）	共和党
	第2选区	桑福德·毕晓普（Sanford Bishop）	民主党
	第3选区	德鲁·弗格森（Drew Ferguson）	共和党
	第4选区	汉克·约翰逊（Hank Johnson）	民主党
	第5选区	约翰·刘易斯（John Lewis）	民主党
	第6选区	卡伦·汉德尔（Karen Handel）①	共和党
	第7选区	罗布·伍德尔（Rob Woodall）	共和党

① 2017年6月经特别选举当选，接替被特朗普提名担任卫生与公共服务部部长的汤姆·普赖斯。

续表

所在州	所属选区	联邦众议员	党籍
佐治亚州	第8选区	奥斯汀·斯科特（Austin Scott）	共和党
	第9选区	道格·柯林斯（Doug Collins）	共和党
	第10选区	乔迪·海斯（Jody Hice）	共和党
	第11选区	巴里·劳德米尔克（Barry Loudermilk）	共和党
	第12选区	里克·艾伦（Rick Allen）	共和党
	第13选区	戴维·斯科特（David Scott）	民主党
	第14选区	汤姆·格雷夫斯（Tom Graves）	共和党
夏威夷州	第1选区	科琳·哈娜布萨（Colleen Hanabusa）	民主党
	第2选区	图尔西·加伯德（Tulsi Gabbard）	民主党
爱达荷州	第1选区	劳尔·拉布拉多（Raúl Labrador）	共和党
	第2选区	迈克·辛普森（Mike Simpson）	共和党
伊利诺伊州	第1选区	博比·拉什（Bobby Rush）	民主党
	第2选区	罗宾·凯莉（Robin Kelly）	民主党
	第3选区	丹尼尔·利平斯基（Daniel Lipinski）	民主党
	第4选区	路易斯·古铁雷斯（Luis Gutierrez）	民主党
	第5选区	迈克·奎格利（Mike Quigley）	民主党
	第6选区	彼得·罗斯凯姆（Peter Roskam）	共和党
	第7选区	丹尼·戴维斯（Danny Davis）	民主党
	第8选区	拉贾·克里希纳姆斯（Raja Krishnamoorthi）	民主党
	第9选区	简·沙科夫斯基（Jan Schakowsky）	民主党
	第10选区	布雷德·施奈德（Brad Schneider）	民主党
	第11选区	比尔·福斯特（Bill Foster）	民主党
	第12选区	迈克·博斯特（Mike Bost）	共和党
	第13选区	罗德尼·戴维斯（Rodney Davis）	共和党
	第14选区	兰迪·赫尔特格伦（Randy Hultgren）	共和党
	第15选区	约翰·希姆库斯（John Shimkus）	共和党
	第16选区	亚当·金泽格尔（Adam Kinzinger）	共和党
	第17选区	谢里·巴斯托斯（Cheri Bustos）	民主党
	第18选区	达林·拉胡德（Darin LaHood）	共和党
印第安纳州	第1选区	彼得·维斯克洛斯基（Peter Visclosky）	民主党
	第2选区	杰姬·沃罗尔斯基（Jackie Walorski）	共和党
	第3选区	吉姆·班克斯（Jim Banks）	共和党

续表

所在州	所属选区	联邦众议员	党籍
印第安纳州	第4选区	托德·罗基塔（Todd Rokita）	共和党
	第5选区	苏珊·布鲁克斯（Susan Brooks）	共和党
	第6选区	卢克·梅瑟（Luke Messer）	共和党
	第7选区	安德烈·卡森（André Carson）	民主党
	第8选区	拉里·巴克尚（Larry Bucshon）	共和党
	第9选区	特雷·霍林斯沃思（Trey Hollingsworth）	共和党
艾奥瓦州	第1选区	罗德·布拉姆（Rod Blum）	共和党
	第2选区	戴夫·洛布萨克（Dave Loebsack）	民主党
	第3选区	戴维·扬（David Young）	共和党
	第4选区	史蒂夫·金（Steve King）	共和党
堪萨斯州	第1选区	罗杰·马歇尔（Roger Marshall）	共和党
	第2选区	琳恩·詹金斯（Lynn Jenkins）	共和党
	第3选区	凯文·约德（Kevin Yoder）	共和党
	第4选区	罗恩·埃斯蒂斯（Ron Estes）①	共和党
肯塔基州	第1选区	詹姆斯·科默（James Comer）	共和党
	第2选区	布雷特·格斯里（Brett Guthrie）	共和党
	第3选区	约翰·亚穆斯（John Yarmuth）	民主党
	第4选区	托马斯·马西（Thomas Massie）	共和党
	第5选区	哈罗德·罗杰斯（Harold Rogers）	共和党
	第6选区	安迪·巴尔（Andy Barr）	共和党
路易斯安那州	第1选区	史蒂夫·斯卡利斯（Steve Scalise）	共和党
	第2选区	锡德里克·里士满（Cedric Richmond）	民主党
	第3选区	克莱·希金斯（Clay Higgins）	共和党
	第4选区	迈克·约翰逊（Mike Johnson）	共和党
	第5选区	拉尔夫·亚伯拉罕（Ralph Abraham）	共和党
	第6选区	加勒特·格雷夫斯（Garret Graves）	共和党
缅因州	第1选区	雪莱·平格里（Chellie Pingree）	民主党
	第2选区	布鲁斯·波利奎恩（Bruce Poliquin）	共和党

① 2017年4月经特别选举当选，接替被特朗普提名担任中情局长的前众议员迈克·蓬佩奥（Mike Pompeo）。

续表

所在州	所属选区	联邦众议员	党籍
马里兰州	第1选区	安迪·哈里斯（Andy Harris）	共和党
	第2选区	达切·鲁柏斯博格（Dutch Ruppersberger）	民主党
	第3选区	约翰·萨班斯（John Sarbanes）	民主党
	第4选区	安东尼·布朗（Anthony Brown）	民主党
	第5选区	斯滕尼·霍耶（Steny Hoyer）	民主党
	第6选区	约翰·德莱尼（John Delaney）	民主党
	第7选区	伊莱贾·卡明斯（Elijah Cummings）	民主党
	第8选区	杰米·拉斯金（Jamie Raskin）	民主党
马萨诸塞州	第1选区	理查德·尼尔（Richard Neal）	民主党
	第2选区	詹姆斯·麦戈文（James McGovern）	民主党
	第3选区	尼基·聪格斯（Niki Tsongas）	民主党
	第4选区	乔·肯尼迪（Joe Kennedy）	民主党
	第5选区	凯瑟琳·克拉克（Katherine Clark）	民主党
	第6选区	赛斯·莫尔顿（Seth Moulton）	民主党
	第7选区	迈克尔·卡普阿诺（Michael Capuano）	民主党
	第8选区	斯蒂芬·林奇（Stephen Lynch）	民主党
	第9选区	威廉·基廷（William Keating）	民主党
密歇根州	第1选区	杰克·贝格曼（Jack Bergman）	共和党
	第2选区	比尔·休伊曾加（Bill Huizenga）	共和党
	第3选区	贾斯廷·阿马什（Justin Amash）	共和党
	第4选区	约翰·穆伦纳尔（John Moolenaar）	共和党
	第5选区	丹·基尔迪（Dan Kildee）	民主党
	第6选区	弗雷德·厄普顿（Fred Upton）	共和党
	第7选区	蒂姆·沃尔伯格（Tim Walberg）	共和党
	第8选区	迈克·毕晓普（Mike Bishop）	共和党
	第9选区	桑德·莱文（Sander Levin）	民主党
	第10选区	保罗·米切尔（Paul Mitchell）	共和党
	第11选区	戴夫·特罗特（Dave Trott）	共和党
	第12选区	黛比·丁格尔（Debbie Dingell）	民主党
	第13选区	约翰·科尼尔斯（John Conyers）	民主党
	第14选区	布兰达·劳伦斯（Brenda Lawrence）	民主党

续表

所在州	所属选区	联邦众议员	党籍
明尼苏达州	第1选区	蒂姆·沃尔兹（Tim Walz）	民主党
	第2选区	杰森·李维斯（Jason Lewis）	共和党
	第3选区	艾力克·保尔森（Erik Paulsen）	共和党
	第4选区	贝蒂·麦科勒姆（Betty McCollum）	民主党
	第5选区	基思·埃利森（Keith Ellison）	民主党
	第6选区	汤姆·埃默（Tom Emmer）	共和党
	第7选区	科林·彼得森（Collin Peterson）	民主党
	第8选区	里克·诺兰（Rick Nolan）	民主党
密西西比州	第1选区	特伦特·凯利（Trent Kelly）	共和党
	第2选区	本尼·汤普森（Bennie Thompson）	民主党
	第3选区	格里格·哈珀（Gregg Harper）	共和党
	第4选区	史蒂文·帕拉佐（Steven Palazzo）	共和党
密苏里州	第1选区	威廉·莱西·克莱（William Lacy Clay）	民主党
	第2选区	安·瓦格纳（Ann Wagner）	共和党
	第3选区	布赖恩·吕特克迈尔（Blaine Luetkemeyer）	共和党
	第4选区	薇姬·哈茨勒（Vicky Hartzler）	共和党
	第5选区	伊曼纽尔·克利弗（Emanuel Cleaver）	民主党
	第6选区	萨姆·格雷夫斯（Sam Graves）	共和党
	第7选区	比利·朗（Billy Long）	共和党
	第8选区	贾森·史密斯（Jason Smith）	共和党
蒙大拿州	单一选区	格雷·格詹福特（Greg Gianforte）①	共和党
内布拉斯加州	第1选区	杰夫·福滕伯里（Jeff Fortenberry）	共和党
	第2选区	唐·培根（Don Bacon）	共和党
	第3选区	阿德里安·史密斯（Adrian Smith）	共和党
内华达州	第1选区	迪娜·泰特斯（Dina Titus）	民主党
	第2选区	马克·埃莫迪（Mark Amodei）	共和党
	第3选区	杰基·罗森（Jacky Rosen）	民主党
	第4选区	鲁本·基休（Ruben Kihuen）	民主党
新罕布什尔州	第1选区	卡罗尔·谢伊—波特（Carol Shea-Porter）	民主党
	第2选区	安·麦克莱恩·库斯特（Ann McLane Kuster）	民主党

① 2017年5月经特别选举当选，接替前众议员瑞安·津克（Ryan Zinke）。

续表

所在州	所属选区	联邦众议员	党籍
新泽西州	第1选区	唐纳德·诺克罗斯（Donald Norcross）	民主党
	第2选区	弗兰克·洛比翁多（Frank LoBiondo）	共和党
	第3选区	汤姆·麦克阿瑟（Tom MacArthur）	共和党
	第4选区	克里斯·史密斯（Chris Smith）	共和党
	第5选区	乔希·戈特海默（Josh Gottheimer）	民主党
	第6选区	弗兰克·帕洛内（Frank Pallone）	民主党
	第7选区	伦纳德·兰斯（Leonard Lance）	共和党
	第8选区	阿尔比奥·赛雷斯（Albio Sires）	民主党
	第9选区	比尔·帕斯克利尔（Bill Pascrell）	民主党
	第10选区	唐纳德·佩恩（Donald Payne Jr.）	民主党
	第11选区	罗德里·弗里林海森（Rodney Frelinghuysen）	共和党
	第12选区	邦尼·沃森·柯尔曼（Bonnie Watson Coleman）	民主党
新墨西哥州	第1选区	米歇尔·卢汉·格里沙姆（Michelle Lujan Grisham）	民主党
	第2选区	史蒂文·皮尔斯（Steve Pearce）	共和党
	第3选区	本·雷·卢汉（Ben Ray Luján）	民主党
纽约州	第1选区	李·泽尔丁（Lee Zeldin）	共和党
	第2选区	彼得·金（Peter King）	共和党
	第3选区	托马斯·苏奥兹（Thomas Suozzi）	民主党
	第4选区	凯瑟琳·赖斯（Kathleen Rice）	民主党
	第5选区	格雷戈里·米克斯（Gregory Meeks）	民主党
	第6选区	孟昭文（Grace Meng）	民主党
	第7选区	尼迪亚·维拉泽奎兹（Nydia Velazquez）	民主党
	第8选区	哈基姆·杰弗里斯（Hakeem Jeffries）	民主党
	第9选区	伊薇特·克拉克（Yvette Clarke）	民主党
	第10选区	杰罗尔德·纳德勒（Jerrold Nadler）	民主党
	第11选区	丹尼尔·多诺万（Daniel Donovan）	共和党
	第12选区	卡罗琳·马洛尼（Carolyn Maloney）	民主党
	第13选区	阿德里亚诺·埃斯派拉特（Adriano Espaillat）	民主党
	第14选区	约瑟夫·克劳利（Joseph Crowley）	民主党
	第15选区	何塞·塞拉诺（José Serrano）	民主党
	第16选区	埃利奥特·恩格尔（Eliot Engel）	民主党

续表

所在州	所属选区	联邦众议员	党籍
纽约州	第17选区	妮塔·洛伊（Nita Lowey）	民主党
	第18选区	肖恩·帕特里克·马洛尼（Sean Patrick Maloney）	民主党
	第19选区	约翰·法索（John Faso）	共和党
	第20选区	保罗·汤科（Paul Tonko）	民主党
	第21选区	埃莉斯·斯泰范尼科（Elise Stefanik）	共和党
	第22选区	克劳迪娅·坦尼（Claudia Tenney）	共和党
	第23选区	汤姆·里德（Tom Reed）	共和党
	第24选区	约翰·卡特科（John Katko）	共和党
	第25选区	路易丝·斯劳特（Louise Slaughter）	民主党
	第26选区	布赖恩·希金斯（Brian Higgins）	民主党
	第27选区	克里斯·柯林斯（Chris Collins）	共和党
北卡罗来纳州	第1选区	乔治·巴特菲尔德（George Butterfield）	民主党
	第2选区	乔治·霍尔丁（George Holding）	共和党
	第3选区	沃尔特·琼斯（Walter Jones）	共和党
	第4选区	戴维·普赖斯（David Price）	民主党
	第5选区	弗吉尼娅·福克斯（Virginia Foxx）	共和党
	第6选区	马克·沃克（Mark Walker）	共和党
	第7选区	大卫·劳泽（David Rouzer）	共和党
	第8选区	理查德·赫德森（Richard Hudson）	共和党
	第9选区	罗伯特·皮滕杰（Robert Pittenger）	共和党
	第10选区	帕特里克·麦克亨利（Patrick McHenry）	共和党
	第11选区	马克·密多斯（Mark Meadows）	共和党
	第12选区	阿尔玛·亚当斯（Alma Adams）	民主党
	第13选区	泰迪·巴德（Ted Budd）	共和党
北达科他州	单一选区	凯文·克拉默（Kevin Cramer）	共和党
俄亥俄州	第1选区	史蒂夫·查博特（Steve Chabot）	共和党
	第2选区	布拉德·温斯罗普（Brad Wenstrup）	共和党
	第3选区	乔伊丝·贝蒂（Joyce Beatty）	民主党
	第4选区	吉姆·乔丹（Jim Jordan）	共和党
	第5选区	鲍勃·拉塔（Bob Latta）	共和党
	第6选区	比尔·约翰逊（Bill Johnson）	共和党

续表

所在州	所属选区	联邦众议员	党籍
俄亥俄州	第7选区	鲍勃·吉布斯（Bob Gibbs）	共和党
	第8选区	沃伦·戴维森（Warren Davidson）	共和党
	第9选区	马西·卡普图尔（Marcy Kaptur）	民主党
	第10选区	迈克·特纳（Mike Turner）	共和党
	第11选区	马西亚·富奇（Marcia Fudge）	民主党
	第12选区	帕特·蒂贝里（Pat Tiberi）	共和党
	第13选区	蒂姆·瑞安（Tim Ryan）	民主党
	第14选区	戴维·乔伊斯（David Joyce）	共和党
	第15选区	史蒂夫·斯蒂夫斯（Steve Stivers）	共和党
	第16选区	吉姆·瑞纳西（Jim Renacci）	共和党
俄克拉何马州	第1选区	吉姆·布莱登斯汀（Jim Bridenstine）	共和党
	第2选区	马克维恩·马林（Markwayne Mullin）	共和党
	第3选区	弗兰克·卢卡斯（Frank Lucas）	共和党
	第4选区	汤姆·科尔（Tom Cole）	共和党
	第5选区	史蒂夫·拉塞尔（Steve Russell）	共和党
俄勒冈州	第1选区	苏珊妮·伯纳密西（Suzanne Bonamici）	民主党
	第2选区	格雷格·沃尔登（Greg Walden）	共和党
	第3选区	厄尔·布卢门奥尔（Earl Blumenauer）	民主党
	第4选区	彼得·德法西奥（Peter DeFazio）	民主党
	第5选区	库尔特·施拉德（Kurt Schrader）	民主党
宾夕法尼亚州	第1选区	罗伯特·布雷迪（Robert Brady）	民主党
	第2选区	德怀特·埃文斯（Dwight Evans）	民主党
	第3选区	麦克·凯利（Mike Kelly）	共和党
	第4选区	斯科特·佩里（Scott Perry）	共和党
	第5选区	格伦·汤普森（Glenn Thompson）	共和党
	第6选区	瑞安·科斯特洛（Ryan Costello）	共和党
	第7选区	帕特·米汉（Pat Meehan）	共和党
	第8选区	布莱恩·菲茨帕特里克（Brian Fitzpatrick）	共和党
	第9选区	比尔·舒斯特（Bill Shuster）	共和党
	第10选区	汤姆·马里诺（Tom Marino）	共和党
	第11选区	卢·巴莱塔（Lou Barletta）	共和党
	第12选区	基思·罗思法斯（Keith Rothfus）	共和党

续表

所在州	所属选区	联邦众议员	党籍
宾夕法尼亚州	第13选区	布伦丹·博伊尔（Brendan Boyle）	民主党
	第14选区	迈克·多伊尔（Mike Doyle）	民主党
	第15选区	查利·登特（Charlie Dent）	共和党
	第16选区	劳埃德·斯马克尔（Lloyd Smucker）	共和党
	第17选区	马特·卡特赖特（Matt Cartwright）	民主党
	第18选区	蒂姆·墨菲（Tim Murphy）	共和党
罗得岛州	第1选区	戴维·西西里尼（David Cicilline）	民主党
	第2选区	吉姆·兰格文（Jim Langevin）	民主党
南卡罗来纳州	第1选区	马克·桑福德（Mark Sanford）	共和党
	第2选区	乔·威尔逊（Joe Wilson）	共和党
	第3选区	杰夫·邓肯（Jeff Duncan）	共和党
	第4选区	特里·高迪（Trey Gowdy）	共和党
	第5选区	拉尔夫·诺曼（Ralph Norman）①	共和党
	第6选区	詹姆斯·克莱伯恩（James Clyburn）	民主党
	第7选区	汤姆·赖斯（Tom Rice）	共和党
南达科他州	单一选区	克里斯蒂·诺埃姆（Kristi Noem）	共和党
田纳西州	第1选区	菲尔·罗（Phil Roe）	共和党
	第2选区	约翰·邓肯（John Duncan）	共和党
	第4选区	斯科特·德斯贾拉斯（Scott DesJarlais）	共和党
	第5选区	吉姆·库珀（Jim Cooper）	民主党
	第6选区	黛安娜·布莱克（Diane Black）	共和党
	第7选区	玛莎·布莱克本（Marsha Blackburn）	共和党
	第8选区	戴维·库斯托夫（David Kustoff）	共和党
	第9选区	史蒂夫·科恩（Steve Cohen）	民主党
得克萨斯州	第1选区	路易·戈莫特（Louie Gohmert）	共和党
	第2选区	特德·波（Ted Poe）	共和党
	第3选区	萨姆·约翰逊（Sam Johnson）	共和党
	第4选区	约翰·拉特克利夫（John Ratcliffe）	共和党
	第5选区	杰布·亨萨林（Jeb Hensarling）	共和党
	第6选区	乔·巴顿（Joe Barton）	共和党

① 2017年6月经特别选举当选，接替被特朗普提名担任行政管理和预算局局长的米克·马尔瓦尼（Mick Mulvaney）。

续表

所在州	所属选区	联邦众议员	党籍
得克萨斯州	第7选区	约翰·卡伯森（John Culberson）	共和党
	第8选区	凯文·布雷迪（Kevin Brady）	共和党
	第9选区	阿尔·格林（Al Green）	民主党
	第10选区	迈克尔·麦考（Michael McCaul）	共和党
	第11选区	麦克·科纳韦（Mike Conaway）	共和党
	第12选区	凯·格兰杰（Kay Granger）	共和党
	第13选区	麦克·索恩伯里（Mac Thornberry）	共和党
	第14选区	兰迪·韦伯（Randy Weber）	共和党
	第15选区	维森特·冈萨雷斯（Vicente Gonzalez）	民主党
	第16选区	贝托·奥罗克（Beto O'Rourke）	民主党
	第17选区	比尔·弗洛里斯（Bill Flores）	共和党
	第18选区	希拉·杰克逊-李（Sheila Jackson Lee）	民主党
	第19选区	乔迪·阿灵顿（Jodey Arrington）	共和党
	第20选区	华金·卡斯特罗（Joaquin Castro）	民主党
	第21选区	拉马尔·史密斯（Lamar Smith）	共和党
	第22选区	皮特·奥尔森（Pete Olson）	共和党
	第23选区	威尔·赫德（Will Hurd）	共和党
	第24选区	肯尼·马钱特（Kenny Marchant）	共和党
	第25选区	罗杰·威廉斯（Roger Williams）	共和党
	第26选区	迈克尔·伯吉斯（Michael Burgess）	共和党
	第27选区	布莱克·法伦索尔德（Blake Farenthold）	共和党
	第28选区	亨利·丘拉尔（Henry Cuellar）	民主党
	第29选区	吉恩·格林（Gene Green）	民主党
	第30选区	埃迪·伯尼斯·约翰逊（Eddie Bernice Johnson）	民主党
	第31选区	约翰·卡特（John Carter）	共和党
	第32选区	皮特·塞申斯（Pete Sessions）	共和党
	第33选区	马克·维齐（Marc Veasey）	民主党
	第34选区	法勒蒙·维拉（Filemon Vela）	民主党
	第35选区	劳埃德·多格特（Lloyd Doggett）	民主党
	第36选区	布赖恩·巴宾（Brian Babin）	共和党
犹他州	第1选区	罗布·毕晓普（Rob Bishop）	共和党
	第2选区	克里斯·斯图尔特（Chris Stewart）	共和党

续表

所在州	所属选区	联邦众议员	党籍
犹他州	第3选区	约翰·柯蒂斯（John R. Curtis）①	共和党
	第4选区	米娅·洛夫（Mia Love）	共和党
佛蒙特州	单一选区	彼得·韦尔奇（Peter Welch）	民主党
弗吉尼亚州	第1选区	罗布·威特曼（Rob Wittman）	共和党
	第2选区	斯考特·泰勒（Scott Taylor）	共和党
	第3选区	博比·斯科特（Bobby Scott）	民主党
	第4选区	唐纳德·麦凯琴（Donald McEachin）	民主党
	第5选区	汤姆·加勒特（Tom Garrett）	共和党
	第6选区	鲍勃·古德拉特（Bob Goodlatte）	共和党
	第7选区	戴夫·布拉特（Dave Brat）	共和党
	第8选区	唐·拜尔（Don Beyer）	民主党
	第9选区	摩根·格里菲思（Morgan Griffith）	共和党
	第10选区	巴巴拉·科姆斯托克（Barbara Comstock）	共和党
	第11选区	杰拉尔德·康诺利（Gerald Connolly）	民主党
华盛顿州	第1选区	苏珊·德尔伯尼（Suzan DelBene）	民主党
	第2选区	里克·拉森（Rich Larsen）	民主党
	第3选区	贾米·赫雷拉·伯伊特勒（Jaime Herrera Beutler）	共和党
	第4选区	丹·纽豪斯（Dan Newhouse）	共和党
	第5选区	凯茜·麦克莫里斯·罗杰斯（Cathy McMorris Rodgers）	共和党
	第6选区	德里克·基尔默（Derek Kilmer）	民主党
	第7选区	普拉米拉·贾亚帕尔（Pramila Jayapal）	民主党
	第8选区	戴夫·赖克特（Dave Reichert）	共和党
	第9选区	亚当·史密斯（Adam Smith）	民主党
	第10选区	丹尼·赫克（Denny Heck）	民主党
西弗吉尼亚州	第1选区	戴维·麦金利（David McKinley）	共和党
	第2选区	亚历克斯·穆尼（Alex Mooney）	共和党
	第3选区	埃文·詹金斯（Evan Jenkins）	共和党
威斯康星州	第1选区	保罗·瑞安（Paul Ryan）	共和党
	第2选区	马克·波坎（Mark Pocan）	民主党
	第3选区	罗恩·金德（Ron Kind）	民主党

① 2017年11月经特别选举接替2017年6月辞职的詹森·查菲茨（Jason Chaffetz）。

续表

所在州	所属选区	联邦众议员	党籍
威斯康星州	第4选区	格温·穆尔（Gwen Moore）	民主党
	第5选区	詹姆斯·森森布伦纳（Jim Sensenbrenner）	共和党
	第6选区	格伦·格罗斯曼（Glenn Grothman）	共和党
	第7选区	肖恩·达菲（Sean Duffy）	共和党
	第8选区	迈克·加拉格尔（Mike Gallagher）	共和党
怀俄明州	单一选区	伊丽莎白·切尼（Elizabeth Cheney）	共和党
华盛顿特区	驻国会代表	埃莉诺·霍姆斯·诺顿（Elanor Holmes Norton）	民主党
美属萨摩亚	驻国会代表	奥姆·拉德瓦格（Aumua Radewagen）	共和党
关岛	驻国会代表	马德琳·博尔达洛（Madeleine Bordallo）	民主党
北马里亚纳群岛	驻国会代表	格雷戈里奥·赛布伦（Gregorio Sablan）	民主党
波多黎各	驻国会代表	詹妮弗·冈萨雷斯（Jenniffer González）	民主党
维尔京群岛	驻国会代表	斯泰茜·普拉斯基特（Stacey Plaskett）	民主党

美国经济

2017年美国经济主要指标

序号	项目	单位	2017年 1季度	2017年 2季度	2017年 3季度	2017年 4季度	2017年	2016年	2015年
1	名义GDP（汇率计算）	万亿美元	19.06	19.25	19.5	19.74	19.39	18.62	18.12
2	实际GDP（2009年美元计算）	万亿美元	16.9	17.03	17.16	17.27	17.09	16.66	16.4
3	实际GDP增长率	%	1.2	3.1	3.2	2.6	2.3	1.5	2.9
4	实际消费增长率	%	1.9	3.3	2.2	3.8	2.7	2.7	3.6
5	实际投资增长率	%	-1.2	3.9	7.3	3.6	3.2	-1.6	5.2
6	实际出口增长率	%	7.3	3.5	2.1	6.9	3.4	-0.3	0.4
7	实际进口增长率	%	4.3	1.5	-0.7	13.9	3.9	1.3	5
8	商品和服务进口总额	十亿美元	2878.42	2882.14	2880.01	3018.53	2914.8	2735.8	2789

美国经济

续表

序号	项目	单位	2017年 1季度	2月	3月	2季度	5月	6月	3季度	8月	9月	4季度	11月	12月	2017年	2016年	2015年
9	商品和服务出口总额	十亿美元	2295.58			2314.9			2345.92			2419.23			2343.9	2214.6	2264.9
10	净经常性账户交易	十亿美元	−487.4			−513.7			−415.2							−460.9	−450.6
11	净金融账户交易	十亿美元	326.13			344.85			337.9			225.4			331		225.4
12	美国对华商品和服务出口总额	十亿美元	45.69			41.18			48.23						170.16	165.1
13	美国对华商品和服务进口总额	十亿美元	112.51			126.17			139.33						479.43	499.12
14	美国对外直接投资总额	十亿美元														5332.3	5048.27
15	美国对华直接投资总额	十亿美元														92.48	84.53
16	中国赴美直接投资	十亿美元														27.48	16.76
17			1月	2月	3月	4月	5月	6月	7月	8月	9月	10月	11月	12月			
18	CPI增长率	%	0.6	0.1	0.3	0.2	0.1	0	0.1	0.4	0.5	0.1	0.4	0.1	—	—	—
19	失业率	%	4.8	4.7	4.5	4.4	4.3	4.3	4.3	4.4	4.2	4.1	4.1	4.1	—	—	—
20	劳动参与率	%	62.9	62.9	63	62.9	62.7	62.8	62.9	62.9	63	62.7	62.7	62.7	—	—	—
21	政府财政赤字（财年累计值）	十亿美元	—	—	—	—	—	—	—	—	—	—	—	—	666	587	439
22	政府债务	万亿美元	—	—	—	—	—	—	—	—	—	—	—	—	20.44	19.54	18.12
23	政府赤字占GDP比重	%	—	—	—	—	—	—	—	—	—	—	—	—	3.5	3.2	2.5
24	政府债务占GDP比重	%	—	—	—	—	—	—	—	—	—	—	—	—	105.4	105.2	101.8
25	M2	万亿美元	13.28	13.32	13.40	13.45	13.52	13.45	13.62	13.66	13.70	13.75	13.79		—	—	—

续表

序号	项目	单位	2017年 1季度	2017年 2季度	2017年 3季度	2017年 4季度	2017年	2016年	2015年
			1季度	2季度	3季度	4季度			
26	美联储美元指数（兑主要货币）	指数	94.55 / 93.92 / 94.43 / 93.94	93.15 / 93.94 / 91.71	89.51 / 88.16 / 87.08	88.69 / 89.16 / 88.75	—	—	—
27	PMI	指数	56 / 57.7 / 57.2 / 54.8	54.9 / 57.8	56.3 / 58.8 / 60.8	58.7 / 58.2 / 59.7	—	—	—
28	密歇根大学消费者信心指数	指数	98.5 / 96.3 / 96.9 / 97	97.1 / 95	93.4 / 96.8 / 95.1	100.7 / 98.5 / 95.9	—	—	—
29	贫困线贫困人口比例	%	—	—	—	—	—	13.1	14.7
30	家庭年收入中位值	美元	—	—	—	—	—	59039	57230
31	人均GDP	美元	—	—	—	—	59495	57608	56436.7

注：(1) 第1-9项目，2017年4季度数据为二次修正值，2017年全年数据也为二次修正值。
(2) 季度GDP数据为累计值。
(3) 第12-13项目，数据未经季度调整。
(4) CPI月度增长率为环比值。
(5) 第21项，财年省2016年10月1日至2017年9月30日。
(6) 第31项，2017年数据为IMF预测值。

美国外交

2017年特朗普总统出访情况

序号	时间	出访地点
1	5月20—22日	沙特阿拉伯
2	5月22—23日	以色列
3	5月23日	巴勒斯坦
4	5月23—24日	意大利
5	5月24日	梵蒂冈
6	5月24—25日	比利时
7	5月25—27日	意大利（七国集团峰会）
8	7月5—6日	波兰
9	7月6—8日	德国（二十国集团领导人汉堡峰会）
10	7月13—14日	法国
11	11月5—7日	日本
12	11月7—8日	韩国
13	11月8—10日	中国
14	11月10—12日	越南（亚太经合组织领导人峰会）
15	11月12—14日	越南（东盟峰会）

资料来源：根据白宫网站整理。

2017年特朗普总统接访情况

序号	时间	会晤对象
1	1月27日	英国首相特蕾莎·梅
2	2月2日	约旦国王阿卜杜拉二世
3	2月10日	日本首相安倍晋三
4	2月13日	加拿大总理贾斯廷·特鲁多

续表

序号	时间	会晤对象
5	2月15日	以色列总理本杰明·内塔尼亚胡
6	2月24日	秘鲁总统佩德罗·巴勃罗·库琴斯基
7	3月15日	沙特副王储、国防部长穆罕默德·本·萨勒曼
8	3月16日	爱尔兰总理恩达·肯尼
9	3月17日	德国总理默克尔
10	3月20日	伊拉克总理海德尔·阿巴迪
11	3月30日	丹麦首相拉尔斯·勒克·拉斯穆森
12	4月3日	埃及总统阿卜杜勒·法塔赫·塞西
13	4月5日	约旦国王阿卜杜拉二世
14	4月6—7日	中国国家主席习近平
15	4月12日	北约秘书长斯托尔滕贝格
16	4月27日	阿根廷总统毛里西奥·马克里
17	5月3日	巴勒斯坦国总统马哈茂德·阿巴斯
18	5月4日	澳大利亚总理马尔科姆·特恩布尔
19	5月10日	俄罗斯外长谢尔盖·拉夫罗夫
20	5月15日	阿联酋阿布扎比王储谢赫·穆罕默德·本·扎耶德·阿勒纳哈扬
21	5月16日	土耳其总统埃尔多安
22	5月18日	哥伦比亚总统桑托斯
23	5月31日	越南总理阮春福
24	6月9日	罗马尼亚总统克劳斯·约翰尼斯
25	6月19日	巴拿马总统胡安·卡洛斯·巴雷拉
26	6月20日	乌克兰总统波罗申科
27	6月26日	印度总理莫迪
28	6月29日	韩国总统文在寅
29	7月25日	黎巴嫩总理哈里里
30	8月24日	马来西亚国家安全委员会主任祖基费利
31	8月28日	芬兰总统尼尼斯托
32	9月7日	科威特埃米尔萨巴赫·艾哈迈德·贾比尔·萨巴赫
33	9月13日	马来西亚总理纳吉布·拉扎克
34	9月26日	西班牙首相拉霍伊
35	10月2日	泰国总理巴育·占奥差

续表

序号	时间	会晤对象
36	10月17日	希腊总理齐普拉斯
37	10月20日	联合国秘书长安东尼奥·古特雷斯
38	10月23日	新加坡总理李显龙
39	12月1日	利比亚总理法伊兹·塞拉杰

资料来源：根据白宫网站整理。

特朗普2017年度共出访4次，足迹遍及中东、欧洲、亚太地区，与来访的外国领导人及重要外宾共举行39场会晤，相比奥巴马"收官之年"出访次数减少，接访次数增多，意在"开局之年"以"美国优先"为引领调整盟友关系、推行"有原则的现实主义"政策。一是首访中东、欧洲，巩固中东传统盟友关系、调整对伊朗政策、参加七国集团峰会传递"美国优先"理念。二是借参加二十国集团领导人峰会之机访问波兰、德国，进一步巩固受其执政冲击的跨大西洋关系。三是访问法国实现首年三访欧洲，强调西方团结，并以安全合作为抓手提升美法关系，凸显法国在美对欧政策中的重要性。四是任内首访亚太，以朝核、经贸问题为主题寻求地区国家支持与配合，并在访问期间首次抛出"自由与开放的印太"这一构想。

2018财年美国外交预算数据

2017年5月23日，美国总统特朗普向国会提交了2018财年（2017年10月1日至2018年9月30日）预算提案，总预算支出为4.1万亿美元。其中国务院和国际开发署预算额为376.1亿美元，包括永久项目拨款256亿美元，海外紧急行动拨款120亿美元。国务卿蒂勒森在申请报告中写道，该外交预算申请支持总统的"美国优先"原则，并致力于四大优先事项：保卫美国的安全、维护美国的领导地位和影响力、促进美国的经济利益、确保对美国纳税人的责任及税款使用高效。[1] 根据该预算提案，外交预算较上一财年实际金额下降31%，涉及削减的项目包括全球健康、

---

[1] FY 2018 Congressional Budget Justification-Secretary's Letter, http://www.state.gov/documents/organization/271282.pdf（上网时间：2018年1月31日）

国际粮食援助和维和等。其中应对艾滋病、肺结核和疟疾等全球健康项目的预算将减少24%，在2018财年降至65亿美元。预算提案还计划把对国际组织的资金支持削减44%，把对国际维和行动的拨款将降至15亿美元，降幅超过50%。预算案还提议把"粮食换和平项目"完全废除，并将教育和文化交流项目的政府拨款削减52%，包括减少47%的富布赖特项目预算。2017年10月26日，美国国会众议院以216票对212票通过2018财年预算法案。截至2018年1月31日，该预算案还未在参议院通过。

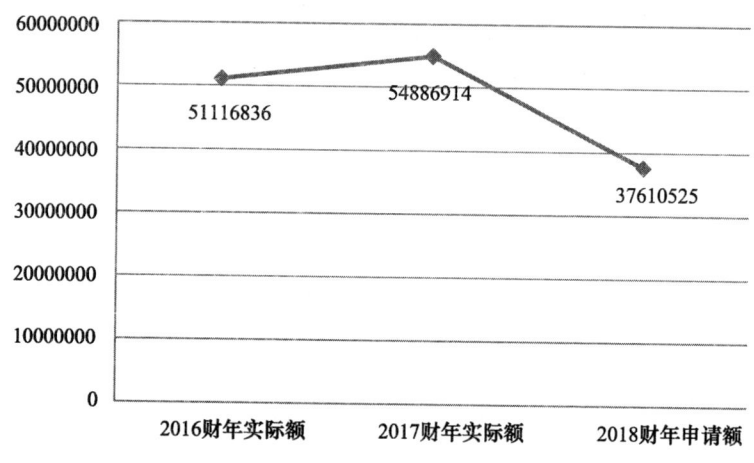

2016—2018财年美国国务院和国际开发署预算情况（单位：千美元）

2017—2018财年外交预算情况（单位：千美元）

	2017财年				2018财年			增加/减少
	海外紧急行动安全援助	永久性支出（估算）	海外紧急行动（估算）	总额（估算）	永久性支出	海外紧急行动	总额	
外交事务及国际委员会	4300000	39888318	14895000	59083318	28158132	12017464	40175596	-18907722
仅外交事务	4300000	39765834	14895000	58960834	28039429	12017464	40056893	-18903941
国务院及国际开发署	4300000	35702614	14884300	54886914	25593061	12017464	37610525	-17276389

2016—2018 财年国务院永久性拨款预算情况（单位：千美元）

	2016 财年实际额	2017 财年估算额	2018 财年申请额	增加/减少
外交行政费用	8019278	7889051	6872678	-1016373
国务院项目	5790025	5677756	5298786	-378970
外交和使领馆	5723625	5611482	5283786	-327696
现有行动	4295157	4185730	3903034	-282696
全球安全保护	1428468	1425752	1380752	-45000
资本投资基金	66400	66274	15000	-51274
使馆安全、建造与维护	1474333	1471094	1142200	-328894
现有行动	785534	783604	754459	-29145
全球安全升级	688799	687490	387741	-299749
其他外交行政费用	754920	740201	431692	-308509
总监督办公室	72700	72562	72562	—
教育与文化交流项目	599211	589777	285000	-304777
代表花费	8030	8015	7000	-1105
驻外代表保护	30036	29979	30890	911
紧急外交与领事服务	11900	7885	7885	0
遣返贷款项目账户	2300	1298	1300	2
美在台协会费用	30000	29943	26312	-3631
国际大法官中心	743	742	743	1
国际组织	2010932	2007209	1169081	-838128
国际组织捐款	1344458	1341902	900195	-441707
国际维和行动捐款	666474	665307	268886	-396421
国际委员会	122718	122484	118703	-3781
国际边界与水委员会	73707	73567	72648	-919
美国部分	12330	12306	12184	-122
国际联合委员会	7508	7494	7504	10
国际边界委员会	2422	2417	2290	-127
边界环境合作委员会	2400	2395	2390	-5
国际渔业委员会	36681	36611	33871	-2740
相关项目	204066	203881	103863	-100018

续表

	2016 财年实际额	2017 财年估算额	2018 财年申请额	增加/减少
亚洲基金会	17000	16968	—	-16968
中东—西方对话中心	130	122	140	18
艾森豪威尔交流项目	189	399	158	-241
以色列阿拉伯学者计划	47	47	65	18
东西方中心	16700	16668	—	-16668
国家民主基金会	170000	169677	103500	-66177
国务院全部拨款总额	10356994	10222625	8264325	-1958300

2017—2018 财年对外援助申请情况（单位：千美元）

	2017 财年 海外紧急行动安全援助	2017 财年 永久性支出（估算）	2017 财年 海外紧急行动（估算）	2017 财年 总额（估算）	2018 财年 永久性支出	2018 财年 海外紧急行动	2018 财年 总额	增加/减少
国际开发署	32500	1375295	139262	1547057	1272777	139055	1411832	-135225
运行支出	5000	1141440	139262	1285702	1045797	136555	1182352	-103350
资本投资基金	25000	167980	—	192980	157980	—	157980	-35000
监察长运行支出	2500	65875	—	68375	69000	2500	71500	3125
双边经济援助	2153889	15719939	6987277	24861105	10154470	6619684	16774154	-8086951
全球健康项目	—	8487285	—	8487285	6480500	—	6480500	-2006785
发展援助	—	2775684	—	2775684	—	—	—	-2775684
国际灾害援助	616100	873100	1919421	3408621	690259	1817941	2508200	-900421
转型倡议	50234	29943	37000	117177	30000	62043	92043	-25134
复杂危机基金	—	9981	20000	29981	—	—	—	-29981

续表

	2017 财年				2018 财年			增加/减少
	海外紧急行动安全援助	永久性支出（估算）	海外紧急行动（估算）	总额（估算）	永久性支出	海外紧急行动	总额	
发展信用行政花费	—	8105	—	8105	9120	—	9120	1015
经济支持和发展基金	—	—	—	—	2229350	2708800	4938150	4938150
经济支持基金	1030555	1876022	2422673	5329250	—	—	—	−5329250
民主基金	—	—	150214	150214	—	—	—	−150214
欧洲、欧亚和中亚援助	157000	522599	461069	1140668	—	—	—	−1140668
移民和难民援助	300000	937101	2127114	3364215	715241	2030900	2746141	−618074
紧急难民与移民援助	—	49905	—	49905	—	—	—	−49905
独立机构	—	1360908	—	1360908	1211118	—	1211118	−149790
和平队	—	409221	—	409221	398221	—	398221	−11000
千年挑战	—	899287	—	899287	800000	—	800000	−99287
美洲基金会	—	22457	—	22457	4565	—	4565	−7892
美国—非洲发展援助基金会	—	29943	—	29943	8332	—	8332	−21611
财政部	—	23455	—	23455	25455	—	25455	2000
国际事务科技援助	—	23455	—	23455	25455	—	25455	2000

续表

	2017 财年				2018 财年			增加/减少
	海外紧急行动安全援助	永久性支出（估算）	海外紧急行动（估算）	总额（估算）	永久性支出	海外紧急行动	总额	
国际安全援助	404300	6333661	2485686	9223647	5901489	1191190	7092679	-2130968
国际毒品控制与执法	26300	860707	349150	1236157	695550	196250	891800	-344357
防扩散、反恐、排雷与相关项目	128000	505418	379091	1012509	312766	365840	678606	-333903
维和行动	50000	131111	469269	650380	122300	179100	301400	-348980
国际军事教育与培训	—	107909	—	107909	100160	—	100160	-7749
对外军事资助	200000	4728516	1288176	6216692	4670713	450000	5120713	-1095979
多边援助	—	2623973	—	2623973	1480498	—	1480498	-1143475
国际组织和项目	—	338356	—	338356	—	—	—	-338356
多边开发银行及相关基金	—	2285617	—	2285617	1480498	—	1480498	-805119
国际复兴开发银行	—	186602	—	186602	—	—	—	-186602
国际开发协会	—	1194852	—	1194852	1097010	—	1097010	-97842
非洲开发银行	—	34053	—	34053	32418	—	32418	-1635
非洲开发基金	—	175334	—	175334	171300	—	171300	-4034

续表

	2017 财年			2018 财年			增加/减少
	海外紧急行动安全援助	永久性支出（估算）	海外紧急行动（估算）	总额（估算）	永久性支出	海外紧急行动	总额
亚洲开发银行	—	5598	—	5598	47395	—	47395	41797
亚洲开发基金	—	104777	—	104777	—	—	—	-104777
美洲开发银行	—	101827	—	101827	—	—	—	-101827
全球环境设施	—	167943	—	167943	102375	—	102375	-65568
清洁科技基金	—	170356	—	170356	—	—	—	-170356
战略气候基金	—	59507	—	59507	—	—	—	-59507
北美发展银行	—	9981	—	9981	—	—	—	-9981
国际农业发展基金	—	31869	—	31869	30000	—	30000	-1869
全球农业和食品安全项目	—	42918	—	42918	—	—	—	-42918

资料来源：美国国务院网站。①

2018 财年美国对外援助情况

美国对外援助预算由国会拨款，2018 财年（2017 年 10 月 1 日—2018 年 9 月 30 日）总额为 273 亿美元，较上一财年的 339.65 亿美元减少了

---

① Congressional Budget Justification-Department of State, Foreign Operations, and Related Programs, http://www.state.gov/documents/organization/271013.pdf（上网时间：2018 年 1 月 31 日）

20%。对外援助由美国国际开发署、国务院、国防部、能源部、财政部、卫生和人类服务部、司法部、劳工部、内政部、交通部、国土安全部、农业部、千年挑战集团、海外私人投资集团、"和平队"、美非发展基金会、美国国际发展局、美国进出口银行等各部门共同负责实施,主要援助领域包括和平与安全、民主、人权和治理、经济发展、健康、教育和社会服务、人道主义援助和环境等。

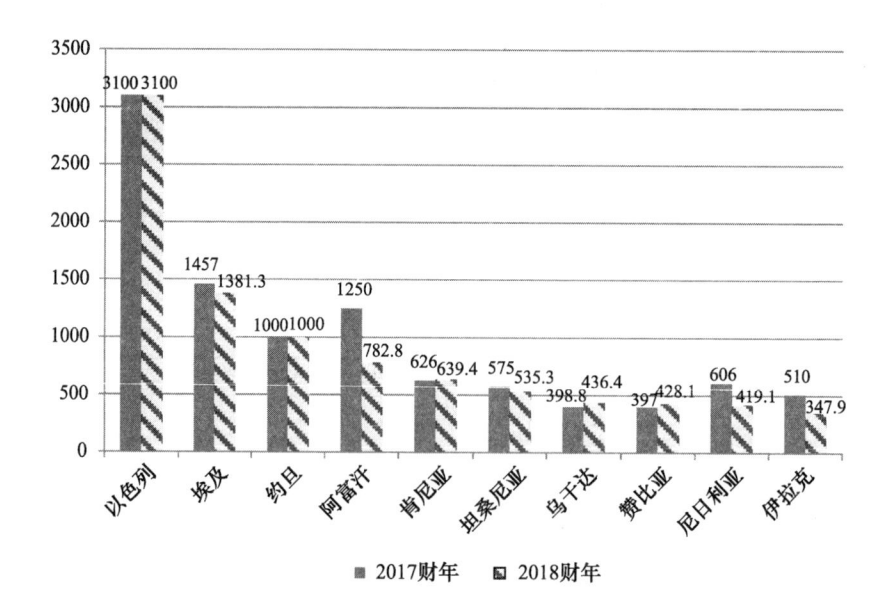

2017、2018 财年美国前 10 位对外援助对象
（含军事援助,单位：百万美元）

资料来源："美国对外援助"政府网站。[①]

从 2017 财年和 2018 财年的对外援助对比情况来看,变化较大的两个国家是巴基斯坦和埃塞俄比亚,其中巴基斯坦从 2017 财年的 7.42 亿美元减至 2018 财年的 3.45 亿美元,埃塞俄比亚从 2017 财年的 5.14 亿美元减至 2018 财年的 2.35 亿美元,两国减幅均超过 50%,直接跌出前 10 位。美国为稳定中东,保护以色列和约旦的安全,两国接受援助额与上一财年持平。美国对埃及援助由于美国对埃及人权状况不满有所减少。自阿富汗战争以来,阿富汗一直为美国对外经济援助最多的国家,但随着美国对阿

[①] http://beta.foreignassistance.gov（上网时间：2018 年 1 月 31 日）

富汗政策的重点从"寻求国家重建"到要求阿富汗政府承担相应责任，美国对阿富汗经济援助也有较大幅度减少。美国在肯尼亚、坦桑尼亚、乌干达、赞比亚、尼日利亚有多个防治传染病和扶助贫困的援助项目，其援助额根据实际情况有所调整。随着在伊拉克境内打击"伊斯兰国"的战斗告一段落，美国对伊拉克的援助也有所减少。

美国安全

美国国防部 2011—2019 财年开支表（单位：亿美元）

财年	2011	2012	2013	2014	2015	2016	2017	2018	2019
总预算	6870	6450	5780	5810	5600	5850	5827	6391	6860
基础预算	5280	5300	4950	4960	4970	5340	5239	5745	6170
海外应急行动及其他预算	1590	1150	820	850	630	510	588	646	690

资料来源：美国国防部网站。

注：（1）此处预算指美国国防部申请预算，总预算＝基础预算＋海外应急行动及其他预算。

（2）美国财年从当年10月1日起，次年9月30日止。